毕飞宇小说创作研究

艾春明／著

中央编译出版社

图书在版编目（CIP）数据

毕飞宇小说创作研究 / 艾春明
著. —北京：中央编译出版社，2016.2
ISBN 978-7-5117-2916-3

Ⅰ.①毕…
Ⅱ.①艾…
Ⅲ.①毕飞宇－小说研究
Ⅳ.①I207.42

中国版本图书馆 CIP 数据核字（2015）第 317922 号

毕飞宇小说创作研究

出 版 人：	刘明清
出版统筹：	董　巍
策划编辑：	黄海明
责任编辑：	韩继海
责任印制：	尹　珺
出版发行：	中央编译出版社
地　　址：	北京西城区车公庄大街乙 5 号鸿儒大厦 B 座（100044）
电　　话：	（010）52612345（总编室）　　（010）52612313（编辑室） （010）52612316（发行部）　　（010）52612317（网络销售） （010）52612346（馆配部）　　（010）55626985（读者服务部）
传　　真：	（010）66515838
经　　销：	全国新华书店
印　　刷：	山东鸿君杰文化发展有限公司
开　　本：	710 毫米 ×1000 毫米　1/16
字　　数：	214 千字
印　　张：	14
版　　次：	2016 年 2 月第 1 版第 1 次印刷
定　　价：	56.00 元

网　　址：	www.cctphome.com　　邮　箱：cctp@cctphome.com
新浪微博：	@中央编译出版社　　　　微　信：中央编译出版社(ID: cctphome)
淘宝店铺：	中央编译出版社直销店（http://shop108367160.taobao.com）　（010）52612349

本社常年法律顾问：北京嘉润律师事务所律师　李敬伟　问小牛
凡有印装质量问题，本社负责调换，电话：（010）55626985

目 录

绪 论 ··· 1
  一、毕飞宇小说创作概述 ··· 2
  二、毕飞宇小说研究综述 ·· 15
  三、研究思路 ··· 26

第一章 　生命体验与小说创作 ··· 29
  第一节　童年创伤记忆与精神还乡 ································· 30
    一、家族史：无根的疼痛 ·· 31
    二、生存环境的"漂移"——"失乡"的孤独感 ················ 35
    三、生活原型的文学再现 ·· 38
  第二节　"文革记忆"与"文革叙事" ······························ 40
    一、乡村记忆与创作资源 ·· 41
    二、自然崇拜思想的文学位移 ······································· 45
    三、朴素现实主义的"文革叙事"策略 ·························· 46
  第三节　世态人情：日常生活审美化的情感对接 ················ 49
    一、"世态人情"的审美观照与文学立场 ······················· 51
    二、"世态人情"的底层叙事与审美理想 ······················· 53

第二章 　历史、权力与人性：小说主题转换 ························ 59
  第一节　历史认知的民间立场与文学建构 ························· 60
    一、历史蕴含于时间 ·· 60

二、对历史偶然性的发现和重新认识 …………………… 64
　　三、小说是历史的备忘录 ………………………………… 67
　　四、历史是现实与情感的演绎 …………………………… 70
第二节　权力的世俗化书写与民间表现形态 ………………… 72
　　一、"权力"主题的世俗化书写 ………………………… 73
　　二、权力产生的民间资源 ………………………………… 79
第三节　人性之"恶"主题的文学诠释 ……………………… 83
　　一、尊重的需要与现实冲突 ……………………………… 84
　　二、探向精神空间的人性之恶 …………………………… 86
　　三、物质主义背景下的人性异化 ………………………… 88

第三章　毕飞宇小说中的弱势群体 ………………………… 92
第一节　疼痛与抗争：毕飞宇笔下的农民形象 ……………… 92
　　一、"文革"背景下的乡村叙事 ………………………… 93
　　二、苦闷的孤独者形象 …………………………………… 95
　　三、失落的乡村女孩形象 ………………………………… 99
　　四、在乡村伦理与政治伦理间的人性徘徊 …………… 101
第二节　毕飞宇小说中的女性命运书写 ……………………… 102
　　一、"去女性化"的女同志形象 ………………………… 103
　　二、命运、性格与人生悲剧 ……………………………… 105
　　三、现代都市女性自我价值的重新评估 ……………… 106
　　四、走出精神困境的母性形象 ………………………… 108
第三节　渴望理解与接受的边缘性群体 ……………………… 109
　　一、盲人：黑暗世界里熟悉的陌生人 ………………… 109
　　二、知青、右派：政治边缘化的知识分子形象 ……… 112
　　三、儿童：现代性生活的精神弃儿 …………………… 115

第四章　毕飞宇小说的叙事策略 …………………………… 117
第一节　"自我救赎"式叙事模式 …………………………… 118
　　一、遭遇困境：自我拯救意识的觉醒 ………………… 120

二、摆脱困境：自我拯救的艰难历程 …………………… 122
　　三、新的困境：自我拯救的循环模式 …………………… 124
第二节　叙事节奏与人称 …………………………………………… 126
　　一、叙事的节制 …………………………………………… 127
　　二、毕飞宇式"第二"人称叙述视角 …………………… 131
第三节　细节：日常风俗画 ………………………………………… 138
　　一、以细节展现日常风俗 ………………………………… 139
　　二、细节中的人性挖掘 …………………………………… 142
　　三、细节与叙事空间的开拓 ……………………………… 143

第五章　毕飞宇小说的语言风格与审美特征 …………………………… 147
第一节　语言艺术 …………………………………………………… 147
　　一、语言风格的衍变 ……………………………………… 149
　　二、语言的基本特征 ……………………………………… 152
第二节　毕飞宇小说修辞的艺术特色 ……………………………… 161
　　一、隐喻：人与动物世界的隐性言说 …………………… 162
　　二、反讽：通往荒诞世界的修辞策略 …………………… 166
　　三、排比：华丽的铺陈与情感的层叠 …………………… 169
第三节　轻盈而凝重的写作风格 …………………………………… 171
　　一、以小人物写出命运之重 ……………………………… 172
　　二、以日常生活呈现时代之重 …………………………… 175

结语 ……………………………………………………………………… 180

参考文献 ………………………………………………………………… 190

附录：毕飞宇小说作品 ………………………………………………… 212

后记 ……………………………………………………………………… 217

绪　论

"60后"作家是中国当代文坛的绝对主体与中坚力量，是支撑中国当代文学的重要支柱，他们中间的优秀作家层出不穷。历经时间的历练与考验，他们中间的很多作品开始走向经典化，并且已经表现出可以被经典化的基本文学气质。在"60后"作家群中毕飞宇可能不是最突出的一位，他进入文坛的时间相对晚近，直到1991才以中篇小说《孤岛》正式进入文坛，而那时的余华、格非、苏童等人早已声名显赫。在作品数量上毕飞宇同样不引人注目，前后发表文字不足200万，可以说是一位低产作家。但无疑他却是中国当代文坛的一道独特风景线，他无法被复制更无法被替代，他的审美特质与文学追求为中国当代文坛注入清新之气。他的作品少有自我重复，烙印着清晰的个体思想与文学观念的发展轨迹，依循毕飞宇的创作历程，我们能够准确把握中国文学20多年的发展与演进，可以说毕飞宇代表着中国当代文学的一种现象。尤其在新世纪之后，随着毕飞宇创作的日渐成熟，他的作品无论是在思想的深度、艺术的高度还是表现的宽广度方面，都已经达到了中国当代文学的一流水准，在"60后"作家群中占有重要一席。

毕飞宇的代表作品很多，如《哺乳期的女人》、《蛐蛐 蛐蛐》、《地球上的王庄》、《青衣》、《玉米》、《玉秀》、《玉秧》、《平原》、《推拿》等等，他在人生的每一个阶段都能够以自己独特的生命体验和娴熟的艺术技巧描摹出纷繁的社会人生图景，传达出自己的审美情趣，表现出对于社会人生的思考方向，充盈着丰沛的人文关怀精神。从而在审美、叙事、思想与社会干预等多种维度抵达了小说艺术本质的理想彼岸。因此我们对于毕飞宇小说创作的整体研究，既是事关一位作家的个案分析，也是对中国当代文学景观的一次系统梳理，借此可以深入思考中国当代文学在世纪之交的剧变中如何奠定基调、把握方向，在中国传统文学资源的当下化与外国文学资源的本土化基础之上，建构起属于我们自己的中国新世纪文学。

一、毕飞宇小说创作概述

新时期以来的中国文坛可谓是众声喧哗、盛极一时，各类文学流派、文学思潮交相辉映、前赴后继，以前所未有的密度迅速出现又迅速消亡，大有百花齐放、百家争鸣之势。在新时期文学发轫之初，部分文学流派在创作上仍延续着文革时期的极左思维方式，在义正词严的批判性文字背后潜藏着以文革思维反对文革的荒诞性逻辑，它们往往贴近政治远离审美，比如最初的伤痕文学、反思文学等等，甚至包括后来的改革文学也都保持着与政治的紧密关联。其后随着西方各种文学流派的爆发式涌入，在借鉴与实验的过程中新时期文学日渐成熟，开始脱离政治回归文学的本真，尤其对于文学性的关注一时间成为文学界的主流话题，比如寻根文学、朦胧诗派、先锋文学、新写实小说等等，它们或以乡土文化作为落脚点，或以文学审美作为创作支点，或者尝试各类文学实验，真可谓"你未唱罢，我登场"。但是在文学繁荣的表象之下难掩粗浅的借鉴甚至粗暴的模仿，文学时常表现出来的激进姿态充斥着人心浮动与社会浮躁，狂飙突进式的文学盛况时常遮蔽了背后思想的苍白、精神的匮乏。新时期文学取得的成就以及给后世带来的影响是巨大而深远的，但是我们也无法否认因为过度的激情与狂热那时的文学存在太多问题，比如遭受长期政治压迫的文学界一经解放，便以无限的"去政治化"文学主张支配文学创作，结果虽然提升了文学的审美性与文学性，却也丢掉了文学的现实干预性。可以说那是一个成就与缺憾并存的文学时代。

1990年代进入文坛的毕飞宇，在"60后"作家群中是入门较为晚近的一位，但也因此他能够较为客观冷静地观察1980年代以来喧嚣的文学界，能够认真反思各类文学思潮，看到各个文学流派与文学实验在具体文学实践过程中存在的问题与取得的成果。这种旁观者身份令毕飞宇躲过了1980年代的文学盛世，避免了陷入某一文学流派形成标签式的写作模式，保证了自己文学创作的独特性，成为中国当代文坛的一种独特存在。毕飞宇沉稳内敛、不骄不躁，不露锋芒，不追随西方时髦的文学思潮，仅以自己对日常生活的审美体验与文学记忆去书写乡村、表现都市，以极具标签性的语言建构自己的文学世界，怀着"渴望做一个'现实主义'作家，不是'典型'的那种，而是最朴素的、'是这样'的那种"① 的心愿，去观察世界介入生活，努力寻找中国问题的解决途径，切实践行"当下现实主义"的文学观念，将文学性与社会性有机结合。

追溯毕飞宇的文学创作活动可以推至高中阶段。在毕飞宇看来，那时所谓的"创作"主要是一种兴之所至的即兴写作，停留于写作的初级阶段尚未成熟，概括起来主要表现为两大特征：爱哲理；爱抒情。作为一位追求思想与理论时尚的年轻人，当时的毕飞宇特别崇尚自我思考，并以华丽而含蓄模糊的语言表现自己自认深刻的思想。毕飞宇对那一时期的自己曾做过深刻的总结："那时侯我特别瞧不起小说，一看就明白，没意思。我特别羡慕一个说话让我听不懂的人，简直就是崇拜，不是调侃，是真的。所以，我非常渴望一开口就把人家放倒。但这不容易。为了让别人不懂，首先要让自己不懂，我这样就写起了诗。"② 毕飞宇那时的创作无论是在理念上、思想上还是文字、叙事方面都表现出年轻人固有的不成熟，带有练笔色彩，但是这期间的创作为他后期的创作打下坚实的基础，做好必备的铺垫，可以称之为准备阶段。

大学毕业前后的毕飞宇在写作上开始日渐成熟，并且意识到自己写作存在的问题，开始自觉地纠正这一写作习惯与文学观念，他的写作开始进入自觉创作阶段。在真正进入文坛后的创作过程中，毕飞宇的写作风格与关注话题也在不断进行着尝试性的调整，普遍认为在中篇小说《青衣》发表后毕飞宇的整体创作风格开始进入实质性的转变，并最终形成自己稳定的创作风格。因此我们可以以《青衣》为分界点将毕飞宇小说创作历程大体划分为两个阶

---

① 毕飞宇.《青衣》问答 [C]. 见：沿途的秘密. 北京：昆仑出版社，2013. 49.
② 姜广平，毕飞宇."我们是一条船上的"——毕飞宇访谈录 [J]. 花城，2001 (4)：180.

段，前一段为成长阶段，后一段为发展阶段。

（一）成长阶段创作概述

20世纪80年代西方各种文学思潮大量涌入中国，各类带有实验性质的文学创作先后出现，其中以先锋派与新写实小说影响较大，且对中国当代文学在表现方式、题材选取以及小说主题的开拓方面取得很大成绩。只是后来或流于晦涩的语言狂欢与文字游戏，或执迷于生活琐事，纠结于鸡毛蒜皮，缺乏深刻的思想认知与审美追求，终于由先锋走向滞后，湮没于新的文学流派。而正是在这一文学流派频繁更替的阶段，毕飞宇完成了学习生活，走进社会正式开始了文学创作活动。也正是深受新时期文学的影响，尤其是对西方理论的学习与反思，使得毕飞宇能够在1990年代初中国文学的本土化、当下化转向过程中始终站在文学改革的前沿，同时也使他具备了对作品题材、文本形式做大量尝试和创新的热情与能力，体现出他在文学创作方面的多面性与可能性。

毕飞宇的处女作《孤岛》发表于《花城》1991第1期。《孤岛》是一个关于历史的寓言和象征的小说，小说围绕一处孤岛内部的权力斗争展开，在具体的情境中不时插入作者关于历史的议论，贴切、真实地表达了对于历史的感受与理解，从而将孤岛的历史提升为人类历史的某种缩影，带有强烈的先锋文学借古讽今、以古寓今的痕迹。紧接其后的《楚水》、《叙事》、《武松打虎》、《祖宗》、《明天遥遥无期》等文本，都可以清晰地看到历史话语外溢，表现出毕飞宇对历史的深邃洞察力和复杂情感，极具新历史主义小说特质。但是从根本上说，毕飞宇这一时期的小说主要深受先锋派文学影响，尤其在小说形式的实验性尝试方面表现得较为明显。对于先锋派小说与自己小说的内在关联性，毕飞宇曾坦言："我不回避我的创作是从先锋小说起步的，……最早从先锋作家身上学到了叙事、小说修辞、我感谢他们，……他们的努力对中国的小说有根本性的意义。"① 先锋派有其自身的问题，但是它是中国文学的一种重要现象，体现了中国作家的开放性视野与对西方的学习

---

① 姜广平，毕飞宇."我们是一条船上的"——毕飞宇访谈录［J］．花城，2001（4）：181.

借鉴态度，且对当代文学的整体建构起到过重要作用，毕飞宇看到它存在的问题，但更看到它对于自己以及当时文学的价值。

正是这种来自先锋思潮的影响，使毕飞宇早期作品执迷于小说形式的创新，以期以此实现小说主题深刻传达，这阶段最具代表性的作品是《叙事》。这部中篇小说讲述的是"我"的家族的故事，家族里仅有的三代人都有血统不纯的疑虑，整个故事是由"我"对自己血统，甚至是儿子血统的怀疑和焦虑展开的。小说采用多线条叙事方式，在故事发展过程中各种线索繁杂，时空交错突破常规叙述时间，但是毕飞宇凭借着自己对文字的掌控能力，最后依然能够按照自己的思路有条不紊地将故事说完，精彩而又深刻。《叙事》在形式上表现出的特点主要有：一是体现了毕飞宇对语言的一种刻意追求。他认为自己与这个世界的关系是通过语言实现的，特别是《叙事》这篇小说使他痴迷语言。二是《叙事》中使用了空间叠加的办法来推进作品，是他"呈现叙事的时间关系和空间关系"的最好实验，是他"自学成才的重要注脚"。"我又夹杂进去另外一些意义上的东西，那就是说我想对我整个1994年以前的作品进行一番总结。也就说，我在进行这个家族史研究的时候，我就想，这篇小说是我这一批小说里面的最后的一个，这篇小说写完了以后，这类的东西我就不打算再写了，我打算好好告别一下。"① 《祖宗》也体现出了先锋小说的特点，毕飞宇曾说这是他最喜欢的短篇小说，"这篇小说是我在现实的空隙里找到的一种历史叙事方式，它的语言受到了翻译作品、尤其是先锋小说的影响。这个作品写完了，我自欺欺人地认为，我跟上了当时的文学步伐，这是我喜爱这个作品最重要的原因。"② 此外，在叙事策略上，毕飞宇也大胆尝试，如《武松打虎》在形式上独特新颖，思想上充满哲理意味。这篇小说让传统的武松故事和现实生活正在发生的故事平行发展，相互对照。传统武松打虎的英雄故事被演变成今天农村妇女争风吃醋的争斗，表现出英雄的没落、英雄主义在当下荒诞与可笑的艰难处境。

---

① 张均. 小说的立场——新生代作家访谈录 [M]. 广西师范大学出版社，2002，128.
② 张均，毕飞宇. 通向"中国"的写作道路——毕飞宇访谈录 [J]. 小说评论，2006（2）：43.

在这些带有先锋色彩的"重述历史"小说中,毕飞宇始终关注对"人"的探讨。他以悲悯之心、博大的人道主义情怀表达对历史中"人"的关爱,在特定历史背景下去表现人们面对历史、文化、政治等宏大概念与强大现实力量时的弱势群体心理与卑微行为姿态,同时又通过人们的精神阵痛穿透历史的纵深,反观历史的本质,进入历史哲学的思考维度(如《楚水》、《叙事》)。在对历史的反思过程中,毕飞宇没有陷入历史的思维窠臼,而是透过历史观察历史中的人,以及人们面对磅礴历史的命运抉择(如《孤岛》、《明天遥遥无期》)。毕飞宇的独特历史意识,将历史与现实有机结合,其意义是基于现实困顿的不懈求索和对人的终极关怀。

1995年前后毕飞宇开始反思自己的文学创作,"博尔赫斯曾经是我心目中的一个文学之神,但是,在那一个凌晨,我对博尔赫斯产生了强烈的厌倦。……我对博尔赫斯的厌倦联带了我对自己的怀疑与厌倦。我渴望变,往哪里变呢?我不知道。我想强调的是,我所渴望的变化不只是叙事形态上的,而是我究竟要写什么,我到底希望自己成为一个什么样的作家,我与这个世界究竟要建立怎样的一种关系"。①这次的反思与自我怀疑对毕飞宇的创作而言至关重要,它决定了毕飞宇今后的创作方向,这种变化不仅仅是小说叙事、语言、结构等小说形式的变化,更重要的是表现在小说题材与主题等内容方面的变化,也是作家现实关注点的变化。也正是从这时起毕飞宇的小说开始转向对日常世俗生活的观照,为他进入更高的艺术层面做好思想准备。

毕飞宇从历史冥想、哲理思辨逐渐回归现实,并在不断探索、实验的过程中最后形成自己的"现实主义"风格。1995年6月短篇小说《是谁在深夜说话》发表,它预示了毕飞宇小说创作的一个重大转型。毕飞宇曾说《是谁在深夜说话》"完全是可遇不可求的一篇小说。这篇小说也是我快要告别博尔赫斯时期写的。我要说,它的原创性还不够。它还不是'毕飞宇的小说'"。②从这段话我们可以看到毕飞宇的创作风格已经发生巨大变化,但这只是一个

---

① 毕飞宇. 轮子是圆的 [M]. 南京:江苏文艺出版社,2004. 1.
② 张均,毕飞宇. 通向"中国"的写作道路——毕飞宇访谈录 [J]. 小说评论,2006 (2):43.

开始,他将会沿着这条路走向更为广阔的文学空间。小说分为两条线索展开叙述,"我"对美女小云的爱慕与建筑队修城墙,毕飞宇以生动的想象将历史与现实勾连起来,现实的情感故事与历史情感遥相呼应。在这篇过渡性作品中,我们不难看到毕飞宇前期创作痴迷于历史的踪影,他质疑历史的客观性与真实性,对历史偶然性、荒诞性的认同仍然顽强地停留于作品中,但是感性与日常审美的参与已经极为明显清晰。

1990年代中后期,毕飞宇的小说中依然关注一定的历史背景与历史思考,但整体视角已然转向了对人的生存境遇与现状的观察与思考,以及对人性深层心理的挖掘与探视。毕飞宇更喜欢运用隐喻和象征等艺术手法去表现日常生活的非常态特征,并通过独特的叙事视角表现现代人的欲望和恐惧的生存本能。这一时期毕飞宇创作大体可以分为两类:一类是以"文革"作为背景的小说,它们经常被评论者称为"文革叙事"、"乡土小说"或"先锋乡土"小说。此类作品还有很多,如《写字》、《臭镇的1977》、《受伤的猫头鹰》、《枸杞子》、《蛐蛐 蛐蛐》、《好的故事》、《白夜》《手指与枪》、《怀念妹妹小青》等。从这些作品可以看出,毕飞宇凭借着个人成长记忆与乡村生活经验,从普通而又平凡的人入手,着重表现出七十年代的民间生活与生态,为那个时代的历史做最为丰富、生动的备忘录。《怀念妹妹小青》以散文式的回忆方式,讲述了妹妹小青在那个暴风骤雨般的年代里猝然消逝的故事,读来让人痛惜不已。《白夜》中的一群孩子们通过对"我"的胁迫,抵制和破坏正规的学校教育,那个扫荡教室的白夜令人战栗。《蛐蛐 蛐蛐》通过蛐蛐的隐喻让我们看到人世的荒谬与残酷,人与人之间的冷漠与伤害这是一个时代的畸形呈现,它不仅仅伤害到我们的肉体,更摧残了我们的灵魂,扼杀了我们具有无限可能性的未来。

毕飞宇在这一时期还尝试着创作出一批带有"城市叙事"特征的作品,比如《九层电梯》、《生活在天上》、《那个夏季,那个冬天》,等等。小说借助城里猫和乡下虎皮猫的对比、女儿城里的童年与"我"乡下的童年生活的比对,印证了自然生命在城市生活中退化的现实。《生活在天上》的蚕婆婆在村人的羡慕中来到城里生活,但是城里却让她感到是"一个上够不着天,下够不着地"的地方,离开土地的惶惑令她痛苦不堪。《卖胡琴的乡下人》中的乡下人去城里卖胡琴本身就是一个错误，与乡土、盲人等相关联的胡琴无论如何也等不到城里人的光顾。毕飞宇在作品中试图以乡村自然健康的人性作为支点，去观察、思考城市现代化过程中对人的身心伤害。同时在这些以城市为背景的作品中，他也在作品中表达了对城里人生存状态和精神境遇的关注；如《哥俩好》、《那个夏季，那个冬天》通过图南和图北、耿东亮的个人遭际，记录了青年人在与传统决裂后留下的阵痛和迷惘。《遥控》通过对一个青年人日常生活的虚构，揭示出科技、现代化的物质进步在带给人全方位关照的同时，也在抽空我们生命的体验性与丰富性。《元旦之夜》表现了公司老板发哥对曾经的爱情与婚姻的怀恋。《五月九日和十日》则表现了丈夫与妻子之间难以沟通的隔膜。《家里乱了》中幼儿园教师乐果在物欲大潮的冲击下毅然出卖色相，甚至在被电视台曝光后依然坚持卖淫。《唱西皮二黄的一朵》中的一朵本是一位朴实的乡下女孩，因一次偶然机会进入剧团唱西皮二黄，由乡村进入城市的一朵生活发生了翻天覆地的变化，同时变化的还有自己乡土心态，乡下人由自卑产生的自厌。一次偶然的机会一朵发现了一个卖西瓜的乡下女人跟自己长的特别像，相貌的接近唤起了一朵身份的记忆，于是她的心态开始失衡，情绪开始失控。一朵的转变正是当时中国城乡关系与心态的一次真实写照。

毕飞宇在由先锋向写实风格转变的过渡时期，创作出多篇优秀作品，其中《雨天的棉花糖》是一篇关注个体生命的小说，它以深重而朴实的笔墨讲述了一个身份"错位"的男孩形象。在男与女，烈士与苟活，英雄与俘虏等错位认同上，他与村里人甚至父母产生严重分歧，但是脆弱的他在村里人的挤压中，甚至于父母的精神迫害过程中走向了自己的悲剧命运。《哺乳期的女人》是毕飞宇的成名作，它是一篇反思现代性困惑的小说，它表现的事件很小，留守儿童旺旺的父母长年在外打工，邻居惠嫂给孩子喂奶的情景激起他对母爱和亲情的渴望，他冲动之下咬了惠嫂的乳房，为此村里人坚持认定旺旺是流氓，最终将孩子真的逼出了病。从中我们可以看到，现代性的物质主义给我们留下了一批情感缺失的留守儿童，精神的缺失却难以用物质的方式来弥补。《林红的假日》表现了一个都市白领女性的精神困顿、城市生活的单调枯燥，城市价值观的混乱不堪。林红想要逃脱的生活恰恰是现代人疯狂追求的物质生活，她要放纵的不是自己的身体而是精神，一次精神的出轨是对刻板生活那种不自由的最大挑战，但最终的失败恰恰是人们真正脆弱的明证。

在《青衣》创作之前，先锋式的叙事激情一直缠绕着毕飞宇的作品，但是他的先锋式写作不同于同时代的先锋作家们，在他的那些所谓先锋作品中，"文本也都是以一种通俗直白的语言呈现出来的，不但没有西化哲学的晦涩难懂，而且还具有与世俗人生息息相关的感性物质。"毕飞宇后期小说对于日常生活审美的挖掘，在先锋小说的写作过程中其实已露端倪，可以说对世态人情的关注其实一直融入毕飞宇的创作过程中。毕飞宇这一时期的创作风格正如吴义勤所概括的那样："在迄今为止的小说创作中，毕飞宇虽然进行过多种多样的艺术尝试和探索，但他的作品所呈现出的总体风格却基本上是统一的，那就是感性与理性、抽象与具象、形而上与形而下、真实与梦幻的高度和谐与交融。"①

总体说来，毕飞宇在这一阶段的小说创作主要以中短篇小说为主，且先锋意义上的写作占主导地位，他以先锋派小说的文学资源浇灌出带有自己标签的文学作品，这是在借鉴与融合中的一次成功尝试。毕飞宇这一期间的作品虽然还相对稚嫩，但是正如部分评论者看到的那样，它们无论是"对历史与现实，对都市与乡村，还是对男人与女人的描摹中，浸透着一种精神的坚守及追问，即对人的命运的关注和思考。……在物欲横流、喧嚣浮躁的现实生活中，毕飞宇的小说无疑带给我们心灵的震撼和灵魂的反思"。② 面对读者与批评家的认可，毕飞宇保持着一份清醒的认识，他清楚地看到自己在创作转型时期所存在的问题，更看到了自己创作中曾出现的大量"残次品"，尤其是他对现实主义的追求由于过度贴近现实反而失去了文学审美的内在需求，比如《家里乱了》、《那个夏天，那个秋天》等，过于逼近现实传达理念，反而使小说生硬失真，略显逼促。

---

① 吴义勤. 感性的形而上主义者——毕飞宇论 [J]. 当代作家评论，2002（6）：49.
② 赵艳红. 生命的悲歌——论毕飞宇笔下的"小人物" [D]. 东北师范大学学报，2009. 1.

（二）发展阶段创作概述

自 2000 年《青衣》发表以来，毕飞宇小说创作迎来了一次爆发期，这期间他创作出大量且有一定影响力的作品，比如短篇小说《地球上的王家庄》、《相爱的日子》、《家事》、《睡觉》、《大雨如注》等，中篇小说"三玉"系列等，长篇小说《平原》、《推拿》等。这一阶段毕飞宇的创作风格日趋稳定，他对日常生活、世态人情的关注，对于真实、真诚的追求也日渐成熟深刻，他坦率地说："我的创作有不少忌讳。二十岁以前，我忌讳不抒情；二十出头，我忌讳不哲理，不深刻，我渴望着三言两语就把这个世界摆平了。再后来我忌讳明白：我用激情和想象力，与天斗，与地斗……可是我现在最忌讳的不是那些，我忌讳假。"① 事实证明，毕飞宇的转变是对自己的一个突破，是对现实、真实的回归。

《青衣》不同于毕飞宇以往作品，毕飞宇认为这种转变是自然而然发生的，是对自己写作的尊重与顺应，正如其言："活到哪儿，你就必须写到哪儿。前提是你不能回避你自己。"② 随着年龄与写作年龄的增长，毕飞宇也在不断提升自己的思想认识，不断加深对社会生活与文学创作的理解。同时，随着理解的加深，文学呈现的面貌也必然会发生变化，这种变化是一种自然生成，作家要做的就是接受与推动。这种变化主要表现在对现实主义文学理念的理解和肯定，"我比以往任何时候都渴望做一个'现实主义'作家——不是'典型'的那种，而是最相互的、'是这样'的那种。我就想看看，'现实主义'到了我的身上会是一副什么样子"。③ 在 2006 年的一篇访谈中，他进一步指出："我理解的现实主义就两个词：关注和情怀。……我指的关注是一种精神向度，对某一事物有所关注，坚决不让自己游移。福楼拜说过，要想使一个东西有意义，必须久久地盯着它。我以为，这才是现实主义的要义。简

---

① 毕飞宇. 忌讳 [C]. 见：沿途的秘密. 北京：昆仑出版社，2013. 19 - 20.
② 毕飞宇.《青衣》问答 [C]. 见：沿途的秘密. 北京：昆仑出版社，2013. 48.
③ 毕飞宇.《青衣》问答 [C]. 见：沿途的秘密. 北京：昆仑出版社，2013. 49.

单地说，我所理解的'现实主义'，就是一颗'在一起'的心。"[1] 毕飞宇对现实主义的理解在某种意义上超越了时代与同辈，他更具人文关怀地认识到"在一起"的重要性，与你表现的对象，与日常生活，与底层人民在一起，内在地关怀与介入才能真正被表现群体所接受。

2007年，毕飞宇在上海市作协举办的第二届"城市文化讲坛"上做了题为《文学的拐杖》的演讲，他着重阐释了自己对"世态人情"的理解和认识，以及"世态人情"之于小说创作的重要性。毕飞宇把"世态人情"看作小说的底子，小说的呼吸，认为创作离不开世态人情这根"拐杖"。而作家对世态人情的熟稔，其实是对日常生活的一腔热情，它透彻、理解、领略，甚至是对基本生活的诚实。毕飞宇的"现实主义"已超越出教科书的阐述，具有强烈的"毕式风格"，它主要包括两个方面：即"坚持现代派文学注重个人体验、直觉把握的精神，又融合了现实主义文学关注当下、直面人生的品格"。[2] 它的关键词是：朴素、关注、情怀、"在一起"、热情、诚实。

毕飞宇小说向写实转型之后，随着主题的变化，他不再痴迷于掌控小说的形式和追求语言的突破，题材和语言随之发生了显著的变化，更多地是以细节、感性经验传达小说主旨和形而上的哲思，将自己的哲思更多地融入到日常化的叙事中，表现得更为贴切自然。2000年发表的《青衣》，是毕飞宇重要的代表性作品，小说讲述的是女演员筱燕秋对青衣艺术和表演的痴迷与执着追求，最终却以悲剧结束的故事。小人物在宏大政治与物质主义面前的痛苦、无奈与渺小被淋漓尽致地表现出来。这篇小说是毕飞宇创作风格转型成功的重要标志，它使毕飞宇更加自信。随后创作的"三玉"系列等作品，承续这一风格特点，并增加了更多反映现实生活的题材。至此，毕飞宇的小说创作逐步走向高潮。"三玉"系列小说以"文革"作为历史背景，以王家庄村支书家的三个女儿玉米、玉秀、玉秧作为表现对象，通过村里的权力更替对她们的不同影响，分别展示了三位女性带有隐喻性的个人悲剧。在权力

---

[1] 张均，毕飞宇. 通向"中国"的写作道路——毕飞宇访谈录 [J]. 小说评论，2006（2）：46-47.
[2] 段崇轩. 论毕飞宇短篇小说 [J]. 文艺争鸣，2008（8）：154-155.

泛滥的政治环境中,沉稳、工于心计的玉米,委身嫁给了与其父同龄且丧妻的男人郭家兴,其实玉米看中的是郭家兴身为镇革委会副主任的权势,她想借此来延续即将崩塌的家族地位;玉秀性情妖媚,她把洗清被人羞辱不洁之名的希望寄于他人,而最后得到的却是又一次沦落;玉秧老实自卑,她进城上学之后,为了出人头地,甘心被道貌岸然的魏向东利用并遭到他的猥亵。与以往小说相比"三玉"系列有了"一个本质的变化与飞跃,典型化的场景与人物的消解,使生活恢复了它的本初面貌,一切都从历史的真实出发,三姐妹的形象更能有助于读者从生活的角度、情感的角度以及人性的角度去阐释、去理解文革这段历史的复杂性,以及它与人物灵魂之间的对应关系。"①

《平原》是毕飞宇继《玉米》之后,又一部书写20世纪70年生活的长篇小说,为我们展示了"文革"时期乡村民间的一种生活状态。小说描写了一群乡村年轻人的命运沉浮,他们的各种努力与抗争最后都是徒劳,无端地陷入了命运的另一种漩涡,从而深刻揭示出集权与人性、青春与理想之间的错综关系。对历史的理性审视和对现实的敏锐体悟,使毕飞宇的《平原》呈现出冷峻与凌厉之气,因此一经发表便引起强烈反响。虽然评论界和读者对此褒贬不一,但它无论对于毕飞宇还是中国当代文学无疑都是建设性大于标志性,承继性大于开拓性。短篇小说《地球上的王家庄》再次体现了毕飞宇短篇小说创作的文才与智性,同样是一个关于王家庄的故事,小说以八岁孩子的视角表达了在那个特殊年代里父子二人失去精神家园的迷惘与寻觅,反映了时代对人性的压抑与对外面世界的渴望。

面对当前物质主义、消费主义的无限泛滥,人们对于社会不平衡现状愈发失望,于是自然地将批判的矛头直接指向物质与商品。但是毕飞宇认为:"这是荒谬的瞄准。物质没有错,商品更是无辜,我们唯一要问的,是我们自己丢弃了什么。这丢失不是发生在今天,它早就丢失了。它生龙活虎的、不知羞耻的'体现'则是在物质时代。"② 我们丢弃的到底是什么?毕飞宇用

---

① 凤群. 评飞宇长篇小说《玉米》[J]. 文艺争鸣, 2003 (6): 50.
② 毕飞宇.《推拿》的一点题外话 [J]. 当代作家评论, 2009 (2): 26.

《推拿》回答了这个问题。《推拿》以一个盲人按摩院作为观察点,通过它直接反映盲人们尤其是按摩院的盲人们的日常生活,并通过对这一无论是生理上、心理上还是社会地位上的弱势群体的表现,去反观我们所谓常人的世界。《推拿》中的盲人们如同一面镜子,毕飞宇要通过这面镜子找出我们常人的"小"来。正如著名评论家李敬泽所说:"《推拿》是写给残疾人的,也是写给所有人的——我们在这面特殊的镜子里看自己,看见我们的残缺。"对此毕飞宇也极为认同,《推拿》不是一部泛爱式的同情之作,过度的同情对于盲人们是一种伤害与不尊重,我们要从他们身上看到正常人的情感需求与生存需求,同时看到盲人世界的光明,与光明世界的黑暗。因此毕飞宇说:"千万别以为我们是健全人,我们拥有比盲人更多的感官。在某一个层面上,确实是这样。但如果放大一下,你会发现,人类的局限太多了。比如我转过身去,我就完全看不见你。我们的眼睛只能在一个区间里,但我们意识不到很多东西我们是看不见的,我们是有局限的。说起这个时代,经济发达,国家强盛,可你觉得这个社会不是残缺的吗,这个时代是双目炯炯的吗?我们这个时代也是盲目的。"①《推拿》已经超越了简单的盲人生活的忠实记录,它已然包含着毕飞宇对现实中国的隐喻,对于所谓常人世界的映射与批判,令我们透过盲人的世界去反思自身的局限。盲人群体同样的尊严感给了我们一种深刻警示,在物质面前丢弃灵魂的人是否应该扪心自问,中国现代性的狂欢式发展是否需要我们放慢脚步回首来路。可以说《推拿》是作家在其生命旅途的探索中的又一次前进。

毕飞宇是一位现实感很强的作家,他能够非常敏锐地触摸到人世变迁,以及社会价值观的位移。在《家事》、《睡觉》、《大雨如注》、《彩虹》、《相爱的日子》等小说中,他开始认真思考改革开放后的中国人的价值观的变化,以及价值观的变化对于社会秩序、家庭秩序、人际关系等方面的影响,进而反思中国现代化的危机。人性中事关亲情、爱情、友情等美好温暖的一面,在现实的物欲中一步步沦陷,每一次心灵的悸动和彷徨都令人伤感。《彩虹》描写了二十九层楼上一对空巢老人与一个留守小男孩的故事,他们温暖彼此

---

① 孟黎.《推拿》:照亮心中的隐疾与善好[N]. 金融时报,2013-9-6(9).

的片刻相处,没有直书任何悲剧情节,但悲凉凄婉的氛围却充斥整篇作品。传统生活经验在现代生活方式面前举步维艰,正常的人伦亲情尚无法保证,小说的泛悲剧意蕴正是在此基础之上得以呈现。《家事》关注的是社会的冷漠,毕飞宇以学校作为隐喻对象,将单纯的孩子与纯洁的校园生活社会化,强行拉进复杂社会景观中。学校里的孩子不再天真无邪,他们将学校置换成父辈们的"单位",演习成家庭生活,同学关系被社会化成夫妻、母子、父女、妯娌、叔侄、姑嫂等等各类复杂社会关系,孩子们在学校模拟着社会"曾经"的日常关系。毕飞宇巧妙地从这个特殊视角书写出人们内心深处的冷漠。《大雨如注》则是对汉语失语时代的关注,同时也关注着孩子们空虚的精神世界和没有欢乐的抽象日常生活状态。女儿姚子涵是一个典型的现代乖乖女,成绩优秀,遵从父母之命,从不曾违逆。但是一次偶然的疾病令姚子涵失去听说母语的能力,一口流利的外语令家人不知所措。这是一个患有现代病的中国病人,但是我们病的究竟是什么?正如我们为什么要挣钱的提问一般,令人无法正视生活与自身。《相爱的日子》里两个刚刚大学毕业的大学生在冷漠的城市里艰难跋涉,为了能够拥有坚持下去的勇气,他们彼此以身体温暖对方。爱情的假象被现实生活无情粉碎,没有温暖,甚至没有温情,存在的仅仅是赤裸裸的金钱关系,因此毕飞宇说"这是一篇低温的爱情故事,在小说里不厌其烦地交代体温、天气,还不厌其烦地描写了性。""在人才市场里遇见过很多很多这样的年轻人"。世俗的价值判断影响着他们的行为,他们不得不接受现实、顺应现实。"我们的文化心态是世纪末的,世纪末的文化心态有两个特点,我把它总结成两个词,一,急功,二,近利,它和创世纪的'功利原则'还是有很大区别的。急功、近利,它既是经济,也是文化,更是政治。"① 在资本面前,爱和尊严都变得那么无足轻重。正如《睡觉》中为了金钱给人做二奶的小美,因为遛狗认识了一位心仪的男大学生,多次接触使他们内心生出些许暧昧。但是当没有体会过爱情滋味的小美非常真诚地想和男大学生在草地上睡个"素觉"时,物质化的小美遇到了更为物质化的男人,男大学生毫不客气地伸出了五个手指,要求支付500元钱,一切之初

---

① 毕飞宇,张莉. 人与人之间的温度在降低——毕飞宇访谈录 [J]. 文化纵横,2010(1):78.

的温暖铺垫最后都会化作物质主义的傀儡。

新时期以来，我们的价值观、世界观都在悄然发生着变化，带有现代性色彩的物质主义与消费主义，日渐渗透进我们的日常生活，影响我们的思想领域，同样影响到我们的文学创作。它们令很多作家在商业化的道路上渐行渐远，似乎已经忘记了"文学反映生活"的这一小说创作的基本法则，在政治与商业等非文学因素的影响下，在文学作品抽象地演绎出形形色色的价值观念，试验着五花八门的西方理论，沉迷于无聊叙事与语言游戏，在貌似先锋的文学运动中掩饰不住文学精神的沦陷。逃避现实生活，迎合大众消费口味，失去作家的文学责任与担当。在这样一个文艺的大背景之下，毕飞宇和他的文学创作显得更为珍贵。在他20多年的创作历程中，无论是从最初的哲理先锋、历史抒情，还是乡土写实，他对中国问题的思考、对于人生困境的追问从未止息。他的笔触触及人们日常生活的每一个角落，人们内心深处的每一处暗影，他以形而上的思考方式探寻人生之存在意义，人性的卑劣与高贵，历史的反思与批判，时代的发展与弊端。他以极具毕飞宇色彩的文字与叙事方式去表现着自己的思考与主题，形成了极富个性和魅力的艺术世界，担负起一位优秀作家应尽的责任与义务。

二、毕飞宇小说研究综述

新世纪以来中国文学在"全球化"、"现代化"狂飙突进的浪潮中，经历着一场蝉蜕般的世纪转型与发展，日渐显露出自己特有的文学气质与现实指向。面对社会整体的道德滑坡、价值失范与"边缘化"的历史遭际，知识分子与中国文学并没有在失落中沉寂，而是勇敢地肩负起拯救民族精神的历史使命。这其中就包括作家毕飞宇，他以"当下现实主义"的情怀和对历史的哲思不断介入现实、进入历史，表现出一位作家的良知与理智。

今天"60后"作家已经成为中国文坛的中流砥柱，毕飞宇堪称"60"后作家群中最具代表性的作家。从1991年发表处女作《孤岛》以来，毕飞宇创作发表小说64篇，其中短篇42篇、中篇18篇，长篇4篇，无论在数量还是质量上都取得一定成果。这些作品中《哺乳期的女人》获得第一届"鲁迅文学奖"短篇小说奖、一届"小说月报奖"；《青衣》获得一届"小说月报奖"

和"小说选刊奖";《玉米》获一届"小说月报奖"、第一届"中国小说学会奖"、第三届"鲁迅文学奖"中篇小说奖、第二届"冯牧文学奖"文学新人奖;成就最高的是《推拿》,荣获第八届"茅盾文学奖"。毕飞宇的小说还获得了国外读者的关注和好评,2004年被评为法国"最受欢迎的中国作家"。从1990年代初至今,在二十余年的创作中,毕飞宇始终保持着旺盛的创作力,以独特的生命体验、叙事方式、语言表现为我们描绘了丰富多彩的社会景观,表达出对人的生存境遇的人文关怀精神。学界对毕飞宇的关注和研究与他的创作轨迹几乎平行发展,随着他创作的日益成熟,作品风格的渐趋稳定,人们对他的作品亦愈发关注,研究成果也越来越多。

(一) 2000年以前

在2000年以前,毕飞宇虽然也创作出很多优秀作品,但是真正能够在文坛产生重要影响的作品尚未出现,因此这段时期对毕飞宇小说的研究在数量上不多,但是在质量上却极为可观,由此可见他的作品已经引起学界的注意。1993年,黄毓敏最早从个体作家视角进行研究,他认为:"毕飞宇站在'特殊'和'普通'之间,站在'偶然'和'必然'之间,虽然难免会使他与领衔地位和轰动无缘,但或许也因此使他能够在时间的延续中经受住生活和艺术的双重要求和检验。"[①] 他最先看到了毕飞宇小说内在的、长久的生命力。1995年,葛红兵从整体宏观的角度研究毕飞宇的小说,他将毕飞宇的小说分为两大类,一类是关于日常生活的写实小说,一类是以历史反思与构建的"拟历史小说"[②]。2000年,吴义勤比较全面地总结了毕飞宇此前的小说创作。他认为毕飞宇是"感性的形而上主义者",其创作的总体风格是"感性与理性、抽象与具象、形而上与形而下,真实与梦幻的高度和谐与交融"[③]。吴义勤认为这种风格主要体现在文本中"错位情境"的设置方面,毕飞宇习惯于以"错位情境"传达自己特有的审美理想,在这一

---

① 黄毓璜. 春意阑珊半山腰——略谈毕飞宇小说 [J]. 钟山, 1993 (6): 141.
② 葛红兵. 文化乌托邦与拟历史——毕飞宇小说论 [J]. 当代文坛, 1995 (2): 43-45.
③ 吴义勤. 感性的形而上主义者——毕飞宇论 [J]. 当代作家评论, 2002 (6): 49.

情境中毕飞宇以自己对世态人情的独特情感体验支配小说叙事,使叙事充满情感的温度。

(二) 2000 年至今

2000 年后毕飞宇先后发表了《青衣》、《玉米》、《玉秧》、《玉秀》、《推拿》等优秀作品,同时各类文学奖也纷至沓来,他在文学界的地位与影响迅速提升,因此新世纪之后对他的研究也日渐增多,很多硕士、博士以其作为研究对象,研究论文与专刊越来越多。截止今天,我们通过对中国知网、万方、读秀等数据库查找和比对,以"毕飞宇"为主题的文章约有 1022 篇,硕士论文有 92 篇。

1. 从期刊层面看,研究主要集中在以下几方面:

第一,关键词研究,主要包括疼痛、历史、鬼文化三个关键词

毕飞宇在一次访谈中曾提到,到当时为止他虽然发表很多小说,但归结起来他其实只写了一个故事,那"就是在不同题目下写了同一个东西",那就是"疼痛"。就作品表现而言,"疼痛"也确乎成为毕飞宇小说的核心关键词,很多研究者正是以其作为进入毕飞宇作品的切入点。比如李宏庆重点分析了毕飞宇小说对于"疼痛"迷恋的原因,并认为主要原因在于作家童年经历过的"文革"经验对作家的心理产生了挥之不去的阴影,而家族史的断裂,更使得作家产生了一种漂浮感和没有故乡的疼痛感[①];薛胜男认为,毕飞宇小说的疼痛主题直指历史文化的断裂之痛和人类的生存之痛,这种疼痛书写是作家对人类的体恤和救赎的一种姿态[②];刘旭从记录物欲时代的留守之痛、关注"空巢"之痛、直面"成长之痛"三个角度阐释了毕飞宇小说关于动荡中的心灵历程和生活轨迹[③];张富华则是从毕飞宇个人化的历史叙事及其对现代

---

① 李宏庆. 物欲狂欢背后的"疼痛"——以毕飞宇"城乡互望视角"小说为例 [J]. 贵州教育学院学报(社会科学), 2009, 25 (11): 66-68.

② 薛胜男. 疼痛中的救赎——毕飞宇小说的疼痛题旨解读 [J]. 湖南冶金职业技术学院学报, 2007, 7 (3): 179-180.

③ 刘旭. 关注现实生活中的"生存疼痛"——试析毕飞宇小说的艺术特点 [J]. 殷都学刊, 2009 (4): 83-87.

化现实的反思两方面梳理伤害这一主题①。

毕飞宇对"历史"有着独特的理解与深厚的兴趣,他先后创作出一系列的历史寓言小说,也因此使他的历史观成为人们关注的焦点。比如张莉充分认定毕飞宇历史叙事在文学史中的意义和贡献,她从"对'文革'集体记忆的怀疑与重写、原景记忆的反刍与重述、作为'历史'生产的现实书写,"三个方面,对毕飞宇"记忆生产者"身份进行体认与阐释,毕飞宇小说创作以其"真实"与"现实"、"历史"与"记忆"替换所构成的独特历史书写,成为文学史链条中坚固的一环②。张立群从毕飞宇小说创作的主题、技艺、经验和人性等角度展开探讨,认为毕飞宇的创作为历史叙事注入新的活力,并在历史化的过程中提供了新的经验③。张艳梅围绕"文革"和"历史"两个关键词,阐释了毕飞宇记录时代和历史的方式④。孙德喜认为毕飞宇小说表现的是寓言形态的历史和普通民众日常生活中的历史⑤。余慧、张云认为毕飞宇用小说的艺术形式表达了自己对"历史"的个人化理解⑥。

"鬼文化"是毕飞宇小说创作最关注的主题之一,他曾这样阐述"鬼文化":"我们身上一直有一个鬼,这个鬼就叫'人在人上',它成了我们最基本、最日常的梦。这个鬼不仅仅依附于权势,同样依附在平民、大众、下层、大多数、民间、弱势群体乃至'被侮辱与被损害的'的身上'人在人上',构成了特殊的鬼文化。"由此也引起学界对于毕飞宇作品中"鬼文化"的关注,在不断地解读中越来越丰富了它的内涵。以此为主题先后出现了很多研究文章,他们在对"鬼文化"的研究过程中所得结论相对一致。徐安辉认为:"在某种社会历史时期,权力实际上是'人上人'的同义词,只要手中有了权

---

① 张富华. 存在的无奈与活着的疼痛——论毕飞宇小说中的"伤害"主题 [J]. 创作评谭,2005 (10):58-64.

② 张莉. 毕飞宇:作为"记忆"生产者的作家 [J]. 中国现代文学研究丛刊,2012 (2):162-171.

③ 张立群. 先锋的延续、叙事的演绎及其历史化——论毕飞宇笔下的"历史叙事" [J]. 河北科技大学学报(社会科学版),2010,10 (3):67-71.

④ 张艳梅. 毕飞宇:打捞幽暗深处的中国记忆 [J]. 名作欣赏,2013 (19):140-143.

⑤ 孙德喜. 毕飞宇小说:历史·启蒙·叙事 [J]. 扬州大学学报(人文社会科学版),2009,13 (5):54-59.

⑥ 余慧、张云. 毕飞宇小说的历史意识 [J]. 宜宾学院学报,2006 (1):68-79.

力，就意味着是个'人上人'。"① 董之林认为筱燕秋是争做"人上人"的典型②。钟琴从"玉米"系列小说中的人物形象身上发现他们对权力的追逐对家族势力的维护，无疑不体现出人们对权力力量的推崇③。杨喜钧、邱戈将毕飞宇小说中的"鬼文化"上升到理性的高度，他们认为毕飞宇的"鬼文化"是我们民族的基本心态，是集体无意识的潜在表现。④

相对而言，在所有研究者中汪政对毕飞宇"鬼文化"的研究较为深刻，也更为接近毕飞宇的创作意图与作品的本真意蕴。他认为毕飞宇对权力的反思几乎贯穿其整个创作过程，权力话语与权力结构渗透进小说叙事的各个环节。

第二，女性形象的研究

在毕飞宇小说人物形象的研究成果中，对女性形象的关注占据绝对优势，这也与毕飞宇对女性形象塑造的成功有关。部分研究者从文本出发具体研究了毕飞宇小说中的女性形象的类型和特点，李娟把作品中的女性形象大致分成两类：一类是传统规约下的贤女形象；一类是消费文化中的叛女形象⑤。申鑫瑛对毕飞宇前期作品中的女性形象作了系统梳理⑥。张晓燕从女干部吴蔓玲、纯情少女小青、少女三丫、年轻母亲惠嫂、孤苦无依的老年母亲婶娘等女性形象上，发现她们面对生存困境的抗争精神，但是最终却落入命运的悲剧，表现出作家对女性命运的关注与思考⑦。黄燕撰写的论文，对毕飞宇作品中的女性形象做了独特的分析，他认为在毕飞宇的作品中表面看来女性形象塑造十分鲜明、强势，甚至直接遮蔽住男性形象，给人一种女性成为小说表现主体的假象，而事实上男性才是毕飞宇作品真正的主角，女性的过度描写

---

① 徐安辉."鬼文化"的人性学解构——毕飞宇《玉米》的一种解读 [J]. 固原师专学报（社会科学版），2001，23（4）：16 - 18.
② 董之林."身上的鬼"和"日常的梦"——关于毕飞宇的小说 [J]. 文艺争鸣，2004（2）：25 - 30.
③ 钟琴."鬼"的纠缠与挣脱的可能——毕飞宇"玉米"系列解读 [J]. 当代文坛，2003（3）：31.
④ 杨喜钧，邱戈. 对女人式生存突围的世俗描写——小议毕飞宇"玉女三部曲"的女人形象 [J]. 当代文坛，2003（3）：29 - 30.
⑤ 李娟. 试论毕飞宇小说中的女性形象 [J]. 安徽文学，2009（5）：64 - 65.
⑥ 申鑫瑛. 毕飞宇小说中的女性形象 [J]. 文学教育，2010（1）：14 - 15.
⑦ 张晓燕. 简论毕飞宇笔下的两类女性形象 [J]. 齐鲁学刊，2012（2）：150 - 152.

最终只是对男权社会最大的映射①。

还有部分研究者关注到某类具体女性形象,比如梁涛从人物命运悲剧角度解读《玉米》中的女性形象②;赵丛浩从权力角度解读《玉米》中的女性形象③;侯芮文重点分析了《叙事》中的婉怡、《青衣》中的筱燕秋、《楚水》中的桃花等这类外表美丽、内心苦闷、经历坎坷的女性形象④;田培则从施救的视角阐述毕飞宇笔下的女性形象⑤等。

第三,关于毕飞宇小说的现实主义

毕飞宇的"现实主义"明显打上个人的标签,它与当代各种现实主义思潮不尽相同。很多评论者对此非常关注,并从不同角度阐释毕飞宇"现实主义"的独特内涵及意义。比如张莉认为毕飞宇的现实主义包含着"现代主义"和"人文精神"两方面的内容,具有较强的社会实践意义⑥。宋文坛认为毕飞宇的"现实主义"是以"搁置判断,悬置价值"为前提,目的在于揭露与还原,颠覆与解构,这与反映"本质意义"的现实主义存在本质差异⑦。李洪华重点研究了毕飞宇小说中的"现实主义"的意义,毕飞宇的现实主义不是单纯的贴近现实,而是在日常生活中融入个体想象,并以历史哲学的维度思考小说中的平凡人物⑧。汤玲认为毕飞宇用写实的笔调去书写现实生活和历史事件,并将个人的生命体验与历史认知融入其间,且时常带有个人化色彩的历史建构意图。毕飞宇这种对生活与历史的形而上思考有个人哲思成分,

---

① 黄燕. 男权社会的别传——毕飞宇"女性叙事文学"的另类解读 [J]. 阿坝师范高等专科学校学报, 2009, 26 (3): 93 – 95.

② 梁涛. 习得与背叛:人物命运的双重悲剧——解读《玉米》中的女性形象 [J]. 山西青年管理干部学院学报, 2004, 17 (3): 60 – 62.

③ 赵丛浩. 浅析权力阴影下《玉米》中的女性形象 [J]. 文学界(理论版), 2012 (6): 33 – 34.

④ 侯芮文. "自古红颜多薄命"的现代诠释——毕飞宇笔下的女性形象分析 [J]. 中共郑州市委党校学报, 2005 (1): 86 – 88.

⑤ 田培. 毕飞宇笔下女性形象的救赎方式——母爱施救 [J]. 群文天地, 2011 (3): 94 – 96.

⑥ 张莉. 论毕飞宇兼及一种新现实主义写作的实践意义 [J]. 文艺争鸣, 2008 (12): 39 – 46.

⑦ 宋文坛. 现实主义:"回避"的策略与"发现"的手段——毕飞宇小说解读 [J]. 当代文坛, 2007 (6): 72 – 74.

⑧ 李洪华. 穿越历史的"飞翔"——论毕飞宇的小说创作 [J]. 文艺评论, 2012 (9): 59 – 63.

体现出一定的抽象性，但同时也融入了个体形而下的感性体验，带有较强情感色彩，充斥着悲凉与温暖①。

第四，关于形式论

毕飞宇对于小说形式的探索与追求一直为学界所关注，很多学者分别从叙事角度、叙事方式、叙事形态等方面研究毕飞宇小说创作，以期挖掘出毕飞宇小说形式背后的丰富意蕴。毕飞宇小说的叙事风格在不同历史时期显示出不同风格，随着小说创作的日渐成熟，他也日渐形成自己的叙事方式与特征。对于毕飞宇小说叙述风格的研究，汪政从文本主题思想、创作立场等方面发现了毕飞宇小说中"日常生活化"的叙事特征，并试图从叙事风格的变化把握毕飞宇的创作意图。张晓晶以《青衣》、《玉米》为例分析了叙述视角的转换对于塑造人物形象的作用。陶静霞以《叙事》为个案，发现毕飞宇小说叙事视角的转换对历史叙事的影响。李生滨对《玉米》中叙述人称的置换表现出研究兴趣，发现这种人称置换对叙事态度和情感的影响，并产生"文本阅读的亲切感"。

对于毕飞宇小说创作中的语言问题，宫珮珊对毕飞宇小说的语言特色进行分析，从优美的修辞手法、深沉的思想哲理两个方面总结了他的语言成就，并指出他的文学语言存在叙述人介入太深、雕琢过度等问题②。曾阳、刘金先从反语、戏仿"定型话语"、巧用"克制陈述"几个角度论述了反讽性语言在毕飞宇小说中的应用③。王彬彬分别列举了幽默、贴着人物叙述、准确、分析性叙述、比喻等在毕飞宇小说中的修辞表现④。姜珍婷从形式、语用效果两个方面，论述了毕飞宇小说以他深厚的哲理内蕴、丰广的语词储备、纯熟天然的语言运用技巧为读者构建了一个绚烂多姿、异彩纷呈的排比文本⑤。

---

① 汤玲. 批判中的脉脉温情——毕飞宇小说论 [J]. 当代文坛, 2005 (3): 57-59.
② 宫佩姗. 诗性的语言与飞扬之累——论毕飞宇小说的语言成就及其局限 [J], 科技信息, 2008 (13): 184-185.
③ 曾阳, 刘金先. 反讽: 毕飞宇"小说理想"的实现方式 [J]. 科技文汇, 2010 (9): 65-66.
④ 王彬彬. 毕飞宇小说修辞艺术片论 [J]. 文学评论, 2006 (6): 80-84.
⑤ 姜珍婷. 毕飞宇作品的语言艺术 [J]. 湖南人文科学学院学报, 2008 (1): 83-87.

第五，对毕飞宇相关作品的综合性研究

当一位作家的创作日成规模，对他的综合性研究便会随之出现。张均认为："毕飞宇以《玉米》《玉秀》《玉秧》《地球上的王家庄》《平原》为代表的王家庄系列小说（2001—2005）在他的个人写作史上，首次集中表述了不再纠葛于'现代'的自在无碍的中国生活经验。王家庄系列小说在当代思想和写作经验的积累与变迁中，具有殊异的价值。"张均通过毕飞宇作品中表现出来的乡村生活经验与生存体验，阐释了"毕飞宇多次表达过摆脱概念干扰，'站在土地上'以探求'地道中国写作'的衷愿。这个与'文革'与'反文革'都缺乏关联的饱满自在的王家庄，为'现代之后往哪里去'的时代问题提供了切实可靠的中国经验。"张均认为"王家庄系列"在复杂的现代价值系统中创造了新的意义，而这个意义正是源于毕飞宇特殊的语言审美系统："他通过对一种悖反式语言结构的控制，达成了特殊的语言弹性与叙事节奏。这种悖反包括两个方面，即及物的诗情与不及物的戏仿。"① 余玲重点研究了毕飞宇小说创作的立足点与思考维度，并将其创作题材大致分为三类：一是对历史的个人化书写；二是对都市现代化生活的批判与反思；三是对人性的深入思考与挖掘②。赵学勇、樊晓哲以毕飞宇1991年发表处女作《孤岛》，到2001年发表《玉米》这十年为范围，深入探寻毕飞宇十年间小说创作的演进历程，即从最初对历史的哲学思考，对生活的哲理性思辨，向城市世俗生活的转变，再向社会学式的社会批判与反思转变，从整体上勾勒出毕飞宇九十年代文学创作的大致轨迹③。施战军相对全面地对毕飞宇创作情况做出勾画，论及毕飞宇创作的几个重要阶段与代表性作品，并对毕飞宇小说中的叙事特征与语言风格做了重点论述，他认为"毕飞宇是一个非常懂得控制叙事节奏的作家"，"他在不同时期自觉变换叙述技巧和克制自己叙事激情并能够恒定地追求生活本质的写作状态，使他能够继续而更好地将文学之路向

---

① 张均. 现代之后我们往哪里去 [J]. 小说评论, 2006 (2): 53.
② 余玲. 潮流外的写作——毕飞宇小说论 [J]. 小说评论, 2002 (2): 53-58.
③ 赵学勇, 樊晓哲. 高处不胜寒, 何似在人间——毕飞宇创作道路兼及九十年代小说的流变 [J]. 理论与创作, 2004, (6): 74-76, 113.

深远处延伸。"① 夏文先通过分析毕飞宇近二十年的小说创作，认为他尽管在不断追求艺术的创新和自我的超越，先后经历了多次艺术转型，并且被学界认为是风格转变最为突出的一位作家。但从整体来看，毕飞宇小说创作中存在很多稳定存在的理念、思想与思维方式，比如他对历史的思考方式一直带有深刻的哲学味道，始终想通过对历史的表象去建构属于自己的历史，并透过历史叙事去观察社会人生，透析世态人情②。段崇轩从现实"主义"与"情感"、回顾童年的心灵创伤切入最柔软的情感地带、寻找诗化的表现形式三个角度论述了毕飞宇短篇小说的特点③。贺仲明从整体上研究分析毕飞宇小说创作特征，他认为毕飞宇对于现实生活的把握与哲理思考存在一定的危机，需要把握好思想深度与现实生活的宽度问题，在宽度和深度之间寻找到一个合理的平衡点，保证二者间的有机结合，避免过于偏重导致的文本失衡问题。并指出毕飞宇近几年的作品在乡村与城市间做了较大跨度，且涉猎人物与事件范围不断在扩大，这是一种写作的危机，与其扩大写作范围不如在熟悉的领域与题材上多做工作深入挖掘，寻找最适合自己、最容易把握的题材与主题④。同时一些学者采用对比方法研究毕飞宇小说创作，如刘蓓比较苏童、毕飞宇小说塑造的女性形象⑤；龚展从《玉米》、《青衣》两部小说比较来论述文学作品对女性命运的不同阐释⑥；肖毅将贾平凹和毕飞宇小说中的农村女性形象进行比较研究⑦；吴娱玉把毕飞宇与王安忆、陈染的女性书写进行比较论

---

① 施战军. 毕飞宇论 [C]. 见：贾梦玮主编. 河汉观星——十作家论. 昆明：云南人民出版社, 2004. 183, 185, 186.
② 夏文先. 诗性生存的执著歌者 [J]. 名作欣赏, 2007 (5): 65-69.
③ 段崇轩. 论毕飞宇短篇小说 [J]. 文艺争鸣·当代百论, 2008 (8): 154-159.
④ 贺仲明. 毕飞宇创作论 [J]. 小说评论, 2012 (1): 154-160.
⑤ 刘蓓. 论苏童、毕飞宇小说中女性形象的塑造 [J]. 泰州职业技术学院学报, 2005, 5 (5): 16-18, 41.
⑥ 龚展. 女性命运的不同阐释——比较《玉米》和《麦穗》[J]. 长沙大学学报, 2006, 20 (1): 87-88.
⑦ 肖毅. 理想图景与现实素描——贾平凹和毕飞宇农村女性形象的比较 [J]. 长沙大学学报, 2008, 22 (3): 89-91.

述①;张立群、王晓燕从先锋文学的视角对苏童和毕飞宇的文学创作进行比较研究②;朱水涌则从"介入现实"的角度对王安忆、毕飞宇、阎连科的创作进行比较研究③等。

第六,相关单篇作品的研究

2005年前后毕飞宇的"三玉"系列小说引起学界极大关注,形成对毕飞宇高密度、大规模的学术研究热潮,大部分学术研究主要集中在对玉米、玉秀、玉秧三姐妹悲剧命运的阐释和原因探寻上,因而相关论述雷同较多。其中最早进行专门评论且质量较高的是李子云,他认为《玉米》这部中篇小说无疑是中国当代文学史上的一部优秀之作,其中的玉米是一个难得的全新形象,重点阐释了她如何从一个权力的受害者,变成不择手段追逐权力而最终仍是权力牺牲品的过程④。这样的分析简洁而贴切。张莉认为《玉秧》的意义在于揭示了"后文革"时代人们的"文革"思想,政治事件已经沉入历史,但被它裹挟、影响的人们却在历史中继续前行,他们将会携带着历史的痕迹继续伤害历史中的人,即"带菌者"将存在更久的时代里⑤。吴义勤分析了筱燕秋悲剧命运的原因,即是性格的、命运的、时代的以及人性的悲剧⑥。洪治纲以小说的时间背景为切点,从结构安排、叙事逻辑、人物塑造语言等层面论述了《平原》的审美价值⑦。除此之外,《推拿》这部小说也受到广大评论者关注和欢迎,其中王彬彬的评论最具代表性,对作品主题意蕴的

---

① 吴娱玉. 毕飞宇与王安忆、陈染女性书写比较论 [J]. 扬州教育学院学报,2011,29 (1):21 - 24.

② 张立群,王晓燕. 先锋的延续、转变及其历史认同——苏童、毕飞宇比较研究 [J]. 青岛科技大学学报(社会科学版),2011,27 (3):49 - 53.

③ 朱水涌. 从现实"症结"介入现实——以王安忆、毕飞宇、阎连科今年创作为例 [J]. 文学评论,2007 (6):49 - 54.

④ 李子云. 汁液饱满的《玉米》[J]. 当代作家评论,2002 (5):94 - 96.

⑤ 张莉. 一场灾难有多长?[J]. 读书杂志,2008 (7):85 - 90.

⑥ 吴义勤. 一个人・一出戏・一部小说——评毕飞宇的中篇新作《青衣》[J]. 南方文坛,2001 (1):56 - 57.

⑦ 洪治纲. 1976:特殊历史中的乡村挽歌——论毕飞宇的长篇小说《平原》[J]. 南方文坛,2005 (6):43 - 48.

思考是比较深刻的。王彬彬认为通过人物形象的塑造，这篇小说深刻反思了我们的社会现实，长期以来以"关爱"为旗帜的对残疾人的过度照顾，表面看来是一种社会同情，实则是一种轻视，它在很大程度上对残疾人的伤害更大，从一个独特的角度表达了对人类尊严的思考①。

第七，毕飞宇的访谈实录

从中国知网和"读秀"等数据库搜索来看，记录毕飞宇访谈实录约有40余条，其中有30余篇访谈记录刊登在报纸上。其中访谈次数较多且交流比较深入的学者有张莉、张均和汪政。总体来说，这些访谈内容涉及面非常广：从萌发创作想法到最终成稿，从主题到人物、从语言到文化，甚至包括书写过程中对某一方面的细节处理。除此之外，毕飞宇还在访谈中开诚布公地表明自己的文学观和创作观，以及对当下社会现象的一些深度理解和分析。对于读者和研究者来说，这些都是解读其文学作品的重要渠道和参考。

2. 相关学位论文研究情况

随着毕飞宇影响的日益扩大，他越来越引起当代大学生的关注，开始进入学院成为很多硕士、博士论文选题的主要对象。从 2001 年开始就已经出现了以毕飞宇小说作为研究对象的学位论文，它们或者对毕飞宇创作进行整体性梳理，比如苏州大学吴杏士的《毕飞宇小说论》（2010）、河北师范大学付宏颖的《毕飞宇小说论》（2010）、暨南大学葛丽君的《尽精微以致广大——毕飞宇小说论》（2010）、北京师范大学谢刚的《欲望的历史与宿命的悲剧——毕飞宇小说论》（2005）等。或者单论毕飞宇小说的主题特色和艺术特色，比如山东师范大学王晗的《论毕飞宇小说的审美品格》（2014）、河北师范大学刘金先的《毕飞宇小说语言论》（2007 年）、扬州大学朱霞的《毕飞宇小说的叙事模式》（2006 年）、吉林大学夏冰心的《论毕飞宇小说创作的"权力"与"疼痛"主题之意义与关系》（2005 年）。此外，还有从小说创作的某一方面切入而研究的论文，如单论毕飞宇的乡村题材、文革题材小说；分析

---

① 王彬彬. 论《推拿》[J]. 中国现代文学研究丛刊，2013（2）：1-13.

毕飞宇小说中的女性形象、小人物形象等等。这些视角、方法各异的研究极大地丰富了毕飞宇小说研究。

基于以上分析与论述，我们发现目前学界对毕飞宇小说的研究已经取得了很多成果，但是研究得仍不够全面，大多停留在文本表层解读上，或者偏重于对毕飞宇创作的概述性的全面评论，或者局限于对个别作品的具体解读，零散片面地对作品的结构或艺术特色进行评价，缺少对毕飞宇小说主题内容及叙事形式的全面整体的疏理，深层次分析与研究不够。同时我们还能够感觉到毕飞宇的小说创作体现了同时代作家（主要是六十年代出生的作家）的某些创作共性，尤其是对"文革"记忆的书写，因此对毕飞宇的创作个案的研究也有利于对中国六十年代出生的作家群以及作家间代际问题的了解与把握。

三、研究思路

毕飞宇的创作一直体现着对历史与现实介入的自觉与审美的敏感，作为一个在创作过程中不断自我超越，不断走向成熟的作家，其文学文本的阐释与研究具有丰富的可能性空间。本书在全面、深入对毕飞宇小说进行文本细读的基础上，试图通过对这些文本的主题、人物、叙事形式及审美风格做一个整体性的观照与思考，探索毕飞宇文学经验的丰富性和独特的价值取向。

全书分五部分展开论述：

绪论部分简述毕飞宇创作概况，同时对近二十年的毕飞宇小说研究进行综述，以便厘清毕飞宇研究的重点与盲点，把握研究的脉络与思路。

第一章阐述毕飞宇小说创作与其生命体验的关系。对作家生命体验的理性认知往往是了解和研究一位作家及其文学创作的重要途径。首先是在心理学研究的基础上，论述童年记忆对毕飞宇小说创作的影响，主要表现在家庭史的断裂带来的"无根的疼痛"、生存环境的搬迁带来的"失乡"的孤独感这两方面。接下来从毕飞宇成长经历出发，论述了他在"文革"期间的成长经历对其小说创作的影响，"文革"背景下的乡村生活体验使毕飞宇的文革叙事与众不同，他更关注"文革"思维模式、行为方式、人际关系等现象；童年生活既是他小说创作的重要素材，也使其大部分文革叙事采用儿童视角，在对童年生命的观照中包含着对时代精神和普遍人性的折射与透视,体现了其朴素的现实主义文学观。最后,从"世态人情"的审美观照与文学立场、"世态人情"的底层叙事与审美理想两方面,论述毕飞宇通过日常生活体验的审美化对接来感动读者,使其与读者产生情感共鸣。这些生命体验与审美认知共同构筑起毕飞宇文学创作的核心命题,它们作为一种叙事动力在心理上影响着他的文学理念、创作立场、文学心态与文学叙事。

第二章论述毕飞宇小说关于历史、权力和人性的主题。首先,通过对毕飞宇小说中关于历史认知的论述考察,从历史蕴含于时间、对历史偶然性的发现和重新认识、小说是历史的备忘录、历史是现实与情感的演绎这四方面阐述毕飞宇对历史的理性认知,从而证实毕飞宇对历史的质疑、批判与消解目的不是重建历史,而是基于现实的困顿而寻找答案的求索和对人的终极关怀。其次,以毕飞宇对权力的理解为切入点,阐述了其小说创作中权力世俗化书写的具体表现以及权力产生的民间土壤。第三,从尊重的需要与现实冲突、软暴力、物质主义背景下的异化人性这三方面论述了毕飞宇小说表现的人性恶的主题。通过论述可以总结出毕飞宇小说中对于"历史、权力与人性"等主题的内在关注,为读者呈现出无限的审美空间。毕飞宇小说文本中的历史叙事和权力叙事,落脚点都是对人性的反思。

第三章论述毕飞宇小说中的弱势群体。毕飞宇在小说中塑造了不同的人物形象,其中最突出、最具代表性的是弱势群体,以此来传达他对人的生存困境和精神处境的关注。这些人物在当代文学史上具有一定的开拓性和颠覆性。首先,从"伤害"这个母题切入,论述以端方、玉米、老渔叉为人物代表的社会底层农民以及乡村妇女(一个在底层之下的底层群体)被伤害的悲剧命运以及他们与难以战胜的命运的抗争。其次,通过分析具有代表性的女性人物形象解读毕飞宇对这部分弱势群体悲剧命运的思考与认知。第三,毕飞宇以其对生活的敏感与深刻的理解力,塑造了一些"特殊"的边缘性群体,比如盲人、知青和孩子等。这些历史的、现代的人物在毕飞宇小说中得到一个全新阐释。毕飞宇小说中的弱势群体人物具有顽强的生命力,通过日常生活场景与细节,他们的行为、情感、心理和个性被细腻的文字生动呈现,直逼人物的心灵深处,深刻而直击灵魂。

第四章论述毕飞宇小说的叙事策略。从"自我救赎"式叙事模式、叙事的节制和叙述视角的创新、细节等方面梳理和总结毕飞宇小说的叙事特征。本章重点分析了毕飞宇式"第二"人称叙述视角的产生与在文本中的应用及效果。

第五章论述毕飞宇小说的语言风格和审美特征。首先从毕飞宇语言风格的衍变来总结其小说创作的语言特征。然后从修辞学的角度去解读他的小说文本的艺术特色。最后以小人物写出命运之重，以日常生活呈现时代之重来阐述毕飞宇小说创作的"轻盈而凝重"的风格和审美追求。力求对毕飞宇的美学诉求做宏观把握。

结语试图从"写什么"、"怎么写"两方面对毕飞宇小说创作做一个相对完整的梳理、总结和思考。

第一章　生命体验与小说创作

体验是基于经历与经验的一种对生命更深层次的领悟，是一种源自于现实生活且具有超越性的个体感悟与体认。它所呈现的不是个体对生活经历的简单叙述，而是主体对生命及生活内在的和本质的领悟，也就是"对生命的反思（Reflection）构成我的生命体验"（狄尔泰语）。① 因此即使积累一定的生活经验也未必能够形成生命体验，它需要的是个体自觉的情感升华、反思意识、思考能力，尤其是对生活的积极介入意识。生命体验对于文学创作的影响至关重要，它往往会成为作家创作的原动力，决定作家的审美经验、审美情趣，影响作品的审美形态。因此对作家生命体验的学理性认知，往往是进入作家作品的重要途径。

毕飞宇是一位生命体验意识极为强烈的作家，他敏感、执著、审慎、细腻，对于生活的体验丰富而深沉，并且能够以文字的形式在作品中传递自己独特的生命体验，更难能可贵的是，他对自己的生命体验与作品之间的内在关联具有极为清醒的认识。毕飞宇曾经在一次访谈中提到："我注意到一个非常重要的问题，我们的文艺评论家总是在关注文本的东西，其实有一个领域是非常重要的，也是许多文艺评论家所没有关注到的，那就是文本之前的东西，即作者为什么会写这样的作品，他怎么就写出一部这样的作品。"② 毕飞

---

① 王一川. 意义的瞬间生成——西方体验美学的超越性结构 [M]. 济南：山东文艺出版社，1988. 108.

② 毕飞宇，刘萍. 等待被作品撞到的一刹那——毕飞宇访谈 [N]. 河北日报，2005 - 12 - 2（9）.

宇由自觉的创作意识进入到自觉的理论思考意识，他清晰地看到自己的创作存在一个更为重要的"文本之前的东西"，那就是"生活经验"和"生命体验"。生活对于人的意义和影响在现实社会中总是具体可感的，从来都不是理论的、抽象的。这一方面是由于生活总是以具体的形态呈现，另一方面则是因为不同群体的人面对生活的理解方式不同，同时人们的生活状况以及人们对自己的认识一直处于变化之中。因此，生活的隐性意义往往会在生活中不断被重复地理解和发现，甚至生成新的意义与价值。

对于毕飞宇来说，《苏北少年"堂吉诃德"》一文中所叙述的那段生活之于他的深刻意义，直到他对文学产生自觉认识的那一天才被发现，因此他说："回过头来看，我愿意把那样一种特殊的生活看作我的文学课堂。"那段对于他具有强烈生命体验式的生活成为了他文学创作的一个重要源头。毕飞宇的个人生命体验主要表现为："文革情结"、"文革叙事"与"后文革叙事"；族群血缘的精神探寻与家族叙事；精神还乡的惶惑与乡村叙事等。这些体现时代特点的事件与生活经历，融铸为毕飞宇小说创作的核心命题，它们作为一种叙事动力在心理上影响甚至是决定着他的文学理念、创作立场、文学心态与文学叙事。

第一节　童年创伤记忆与精神还乡

童年记忆对文学的影响一直以来为人们所津津乐道，从心理学角度来看，"童年是人的一生中重要的发展阶段，这不仅仅是因为人的知识积累中有很大一部分来自童年，更因为童年经验是一个人心理发展中不可逾越的开端，对一个人的个性、气质、思维方式等的形成和发展起着决定性的作用。一个人的童年经验常常为他的整个人生定下基调，规定着他以后的发展方向和程度，是人类个体发展的宿因，在个体的心路历程中打下不可磨灭的烙印。"这段话的意思是，无论对于人类个体还是文学创作，童年经验与记忆都是最初的"影响源"，它成为了奠基人们思想与情感的根基，建构了个体与世界的最初联系方式，构成了人生永远无法摆脱的"宿因"。同时，它也为作家们今后的文学创作提供了基本的思维方式与文学资源。作家张炜认为："童年对人的一生影响很大,那时候世界对他的刺激常在心灵里留下永不磨灭的痕迹……童年真正塑造了一个人的灵魂,染上了永不褪色的颜色。"① 作家在文学创作中,当面对整体的社会与个体的人生时,总是自觉或不自觉地将他的童年经验与记忆融入作品之中,读者可以在文学作品中捕抓到作家童年生活的影子和迹象。

一、家族史:无根的疼痛

一般情况下,"创作动机是由需要产生的,在作家心理失衡的情况下形成易感点,遇有外部刺激的触动,于是产生了带有极强行动力量并对整个创作过程起支配作用的或隐或显的意图或意念。"② 毕飞宇的文学创作动机主要源于主体情感的缺失与心理失衡。对这一心理缺失现状的认知、感受与超越的心理需求,促使作家以文学作品的书写方式去弥合过往的精神创伤。由此我们可以断定,毕飞宇作品中对于家族叙事的迷恋主要基于家族史接续的心理需求。通过研究毕飞宇小说文本,我们发现在其关于家族史断裂作品的文字背后,不自觉地形成了一个完整的家族史叙事序列,即家族的完整形态——家族史的断裂——寻找家族线索——接续家族历史——以文学的方式重建家族史。围绕着家族问题毕飞宇的文学想象显出沉重而深刻。

毕飞宇曾经亲承在他的人生经历中,家族史的缺失对其负面影响巨大,心灵创伤也最为深刻。在具有悠久宗法制历史传统的中国社会,血缘关系及其衍生的寻根问祖意识根深蒂固,甚至成为了人们自我定位、社会定位的重要标准。而它对毕飞宇的深刻影响,也可以帮助我们从侧面认识到毕飞宇内心的传统与守旧。在种属关系的追问过程中,毕飞宇承受着错位的种姓与家族历史空缺造成的伤痛与迷惘,形成了最为原始、最为早期的精神困境,也在他的潜意识里留下了难以抚平的创伤记忆,这种记忆甚至影响了他一生的

---

① 张炜. 融入野地 [M]. 北京:作家出版社,1996. 480.
② 童庆炳. 文学理论教程 [M]. 北京:高等教育出版社,1998. 174.

价值判断与情感体验。这种感受在他的作品中直接表现为对家族历史的探寻，这种真正意义上的"寻根"意识，在无意中暴露出了毕飞宇内心深处的无根恐惧、流浪情结与命运的漂泊之感。

毕飞宇曾在其散文随笔《沿途的秘密》中写道："懂事之后，在我回溯我的家族的时候，我时常有一种突兀感。这里头有一种大缺憾？"这里所谓的大缺憾指的就是家族种姓的困惑，确切地说是家族种姓的不确定。因为毕飞宇的父亲年幼时是一位孤儿，至今都不知道亲生父亲的任何确切信息。在建国前毕飞宇的父亲曾用名字"陆承渊"，在新中国成立以后顺应时代风尚改名为"毕明"，取"逼上梁山向光明"① 之意。这种意识形态性质较重的改名行为具有浓郁的政治色彩，但同时可见其种姓的不稳定性与随意性。断裂的家族历史，难以接续的血缘脉络，尤其是晚近荒唐的新家族历史的自我调整，都令敏感的毕飞宇产生了深刻的身份认同焦虑。同时这也使他对于自己的家族源起、祖先形态、族群延续充满了好奇心与探索欲。家族困惑对于很多神经粗糙的人来说也许根本不是问题，但是之于毕飞宇却有着深远的影响。弗洛伊德认为："一种经验如果在一个很短暂的时期内，使心灵受到一种最高度的刺激，以致于不能用正常的方法谋求适应，从而使心灵的有效能力的分配受到永久的扰乱，我们便称这种经验为创伤。"② 创伤记忆具有刺激、固着、重复、再现等基本特征，在弗洛伊德看来一个人即使想将创伤体验排出意识之外，却还是经常会无意识地采用反复再现相关创伤记忆的方式，获取重复体验，遭受重复伤害。这种带有执著病态的"重复强迫"使创伤记忆的每一次再现都变得更加清晰，使主体所遭受到的伤害也愈加深刻。普通人的"重复强迫"表现为"白日梦"等方式，而作为特殊群体的作家则只能通过创作去发泄各种焦虑、紧张以及无法满足的欲望。

毕飞宇家族历史断裂的创伤记忆，给予了他丰厚的文学创作资源，他以

---

① 毕飞宇. 答李大卫 [C]. 见：沿途的秘密. 北京：昆仑出版社，2013. 55.
② 〔奥〕弗洛伊德. 精神分析引论——全面解析西方式心理养生 [M]. 谢敏敏，王春涛译. 北京：中央编译出版社，2008. 217.

文学的方式去建构自己想象中的、理想的家族史。可以说家族史的空白给了毕飞宇无限的想象空间，以及反思家族历史的自由。这种家族创伤记忆在具体的文学作品中往往表现为父亲、血缘、家族、生育等主题的反复出现，毕飞宇在无意识中以文学反复言说的方式重复体验过往的伤痛，并以此达到自我麻木的解决途径。但是这种反复体验的创伤记忆的一个最大悖论就是，当过往的创伤记忆在言说中消解掉痛感后，新的文学书写所形成的创伤便又开始重新置于生命当中，成为新的焦虑与创伤。

  小说《叙事》是毕飞宇较早追问家族历史的小说，它的写作源起颇为传奇。毕飞宇自小已经习惯了断代于爷爷、奶奶的家族谱系，但是一次偶然的机会，一位远房亲戚为他提供了一个难以考据的信息："你有奶奶，在上海呢。"现在的我们很难再去理解当时这位亲戚的动机，以及毕飞宇对此可能产生的心理波动，但是家族延伸进历史的希望却就此扎根，成为了毕飞宇生命中的一个希望。两年后的一次出海，毕飞宇在上海上岸，因为晕船而呕吐得一塌糊涂，那时他却突然无端地想起了传说中在上海的奶奶，那些关于家族的记忆与伤痛再一次被翻出。那种亲人与家族历史仿佛近在咫尺却又无处可寻的痛苦，加深了打击与折磨的力度，自此毕飞宇便立下了"要面对一个我那个黑洞一般的家族史"的文学写作计划，《叙事》的诞生也因此有了可能性前提。毕飞宇在谈及小说《叙事》时毫不避讳地承认："这个作品有一个先决性的前提，这个和我的家族史有关。"这充分地说明，历史照进文学，文学以自己的方式重新建构一种鲜活的历史的企图。

  在乡土中国，很多人的家族史往往就是一部地域史，农耕文明的宗法制社会将家族牢牢地掌控在土地上，因此对于家族的认同往往也包含着对于土地的依恋，毕飞宇也不例外。在他看来土地既是生产资料也是家族的"根"，是家族生存繁衍的重要资源，也是家族文化形成与发展的背景。但是遗憾的是，这种关于土地的生命体验在毕飞宇那里又是一个空白。毕飞宇从有身份意识开始便存在着身份的焦虑，在城里人眼中他们是乡下人，但是在乡下人看来他却是城里人，身份的双向错置使毕飞宇难以融入任何一类群体。

  莫言说："作家写故乡这就是一种命定的东西，是每一个写作者都无法回避的。"① 童年的生活经历对于人们影响深远记忆深刻,对故乡的回忆与书写往往成为作家一种精神还乡的方式,比如鲁迅的《故乡》、《社戏》、《从百草园到三味书屋》等,是一种童年创伤记忆的自我治疗方式。莫言的《透明的红萝卜》、《枯河》、《铁孩》等,同样是对熟悉的生活与风物的一种把握与呈现。中国现当代很多作家都曾建构起与地理故乡血肉相连的"文学故乡",比如鲁迅的"鲁镇"、沈从文的"湘西"、老舍的"北京"、莫言的"高密东北乡"、王安忆的"旧上海"等,当然也包括毕飞宇的"王家庄"。但是不同作家对于故乡的情感记忆与情感深度存在着巨大的差异,甚至对于故乡的范畴认识也大相径庭。一些作家对于故乡的情感沉浸往往源于故乡的"血地"身份,"这地方有母亲生你时流出的血,这地方埋葬着你的祖先。"② 这种"血地"关联令作家与故乡建立起难以割舍的情感,但是不幸的是,毕飞宇缺少的正是这种情感的"血地式"羁绊。

  由于社会和家庭等各方面原因,毕飞宇父亲举家进入乡村之后并未过上稳定的生活,反而曾多次搬迁,因此在毕飞宇的故乡记忆中缺少"根"的乡村意识。他曾说过:"故乡是什么?我觉得故乡有两个最基本的要素,一个是祖坟,一个是方言,而这两点对我而言恰恰都不具备。";"我没有故乡,我们家在那块土地上更没有祖坟。我从小就能看到当地的农民们在清明节的时候与坟墓对话,他们面对着土地,一句又一句地说。他们说的都是日常话。他们的话因为日常而坦然,而恐怖,而山高水深。我一年又一年地看到他们与土地说话。因为话说得家常,土地反而神秘了,有了感应,比井更深不可测。可是我们家对土地没有自己的语言。对土地我既不恨,又不爱,我有的只是一种说不出来路的偏执。"③ 他的这种偏执源于与土地之间缺乏血缘式"根性"关系。农民与土地的亲近既是一种祖先崇拜式的对话关系,也是一种生死相依的衣食关系,形成彼此间的情感互通。但是毕飞宇对于土地却没有情

---

① 莫言,葛亮. 作家写故乡,是一种命定的东西——莫言、葛亮对谈 [C]. 见:南方周末主编. 南昌:二十一世纪出版社,2012. 269.

② 莫言. 超越故乡 [J]. 名作欣赏,2013 (1):55.

③ 毕飞宇. 答李大卫 [C]. 见:沿途的秘密. 北京:昆仑出版社,2013:55.

感,无爱无恨,这种情感空白形成的一个重要原因就是没有祖先崇拜关系与衣食关系。这其中,祖先崇拜情感应该占据更大的比重,因为毕飞宇一再强调:"我只要站在我的父亲面前看一看我的父亲,我的家族就一杆子看到底了。这对于我来讲是一件相当伤疼的事情,虽然我在童年的时候不会用伤疼这个词去概括,但是我在童年时的感受就是伤疼。"[1] 由此可以确定,毕飞宇对于土地的"偏执"正是源于家族历史的中断,没有祖坟的乡土如同断线的风筝,人与土地间就此失去了必然的内在关联性。那么,所谓的故乡"兴化"也由此便很难成为毕飞宇的精神故乡,而只能是一种地理意义上的故乡。

二、生存环境的"漂移"——"失乡"的孤独感

毕飞宇在青少年阶段的人生经历,较之于其他当代作家而言更为复杂,这种复杂主要表现为生存环境的不断变化。他先后居住过杨家庄、陆王村、中堡镇、兴化城的人民旅社等地,直到1983年离开兴化小城外出读大学,毕飞宇在离家的生活中反而慢慢过上了稳定的生活。毕飞宇在各个村庄的搬迁与变换过程中感受到的是生活的断裂,这是与家族断裂式情感体验极为类似的创伤记忆,每一次搬迁都是在结束——开始之间徘徊,无论是环境、朋友、习俗甚至方言都需要重新开始熟悉。并且这种融入新生活的努力往往还会成为无用功,因为不知道什么时候——也许是刚刚才熟悉新环境,就迎来了下一次搬迁。因此,乡村的间离感一直都在困扰着毕飞宇。毕飞宇曾坦言:"不知道你注意过没有,每当我提起兴化的时候,我从来没有说过兴化是我的故乡。兴化是我出生的地方,是我的家乡,但不是我的故乡。我的父亲是个孤儿,他自己都不知道自己是什么地方人,那么我,作为一个兴化人,也不知道自己是哪里人,兴化只是我出生和生存的地方。……我小时候所用的方言是离兴化很近的一个叫东台的地方方言,随着我父亲的工作调动,后来我到了兴化城,我不会讲兴化话,所以我到了兴化以后其实是兴化的一个客人。"由此可见,"无根"与"失乡"双重情感的缺失体验,在精神上极大刺激了

---

[1] 张均,毕飞宇. 历史缅怀与城市感伤——毕飞宇访谈录 [C]. 见:小说的立场——新生代作家访谈录. 桂林:广西师范大学出版社,2001. 125.

敏感的童年毕飞宇。

虽然多次搬迁，但是毕飞宇的整体生活环境、生活水平尚可，起码他对饥饿的记忆并不深刻。真正影响他的，抑或说对他影响更大的是无家可归式的"无根"体验，缺乏的是精神层面的真正归属感，以及稳定的族群身份认同。"精神漂泊"的惶惑才真正令他心力交瘁，这并非是知识分子式的无病呻吟，而是一个人的文化觉醒与身份认同缺失的一次自我救赎。对于当时很多乡村少年来说，"毕飞宇式"的困惑似乎极为非理性，甚至莫名其妙，因为生活的艰辛早已令人失去自我哀伤的余地。毕飞宇这种带有小资情调的家族式哀伤具有一定的家庭因素，因为当时毕飞宇的家境尚好，劳动强度不大，生活相对清闲。但是在忙碌的乡村之中，一个人的清闲就意味着孤独，意味着要被那些忙碌而疲惫的人们排出群体，因此他"只能在寂寞之中游手闲荡"。彼时清闲的毕飞宇排遣寂寞的唯一方法就是同没有劳动能力的老人们一起闲聊，在倾听闲话的过程中，"由于她们的对话，村子里的每一个人在我的眼里都变得复杂起来了，生出了许多纵深，"乡村的家长里短和人情世故在日后都曾进入了毕飞宇的作品中，成为他文学创作的生活基础和"原型"。

童年毕飞宇的孤独体验也与"河"有关。毕飞宇的童年流转于兴化地方的陆王庄、中堡镇和其他村镇，这些地方有一个共同的特征就是洪水泛滥。因为这里地处南通、盐城与扬州的交界地带，是苏北里下河的腹部，是长江和淮河最低洼的地区，在地理学上被称为"碟形洼地"，民间俗称"锅底洼"，是水患高发区。毕飞宇曾提及："我对水有一种说不出的畏惧。"洪灾的铺天盖地与强大的、毁灭性的破坏力，令人心生敬畏，加之毕飞宇5次的溺水经历，使得水成为毕飞宇生命当中难以克服的恐惧对象。对于"恐惧"，荣格认为"人类的启蒙即起源于恐惧"[①]。人类因为恐惧而敬畏，进而具有了进入文明的可能性心理。现代怪谈文学的鼻祖小泉八云认为，恐惧与人类的美好情感相连，"一点点恐惧的原质可以缔结大量的高贵情感，特别地是能与更

---

① 〔瑞〕荣格. 心理学与文学［M］. 冯川, 苏克译. 北京：生活·读书·新知三联书店, 1987. 134.

高形的唯美的情感相缔结。"① 恐惧心理与人类的审美心理暗通，它与人类的审美活动也存在着必然的联系，这在毕飞宇的创作中得到了很好的印证。

毕飞宇关于水的小说很多，在《平原》中毕飞宇详细地甚至有些不厌其烦地描述了里下河平原的村庄与河流：

> 在村庄与村庄之间还有河流，说是河流，其实也就是苏北大地上的路，它们弯弯曲曲，在没有任何理由，没有任何兆头的情况下就拐了一个弯，却连接着远方，远方变得更远，错综而又迷离。②

"正是这些蜿蜒、错综的河流，如毛细血管般把平原世界分割成一个个不规则的小格子，每一个小格子就是一个小村庄，里面生息着一群聚族而居的人们，村庄便因族而得名，叫王家庄或是高家庄。每一个村庄就是一个世界，一个利益共同体，以河流为界，与四周的村庄并邻着，也对峙着。并邻是因为它们痛痒无关，所以相安无事，老死不相往来，所以五里不同音，十里不同俗。"③ 河水将土地分割为一个个村庄，而毕飞宇小说文本中的河水分割的不只是村庄，而是人们精神上和内心中的故土。乡村间的隔离与老死不相往的孤立，不仅导致了乡村世界的封闭与保守，更使身处其中之人备感孤独。

在《地球上的王家庄》中，毕飞宇浓涂重抹地描写了乌金荡的水域，"乌金荡是一个地名，乌金荡是一个好地方，它就在我们村子的最东面，那是一片特别阔大的水面，可是水很浅，水底长满了水韭菜，因为水浅，乌金荡的水面波澜不惊，水韭菜长长的叶子安安静静地竖在那儿，一条一条的，借助于水的浮力，亭亭玉立。水下没有风，风不吹，所以草不动。水下的世界是鸭子的天堂，水底下有数不清的草虾、罗汉鱼，那都是一览无余的，鸭子们一到乌金荡就迫不及待了，它们的屁股对着天，脖子伸得很长，全力以赴在

---

① 小泉八云. 美国文学杂谈 [C]. 转引自应锦襄，林铁民，朱水涌著. 世界文学格局中的中国小说. 北京：北京大学出版社，1997. 124.
② 毕飞宇. 平原 [M]. 上海：上海锦绣文章出版社，2009. 120.
③ 翟业军. 论毕飞宇的平原世界 [J]. 扬子江评论，2009（3）：72.

水的下面狼吞虎咽"。之所以呈现这段细致入微的环境描写，是因为毕飞宇要"尽量地用苍凉一点的笔调去描绘这个环境……这个世界没有多少文明的气息，像史前一样，生命、大地都处在一个原始的状态下"。① 毕飞宇在小说中持续努力地呈现王家庄的"原始"状态，他正是想要借这种"史前气息"去展现一个封闭、愚昧、隔膜、死气沉沉的乡村，从而凸显出一个生活在这个孤立村庄的孩子想要触摸世界的梦想。毕飞宇曾在《沿途的秘密》中写道："河与船对中堡镇的人来说是重要的。联系我们和远方的不是路，而是河。河是液体的路……"由此可见河水之于毕飞宇不仅仅是飘泊、孤独的代名词，同时也是他逃离乡村、探索远方的一种途径。

三、生活原型的文学再现

在毕飞宇否定故乡地理存在的企图中，似乎还隐秘着一种"怨乡"与"恨乡"的情结，它与"还乡"一般，成为了中国现当代文学中的一种重要的情感原型模式。无论是怨、是恨、是念，都说明人与故乡之间剪不断，理还乱的独特情感。因此，无论毕飞宇如何表白自己没有故乡的烦忧，他的"历史语义"小说都在无意中暴露出他与故乡兴化城之间千丝万缕、难舍难分的联系。"伟大的小说家们都有一个自己的世界，人们可以从中看出这一世界和经验世界的部分生命，但是从它的自我连贯的可理解性来说它又是一个与经验世界不同的独特的世界。"② 文学世界与现实经验世界二者难以完全割裂，虽然它们之间存在很大差异，但彼此间都依旧保留对方的影子。小说中的故事无论如何五花八门、千差万别，但是它发生的空间环境都保有故乡的痕迹。在时间的纵向发展过程中，故事可以在任意一个时间点上展开，但是在空间的横向切面里故事发生的物理背景却是相对稳定的。熟悉的环境不仅易于作家把握故事发生的环境，控制叙事节奏，同时更易于作家突破情感拘囿进入

---

① 周国平，毕飞宇，阎崇年. 王家庄外面的世界 [C]. 见：文字是我的亲人. 合肥：安徽文艺出版，2013. 102.
② 〔美〕韦勒克，沃伦. 文学理论 [M]. 刘象愚等译. 北京：生活·读书·新知三联书店，1984. 238.

故事本身,走进人物的内心世界。

毕飞宇的小说如《孤岛》、《楚水》、《叙事》、《充满瓷器的时代》、《祖宗》、《武松打虎》、《平原》等,都隐隐地显现出兴化城这一带有故乡意味的存在。对于这个客居之地,毕飞宇虽然否认其故乡的身份,但是在情感上却已经产生了对故乡的认同,如果长时间不回去就会心生思念,"因为毕竟我是在那个地方长大的,那个地方的人,那个地方的民间传说,那个地方的历史掌故,都深深地埋藏在我的心里。"① 这也许就是毕飞宇将故事置于其中的一个重要原因,无论作家如何虚构,只有把人物放在熟悉的环境中才能深切地感受到人物与情感的存在。在《地球上的王家庄》这部公认的毕飞宇的代表作中,在作家多次的自我阐释中,我们可以发现"王家庄"的原型正是作者少年时代生活的地方。同时在"王家庄"系列小说中,王家庄的前后都有一条河,而这些河也正是毕飞宇童年生活中真实的地理存在。

尤其是毕飞宇小说中表现的平原世界,其中的大部分场景都取自于20世纪70年代的里下河,毕飞宇甚至自称《平原》是为七十年代的故乡所创作的。在这个熟悉的文学世界里,充满着一个孩童对童年故乡的温暖记忆,以及成年知识分子对于故乡的深刻反思。他以饱满的深沉情感成功塑造出一个文学故乡,在那里到处都充满着亲切的方言,地方气息与民间色彩令小说显得更加绚丽多彩。玉米相亲、红粉出嫁、大棒子出殡等婚丧嫁娶的风俗画面更是在其中得以立体地呈现,在毕飞宇具有独特的表现力和极强张力的文字中,这些地方风俗被无限扩大,令读者感受到的是完全不一样的生活场景,也能由此看到作者对于这些地方的熟稔与热爱。正如毕飞宇在《沿途的秘密》中所写的那样,当邻居叫他"小伙"时,"我还不能适应这样的称呼,没敢答应,我的沉默却没有能帮助我忍住眼泪。"从这些作品中我们都能够发现毕飞宇无论如何表述对于故乡的"怨"与"恨",甚至于出现《孤岛》式系列"怨乡作品",但是那种对于故乡的双重情感,爱与恨的模糊界线,往往才是人性最为真实的呈现。

---

① 张均,毕飞宇. 历史缅怀与城市感伤——毕飞宇访谈录 [C]. 见: 小说的立场——新生代作家访谈录. 桂林: 广西师范大学出版社, 2001. 125.

毕飞宇小说对于故乡的原型呈现，除却风物景观之外还有个体经历与生命体验的直接参与。小说《那个男孩是我》以散文的笔法讲述了"我"寄居于城里婶婶家养病的一段经历，城市生活的繁忙令"我"在疾病与孤寂中度过了那段时光。这是少年毕飞宇在亲戚家养病、大风天撕日记、学习写字的真实经历，最终都被写进了带有自传色彩的童年生活小说中，从而将个体生命体验升华为文学审美形式。毕飞宇这种带有童年身影的小说还包括《哺乳期的女人》、《写字》与《彩虹》等。在《沿途的秘密》中，当毕飞宇谈及《怀念妹妹小青》时曾说起："在小学西边有一座桥，少年时的毕飞宇喜欢在大风的日子里站在桥中央撕日历，敲蒲棒。它们纷纷扬扬的，随风而去，最终漂满了河面。我把这个画面写进了短篇《怀念妹妹小青》。"

第二节 "文革记忆"与"文革叙事"

"文革叙事"在毕飞宇的作品中占有较大比重，他经常将故事发生的背景设置于"文革"时期的乡村，这种对于固定空间与时间的执迷与其个人经历有着内在的联系。毕飞宇的父亲因"右派"问题被下放到乡村，毕飞宇出生于乡村。在那个贫困而愚昧的乡村，在那个荒诞而畸形的时代，拥有"特殊"家庭和身份的毕飞宇以稚嫩的视角观察着周围的世界，感受着精神的孤独与寂寞。毕飞宇在童年生活记忆最为深刻的是"弹弓"。弹弓是中国六十年代至七十年代孩子们最喜欢的玩具，但是"在更多的时候，它不是玩具，而仅仅是武器。因为那时的教育是一种仇恨教育、警惕教育。我们每个人的心中都有警惕，都有仇恨。警惕什么？仇恨什么？我们不知道。但愈不知道就愈是要教育，愈是要培养。有警惕与仇恨就必须有武器，全民皆兵，我们也是兵。红小兵没有钢枪，红小兵就必须有弹弓。我们整天把弹弓揣在口袋里，射击鸟类、家禽、家畜、电线，在放学的路上相互瞄准。"[①] 因为一件大事使得毕飞宇扔掉了弹弓，从此再也没摸过一次。事情的起因可能不太重要，关键是

---

① 毕飞宇. 永别了，弹弓[C]. 见：沿途的秘密. 北京：昆仑出版社，2013. 5-6.

结果。当时毕飞宇在教室里,"用弹弓打坏了黑板上方人物肖像的眼睛。尽管我还是一个孩子,然而,在那个刹那,我懂得了什么叫大祸临头,什么叫魂飞魄散。"很幸运,班主任王老师处理得当,并无严重后果。"但那种'后怕'伴随了我很久。你只有真正恐惧过,你才明白什么叫'后怕'。"因为有了这次特殊的经历,所以毕飞宇认为,"事情本身有时候是没有大小的,关键是事情的背景。同样,背景也决定了你对事情的态度,你是爱,还是恨,你是仁慈,还是歹毒。"① 由此,我们可以看出,毕飞宇的童年生活有父母、老师的关爱,也有"广阔天地"的自由,但更多的却是"文革"对乡村生活、对人内心的巨大影响,以及在这种环境中所滋生出来的恐惧感、孤独感等等。"而毕飞宇又恰恰是一个敏感、内向、耽思的人,这种心灵上的创伤便像伤疤一样留在了记忆里。因而,抒发心灵的创伤与寻觅精神的慰藉,就成为他日后创作源源不断的驱动力。"② "文革"记忆成为毕飞宇创作的素材,也是他藉以摆脱噩梦的方式,并以此完成了自我的精神慰藉。

一、乡村记忆与创作资源

时代给予每一代人以鲜明的烙印,他们的情感、思维与行为不可避免地表现出特有的时代精神与时代气质。作为中国 20 世纪 60 年代出生的群体,他们的童年伴随着"文革"成长,无论是参与"文革"还是被"文革"裹挟甚至伤害,他们的一生都无法摆脱掉与"文革"之间的精神联系。"文革"建构了他们的童年,甚至塑造了他们的精神气质,形成了他们对于世界的固有的思考方式与反思方向。

毕飞宇是中国"60 后"群体中的一员,因为父亲"右派"问题使得全家下放农村,因此毕飞宇出生于乡下,浸染于"文革"。乡村的贫穷、封闭、愚昧、暴力,令敏感、内向、耽思的毕飞宇在谨小慎微中窥探到了人性的恶。时代给予了当时人们展现内心潜藏的罪恶思想的机会,伤害他者以求自身生存空间的生存原则与丛林法则带给了人们无限的惶惑、恐惧与疏离,人与人

---

① 毕飞宇. 永别了, 弹弓 [C]. 见: 沿途的秘密. 北京: 昆仑出版社, 2013. 6.
② 段崇轩. 论毕飞宇短篇小说 [J]. 文艺争鸣, 2008 (8): 155.

之间除了争斗就是隔膜,彼此之间失去了最为基本的信任。毕飞宇身处其间,用幼小的心灵承受着成年人的思考压力,我们可以说这是一位思想早熟的作家,他超越年龄界限地感受到了恐惧、孤独、寂寞与仇恨等等众多负面情感。这些创伤体验在毕飞宇的记忆里留下了深深的印记,时刻提醒着他曾经过往的伤痛。但是毕飞宇成长之后对这段"文革"经历的反思并未停留于历史的表面,成为"伤痕文学"似的"贫农诉苦大会"。作为一名有思想有担当的作家,毕飞宇从内心深处表示出了对"伤痕文学"的不满,他曾直言:"说起'伤痕文学',我从来也没有吝啬过我的失望,我指的不是小说修辞,而是文学的基本意义。……文学是要向前看,同样也要向后看,这不是我的故作姿态,是生活教导我应当这样做。"① 毕飞宇认为,"伤痕文学"最大的问题不是出在语言与审美上,而是思想与立场上。它一方面是以"文革"思维去反对"文革",另一方面却无限地沉浸于历史的过往伤痛,带有自爱自怜似的悲伤,无法穿越历史看到当下以及未来所具有的真实历史意识,因此缺乏思想的深度与审美的高度。

毕飞宇对于"文革"的认识直接进入到了深层次的反思,他开始思考"文革"背后的力量以及人们深藏于潜意识深处的罪恶之源,他开始超越对"文革"带给人们身体伤害的控诉,进而关注到"文革"对人们精神的伤害与人性的破坏。尤其是以文学超越出时间的界限,延伸了关于"文革"的思考,看到了"文革"对人、对社会所造成的深远影响,它如不死的幽灵不断地潜入人心与时代合谋。如其所言:"战争结束了,但'文革'作为一种方式已经液化了,染红了,变成了中国的血液,我们的每一滴血都学会了仇恨。"② 毕飞宇对于"文革"偏执性的认识也许与他童年的生命体验有着太多的关联,可以说童年、乡村与"文革",抑或说"文革"背景下的童年乡村给了他太多精神上的创伤,并由此影响到了他对"文革"的认识。在毕飞宇的作品中,与"文革"相关的文字几乎都是"仇恨"、"罪恶"、"死亡"、"鲜血"、"恐怖"、"斗争"、"伤害"等等负面的修辞。这种认识不免褊狭,但是令人敬佩

---

① 毕飞宇. 玉米——再版后记 [M]. 北京:作家出版社,2005. 283.
② 毕飞宇. 玉米 [M]. 北京:人民文学出版社,2013. 6.

的是毕飞宇并未停留于单纯的历史倾诉，而是将历史进行了推移，发现"文革"对人们造成真正的、最大的伤害是在于思维的养成，即他看到了"文革"作为一个特定的历史史实已经进入历史的集装箱，但是它的影响却并未终止。在他看来，"文革"所形成的思维仍在整个社会延续，与那个时期不同的是，其如今只是以暗流的方式潜藏于社会的各个角落，深藏于人们的思想深处，正如其染红的"仇恨"一般。

基于此，毕飞宇扩展了"文革叙事"的范围，因为人们普遍认为的"文革叙事"主要是指那些以"文革"作为表现对象，或者作品内容涉及到"文革"，或者是以"文革"作为叙述背景的文学作品。在毕飞宇看来，对"文革叙事"的这种界定没有问题，但是对"文革"本身的时间他有自己独特的看法，他认为："对文革，我们不能拘泥于所谓的'十年'，不能简单地认同一次会议，一个政治人物的宣告，我们要从更为细小的地方认真细致地推敲我们的生活，我们的基础心态，我们的文化面貌。"① 在他眼中，"文革"不仅仅是一个历史阶段的特殊历史事件，"文革"已经进入到中国人的血液，养成了我们的"文革"心态与"文革"文化，它绝不是经过简单的政治定义就能从人们内心彻底根除的存在。应该说"文革"作为一个历史事件已经超越了历史的时间限制，成为了一个延伸性的精神事件。因此在毕飞宇的作品中，所谓"文革叙事"主要是描写与"文革"相关的思维模式、行为方式、人际关系、社会心态与文化心理等现象。我们看到《孤岛》、《玉米》、《玉秧》、《平原》等作品，虽然在时间上已经进入20世纪80年代或90年代，但是人物的思维方式与心理情感等尚未脱离"文革"文化，在精神内核上也仍旧保留着"文革"的痕迹。

对于毕飞宇这批60年代的人，他们最大的痛苦不是身处"文革"的冲击与政治迫害当中，因为当时他们的年龄尚小，真正的迫害并未全部作用于他们身上。他们最大的痛苦反而是在全身心地投入、参与历史的过程中不断地被否定、被颠覆："我们热情盲从过'批林批孔批邓'运动，结果邓小平重新登上了历史舞台；我们高唱过革命歌曲，结果发现港台'靡靡之音'是那么

---

① 汪政，毕飞宇. 语言的宿命 [J]. 南方文坛，2002 (4)：31.

的湿润人心；我们忧国忧民、推进改革，结果却差点卷入了一场政治动乱之中；我们大讲爱国奉献，结果整个社会忽然转型到了市场经济……我们从小就学习辩证唯物主义，树立正确的人生观、世界观、价值观，却在巨大的冲击面前，一度非常迷茫。我们这一代人就是在如此多变、多元的环境中，不断地经历着撕裂、组合、成长。这是我们的幸运还是悲哀？"①

这种生命体验最终都以文字的方式进入到毕飞宇的作品当中，对此毕飞宇曾说过："从我个人来讲，作品的产生大多来自自己身体里迸发出来的东西，它们是经验、情感和愿望。……我把那种看似无用的、没有对象和来源的情感，放在内心，反复琢磨、考虑，让这种情感尽可能地和外部发生关系，然后形成一部作品。"② 毕飞宇对带有着自己生命体验的文学十分重视，这也使其作品带有着强烈的生活印记，他将自己对于生活、对于生命的思考不断融入作品之中，其中关于一代人精神迷惘的思考在毕飞宇作品中表现的极为突出。《玉米》中王家庄支书王连方因玩弄军嫂被撤职，失去政治权力的他也同时失去了话语权与乡村地位。大女儿玉米为了保住王家的家族地位主动嫁给公社副主任郭家兴，靠身体拯救了即将崩塌的家族。玉米的卖身求荣带有强烈的悲壮感与悲剧性，她不是为了个人幸福而是为了整个家族的利益。但是，她的行为悖逆个人真实情感，更有悖于中国传统教育、道德教育，甚至有悖于父亲王支书的信念与做人原则。"但偏偏自己的女儿首先以身体来交换地位。奇怪的竟然是王家庄没有人觉得如此交易肮脏不堪。"③ 更为颠覆的是，玉米的悖反性行为却取得了成功，使王家重新得到村里人的尊敬，从而在价值观与世界观上极大冲击了人们的心灵。这也许正是毕飞宇自身无法解答的困惑，体现了权力侵扰下世态的乱象。

正是怀着价值观的困惑与"文革"记忆，我们经常会发现毕飞宇对于人物判断的模糊，甚或言之，毕飞宇不愿以自己的价值观去评判人物、判断是非，因为自己的价值观在不断的颠覆中已经引起了自我怀疑。在作品中我们

---

① 布衣依旧，毕飞宇. 生于六十年代 [M]. 上海：汉语大词典出版社，2004. 85.
② 毕飞宇. 情感是写作的最大诱因 [J]. 读写天地，2009（5）：7.
③ 杨扬. "60年代生"及对应的文学气质——毕飞宇论 [J]. 扬子江评论，2010（1）：5.

能够看到玉米、玉秀、玉秧、王支书、吴蔓玲等人物形象，他们在现实生活中应该归入被同情、被仇视、被可怜的行列，但是在毕飞宇的小说中却在价值判断上表现出一种模糊性，作者的情感含混不清，从而使人物形象亦变得模糊朦胧，缺少道德伦理的确切支撑。由此我们可以看到毕飞宇的思考深度，他已经摆脱了简单的二元对立思维与价值判断，充分尊重人性的复杂性与时代的不可阻逆性，在他看来人不能被简单地冠以道德标签，对于每一个人的行为都应给予充分理解。

二、自然崇拜思想的文学位移

毕飞宇出生于乡村，在乡村中度过自己的童年和少年时代，他以童年的视角完成了对于乡村自然的观察。刘雨先生认为："童年作为人生的最初阶段，他首先是作为一个自然人面对所降临的世界的。他用自己的眼睛注视着整个陌生的世界，力图认识和理解周围的一切。""对于孩童，那物件的实用的，合目的性极是陌生的；他拿未熟悉的眼睛看一件事物，他还具有未被沾染的能力，把物作为物来吸收。"

一个人如果能够把自身完全自然化，以亲历者的眼光和心态去观察和理解自然，那么他对自然的认知与理解一定异于常人，他能够在童年与世界间建立起一种带有自然崇拜色彩的特殊联系。从毕飞宇的创作我们也能看到，他童年时期所获取的有关植物、动物、天文、地理等自然方面的知识，都成为了他日后创作过程中所不可或缺的重要素材。

对于大自然的馈赠，毕飞宇曾深情地说过："如果你的启蒙老师是大自然，你的一生都将幸运。"自然对人的馈赠是无私的，不具有任何政治色彩与意识形态性，毕飞宇在那个紧张的年代感受到了自然带给他的自由与平等。在资源匮乏的乡村，孩子们的童年生活里没有人为他们提供玩具，他们只能在自然中自觉地发掘玩具。于是大树在乡下孩子的眼睛里成为了云梯与滑梯，果树则成为了食物供给站，河流成为了他们的浴场，鱼虾成为了他们的点心。而八月的云彩则成为了露天电影，一会儿变马、一会儿变猪、一会儿变骆驼、一会儿变狮子、一会儿变熊，正如萧红笔下的火烧云，这都是在那些资源匮乏年代中所谱写出的诗意人生。毕飞宇感叹道："云和天空所做的工作居然是

'科普'与'启蒙'……在看云的时候,我们其实在看露天电影,天空成了最大的屏幕,生命在屏幕上递嬗,演变,你中有我,我中有你。"无论是娱乐工具、食物供给还是审美享受,所有源于自然的馈赠都需要乡村孩童主动去发现、去索取,这是一种生存训练也是一种审美养成。

在毕飞宇乡土系列小说中,乡村的自然景观总是会有意无意地进入作品,只是故乡的自然景观不会以原生态的方式简单介入作品,而是在每一个自然风物背后都暗含着作者独特而深刻的思考。换而言之,毕飞宇笔下的自然已经超越了物理的存在,变成了一种精神层面的存在。比如《蛐蛐 蛐蛐》中,他通过对乡村最为常见的蛐蛐的描写,将其升华为人世间的普遍哲理:蛐蛐就如同一个庞大的隐喻体系,在牙齿与牙齿之间看到了人与人之间残酷的血腥争斗,没有宽恕与悲悯。从而,他以蛐蛐建构起了人与自然间的必然联系,呈现出"文革"对人性"恶"的全面发掘。

毕飞宇作品中充斥最多的自然景观大多来自于苏北地区的那块洼地上,在那个原始粗犷的乡村,毕飞宇以童年的视角观察着周围的世界。小说《写字》中的男孩,能够在操场上以地作纸自由图画,随意而放松,显然有着作者童年的影子。《枸杞子》则以故乡植物枸杞子作为标题,文中的手电很可能就是作家童年的"家电",这一日常用品对作家的启蒙竟然涉及到了物理学中的光学和电学两大学科。而《地球上的王家庄》更是对于故乡风物的一次集中地表现。可以说,毕飞宇童年、少年的生活经历增强了他对自然与土地的认识,同时也增长了他的乡村生存技能,使其能够以乡村人对待自然的情感与知识去创作自己的乡土系列小说。

三、朴素现实主义的"文革叙事"策略

陈晓明对毕飞宇的创作曾做出高度评价,他认为"毕飞宇就尤为注重一种深度性的终极思考"[①],他从作品中看到了毕飞宇对于现实生活表象的超越,进入到了更为深远的思想层面,具有一定的思想深度。在这种具有形而上特征的文学思考的基础上,毕飞宇形成了自己独特的文学观,这是一位成熟作

---

① 陈晓明. 晚生代与90年代的文学流向[J]. 复印报刊资料(文艺理论),1995(4):60.

家的重要标志。对于文学观问题,毕飞宇认为:"文学观是个很怪的东西。……严格地说,你的作品应该隐含你的文学观。只有无能为力才要额外地拎出来。你不停地写,吸收了,舍弃了,可是总有一些东西你舍弃不掉,那正是你的文学观。"① 他认为一位作家的文学观不是个体言说的结果,而是靠作品说话,你的观念与文学思想直接通过作品呈现给读者,你的文学观念也在你的言说中得以自然流露。

文学观有时会因题材、主题、叙事方式等原因发生一些变化。就毕飞宇的"文革叙事"而言,它主要体现出一种朴素现实主义的文学观,这种文学观用毕飞宇自己的话说:"我想强调的是,我比以往任何时候都渴望做一个'现实主义'作家——不是'典型'的那种,而是最朴素的,'是这样'的那种……"② 所谓的朴素现实主义摆脱了西方现实主义文学的"典型论",拥有了自己的独特内涵,即对日常生活的审美发掘与现实呈现,同时关注人在社会群体中的心理变化与心灵创伤问题。在文学表现方面则尽量接近大众化的审美需求,力求在内容、形式等方面接近底层与民间,但是却又不是虔诚地匍匐在大地上,而是在日常生活审美化的基础上提升底层民间的审美趣味与审美品位,引导他们享受更高层次的审美文化。

毕飞宇对于"文革"的文学书写主要采用的是童年视角,由此深刻揭示了童年生命的内在伤痕。但是这与"伤痕小说"又存在着极大的差异,卢新华们关注的是"文革"的政治灾难,采用的是外部批评方法,"所承担的任务是宣泄在苦难与灾难中积压起来的悲苦和愤怒,它为我们留下的是一个痛哭流涕、颤栗不已的诉苦者的形象"。③ 毕飞宇的"文革"书写却少有这种痛哭流涕般的控诉,他身上多了一种"局外人"式的旁观者姿态,在书写中不再显得过于逼促,而是多了一份冷静的反思与沉痛的感悟,淡化了知青们的政治恩怨与道德追问。因此,后者所呈现出的不再是集体的痛苦记忆,而是个人生命体验中的童年生活景观,以童年视角进入历史、社会、政治、革命与

---

① 姜广平,毕飞宇. 我们是一条船上的——毕飞宇访谈录 [J]. 花城,2001(4):185.
② 毕飞宇.《青衣》问答 [C]. 见:沿途的秘密. 北京:昆仑出版社,2013. 49.
③ 曹文轩. 20世纪末中国文学现象研究 [M]. 北京:北京大学出版社,2002. 28.

生活，具有了游走现实与历史的宽容，具有历史与政治的超越性特征。毕飞宇更多地是将造成童年生命的伤痕与危机置于特定的历史背景下人性恶的表现，而不是继续纠结于整体的社会政治问题，具有了更为深刻的人性关怀与追问意识。他将反思视野真正地深入到民间与底层本身，发出了"政治何以轻易激发人性之恶的追问？"这种带有国民劣根性追问的启蒙意识，承续了"五四"精神与鲁迅等启蒙主义者的传统，具有了历史的传承感。

通过人性在动荡政治面前的裂变与呈现，毕飞宇为历史提供了内在的精神来源，他拨动人性深处最为敏感的脉搏，为重新认识历史提供了新的文化支点。他在政治伦理与乡村伦理的冲突中，以更为广阔的历史视阈考察童年生命的存在状态，在对童年生命的观照中又包含着对时代精神和普遍人性的折射与透视，因而底蕴厚重。"这种着眼于童年生命境遇、有着鲜明的伦理向度的'文革'叙事，虽然立足于身份的边缘位置，但实则却能直抵历史中心的深层地带，为反思'文革'造成的历史苦难提供了另类的诠释法则与叙事方式。而童年生命的困境，也为寻绎'六十年代生人'在长大成人之后遭遇的内心惶惑和危机成因提供了重要的线索。"① 可以说，我们通过毕飞宇的写作能够较好地透视一代人的心灵危机，以及他们精神心理的变迁脉络。

毕飞宇"文革叙事"中最为引人注目的，不仅仅是展示出人性的恶与困境，而是在更深层次上探讨了黑暗年代带给孩童纯真心灵的邪恶，尤其表现了孩童的心性如何在混乱中滋生出黑暗的毒菌。儿童在毕飞宇作品中不再是弱者形象，而是具有了自己带有原罪色彩的恶。孩子在毕飞宇的作品中成为了"文革"斗争积极的参与者，确切地说他们成为了成人斗争世界的帮凶。虽然他们仍然是弱势群体，但是他们却对那些在政治上处于更为弱势的群体即那些政治斗争中的落难者、受害者表现出了少有的凶狠。他们趁火打劫式的欺凌、没有价值判断的起哄式"革命"行为往往令那些受难者在身心上承受了更大的打击，因为这是来自弱者的欺凌，令他们看到了自己更为弱势的地位。正是在这种参与性质的"文革"活动中，孩子身上的"恶"被发掘与

---

① 谈凤霞. 历史苦难的边缘性诠释——"文革"背景的童年叙事考察 [J]. 南京社会科学，2010（2）：128 – 129.

扩大，构成了与成人世界的"恶"的遥相呼应，让我们看到了鲁迅关于"吃人"传统的恐惧沿袭，也更为真切地体会到了"救救孩子"呼喊背后深刻的自省意识。

毕飞宇对于孩童的批判并未将自己置身事外，而是对自身也做出了深刻的反省。他在带有自叙传色彩的纪实作品《苏北少年"堂吉诃德"》里以自己的切身经历，呈现了"文革"时孩子在特定政治语境中对生命的困惑、对善良人性的弃置。陈德荣是毕飞宇的儿时伙伴，但是因为在1976年粉碎"四人帮"之后在公社门口写"五字反标"而被学校开除，且仍沿袭了"文革思维"对其进行批斗。毕飞宇作为大批判组的成员，背弃友情与良知写了《陈德荣是一个惯偷》的批判文章，他清楚这是一种栽赃，但是却没有愧疚，"唯一担心的是我的栽赃'不够'，'不深刻'，'不全面'"。借此毕飞宇坦诚地告诉我们："十二岁的孩子也可以很迷狂，十二岁的孩子也可以很邪恶——我当年就是这样的。只要'上面'需要，什么都做得出来，什么都敢。"成年后可谓功成名就的毕飞宇并未掩饰自己曾经的童年罪恶，而是借以自省与警示，让我们看到有一种仇恨与罪恶是从童年开始播种的。诚如黄毓璜所言："毕飞宇是条汉子，明明白白、爽爽脆脆的那一种；附带一些孩子般的率性，通常没多少思前想后的忖度和左顾右盼的掂量，不准什么时候还会有点顶顶撞撞的情况发生，让你由相貌到谈吐感觉些许'生猛'。"坦诚而直率的毕飞宇正是凭着这份难得的品性为我们提供了新的"文革叙事"路径。

第三节　世态人情：日常生活审美化的情感对接

法国历史学家丹纳在《英国文学史》的导言里，提出了决定文学形态的三要素：时代、种族、环境。作为文学外部研究的重要理论支点，丹纳向我们揭示出了时代精神与变迁、种族气质与文化、环境变化与熏染对作家群体的深刻影响，甚至直接决定了文学的呈现方式与形态。就作家个体而言，社会环境和家庭环境的变化，时代精神的内在渲染，以及个体生活经验、生命体验等都会影响到作家创作风格的形成。

对于作家来说，仅仅拥有丰富的生活经验与生命体验是不够的，他还需要提升对生命的理解深度、对生活的把握程度，以引发与读者之间更为强烈的共鸣甚至争议，从而在情感倾向与价值观等方面与读者形成对接。但是作家与读者的生活经历、身份、情感、知识体系、思想层次等等都存在巨大的差异，这种在审美意义上的对接又如何通过文字来完成呢？这就需要双方拥有共同的讨论平台，使得在这个平台上他们讨论的问题能够具有共性。而这个平台就是文学，这种共性就是对人类命运共同的深切关照和反思。但是，对于人类命运共同的关注也还是具有不同的路径：哲学家是以抽象思维、逻辑关系去思考，形成的文字通常艰涩而深奥；思想家是以哲学的方法进入问题，提升问题解答的层面，最终将问题留在思想的高度上，形成的文字则高蹈而充满理想化；文学家则又以形象思维进入问题，贴近现实，关注生活，从质朴的生活中发现真理，形成的文字具有较强的审美价值。因此对于文学而言，它不能脱离现实、社会与生活，这是与读者达成共鸣的基本前提。毕飞宇的小说关注底层人民、关注人物命运，那些来自生活的感动真切而真实。可以说毕飞宇在日常生活的沉思中逐渐形成了自己的思想与底蕴，他将这些思想与底蕴紧紧地熨帖在了生活中。他在文学中形成的思想不是要帮助他提升品位与地位，而是要用来感动读者——以审美的方式感动读者，在文学性与社会性之间架起一座可以勾连的审美之桥。这便是毕飞宇一直强调的关于文学"世态人情"的呈现问题。

对于文学书写，毕飞宇认为："写作其实不是文学，而是化学。这么多年的写作经验告诉我，同样的人、同样的事，在不同的年龄阶段，它们在小说家的内部所构成的化学反应是完全不一样的。什么是好的语言？布封说：'恰当的词放在恰当的地方。'什么是好的机遇呢？我会说：'恰当的小说出现在恰当的年纪。'在恰当的年纪，作品与作者之间一定会产生最为动人的化学反应。"[①] 作品与作家之间的化学反应关涉到作家的时代、境况与心境，在一定的积累过程中作家进入了文学创作的另一个阶段，在生理上表现为年龄的增长，在心理上则表现为对共性问题的认知深度，由此保证了作品与读者间的

---

① 茅盾文学奖获奖作家谈创作 [N]. 人民日报，2011-9-16 (24).

共鸣效果。而这种化学反应之于毕飞宇往往都是以"世态人情"的文学立场表现出来。

一、"世态人情"的审美观照与文学立场

在一次采访中毕飞宇曾谈及世态人情问题,他认为中国当下文坛谈论的问题太多太杂,比如"作家的思想能力"、"作家的人文精神"、"本土与世界文化的关系"、"作家的立场、情感的倾向"等等,似乎哪个层面的问题都有涉猎,唯独少了世态人情这个问题。世态人情与上面那些重要的需要一代人一个世纪、甚至几代人几个世纪也解决不了的问题相比简直微不足道,也正因为它的过于"肤浅"因而被文学家、思想家、哲学家们所忽略。但是在毕飞宇看来,世态人情虽然琐碎微小,但是它却是小说创作基础,是小说的"底子"和"呼吸"。因此,毕飞宇说:"世态人情不是一个多么高深的东西,这个貌似不那么高级的东西,特别容易被我们这些小说家轻易地丢掉。有些东西就是这样,有的时候不觉得,一旦丢掉,它的麻烦就来了。我特别强调一些基础的东西,如果我们要使小说写得更加有生命力,我觉得世态人情是一个不可或缺的拐杖。这根拐杖未必是铝合金的,未必是什么高科技的产品,它就是一根树枝。有时候,就是这根不起眼的树枝,决定了我们的行走。"[①]从这段表述可以看出,毕飞宇非常关注、推崇世态人情,甚至认为它们是文学无法剥离的重要元素。

对于世态人情的理解在毕飞宇而言并未上升到多么高深的理论层面,而是极为具体的客观存在。毕飞宇借《半夜鸡叫》与《故乡》具体解释了何为世态人情?这里的"态"与"情"具体指代哪些具体内涵?毕飞宇就《半夜鸡叫》中周扒皮半夜鸡叫唤起长工劳动这一情节展开论述,他认为周扒皮装鸡叫催促长工起床干活,而不是直接去叫醒他们,是因为作者在周扒皮与长工间便增加了一个缓冲物——公鸡,这个公鸡不仅是家禽,而且延展出另外一个意义——周扒皮的顾忌。这种顾忌说白了就是中国乡村的"脸面"问题。中国有句方言:"打人不打脸",从文化层面来看,它属于乡村礼仪,中国农

---

① 毕飞宇. 文学的拐杖 [N]. 解放日报,2007-7-22 (8).

民非常重视这个"礼仪",这就是"世态人情"。正因为这个情节的存在,使周扒皮同南霸天、胡汉三等反面人物有了重大区别,由此周扒皮更像是一个"人",他具有了人性的特征。正因为这点人性特征的表现,使《半夜鸡叫》"在不经意间多少反映了一些世态人情,虽然它是极不自觉的。"

毕飞宇又以《故乡》为例进行阐述。《故乡》中作为返乡知识分子的"我"时隔多年终于遇见儿时的玩伴闰土,可是闰土对"我"恭恭敬敬地喊了一声"老爷",这声"老爷"不仅令鲁迅与作品中的"我"喟然长叹、心惊不已,同时也极大地震动了毕飞宇。他说:"每当我阅读到这个地方,面对'老爷'这两个字,我的心就咯噔一下。世态沧桑啊,人是物非啊。那么亲密的发小,彼此就在眼前,却再也不属于对方了。世道怎么就这样了呢?太让人伤心了。那一声'老爷'真是太复杂了,多么震撼,多么有力量,多么无奈!最重要的是,多么日常!鲁迅的伟大,不只在《药》,还有《故乡》。革命是大事,比这个大事更大的,是世态。……作为一个读者,我被感染了,有了共鸣,我觉得我的情感也很真实。不是吗,亲兄弟一样的人,不认我了。离开了真实的世态人情,《故乡》哪里能有如此生动的局面?"①所以毕飞宇把世态人情当作小说创作的基础,文学创作的起点,打动读者、震撼心灵的重要前提。

世态人情本身很难进入审美领域,成为审美观照的对象,它必须历经作家的审美提炼、审美升华方能成为审美对象进入文学作品。毕飞宇对世态人情拥有一定的热情、熟稔、理解、感悟与真诚,因此他能够自由地进入世态层面,感受其间的人情世故,发掘人们不屑一顾的"俗",并能够进一步将"俗"提升为审美对象,使"俗"成为"一个小说家的出发点,小说家的'俗'是世俗的'俗',是形态,而不是情态,不是市侩庸俗的'俗'。它们之间也许有联系,然而,更有质的区分。"②以学界历来所不屑的"俗"来定位作家的写作,并将其与世俗人生加以衔接,从而完成了文学与世俗、作家与底层民众的审美对接。在这一内在沟通衔接的过程中还要涉及到一个重要

---

① 毕飞宇. 文学的拐杖 [N]. 解放日报, 2007 – 7 – 22 (8).
② 毕飞宇. 文学的拐杖 [N]. 解放日报, 2007 – 7 – 22 (8).

的问题那就是写作技巧,即作家需要通过何种写作技巧对世俗做出审美传达。

对此毕飞宇的回答更为接近生活、接近世俗。他说:"什么是技巧?小说本身没有什么技巧,如果一定要说有,都在世俗人情里头。是生活复杂的线性赋予了小说的跌宕,而不是相反。所谓技巧,在我的眼里无非就是作品反映出生活的质地、来龙和去脉,或形似,或神似。得'像'。怎么才能'像',作家不通世俗人情是不行的。"毕飞宇将技巧归于世俗人情,文学作品要想达成现实主义的"写实"要求必须深谙世态人情,加深对世俗人情的理解与把握。这对于曾经热衷先锋文学的毕飞宇来说实在难能可贵,这标志着他在创作上、文学观念上的成熟,他已经超越了先锋时期对于"玩弄技巧"的迷恋,标明了自己世俗的文学立场。在"淡化技巧、贴近世俗"的文学主张背后,是毕飞宇在文学语言上的"世态人情化"的努力。用吴义勤先生的话说,毕飞宇的"文本也都是以一种通俗直白的语言呈现出来的,不但没有西化哲学的晦涩难懂,而且还具有与世俗人生息息相关的感性特质。"① 毕飞宇的语言是中国当代作家中文学性最高的作家之一,他的语言精练传神,却又不显浮华夸张,通俗易懂极为平实。语言的运用本身就是一位作家立场的体现,"毕飞宇是一个艺术悟性和艺术感觉非常好的作家,他的朴实正是他健康的文学心态和良好的艺术自信心的体现,而夸张、凌厉、偏激、声嘶力竭背后倒可能正是对于艺术能力一种掩饰。"② 毕飞宇是一位真的想将作品带入底层民间的作家。

二、"世态人情"的底层叙事与审美理想

几乎每一个人从出生起就被裹挟在各类世态人情的大网中,正如北岛《太阳城札记》中的诗歌"《生活》网"一般,我们无法摆脱世俗世界对于生活的渗透与纠缠。但是这并不是说每一个人都会关注甚至能够对其进行审美观照,更不用说是将其形成一种文学的审美理想了,这正如"经验却不一定体验"的逻辑一样。因此我们应该注意到一个事实,即所谓的世态人情只有

---

① 吴义勤. 感性的形而上主义者——毕飞宇论 [J]. 当代作家评论,2002 (6): 57.
② 吴义勤. 感性的形而上主义者——毕飞宇论 [J]. 当代作家评论,2002 (6): 57.

进入作家的审美观照的范畴之内,才能成为文学创作的生活经验或生命体验,这也就意味着,那些置身其中而又置若罔闻的人永远不会将它纳入自己的审美理想。

　　作家对于世态人情的关注需要一种心态更需要一种姿态,甚至对于成名作家而言有时甚至需要他们"放下身段",毕竟对于很多人来说世态人情有些"下里巴人"的感觉,很难登文学审美的大雅之堂。但是这种顾虑之于毕飞宇并不是问题,毕飞宇一直保持生活的本身、底层的姿态,即使成名后也自认为是一个小人物,一如当年的沈从文总是自称为"乡下人"。毕飞宇曾坦言:"生活在社会的最底层,我与社会底层有一种天然的默契感,而且,在沟通上没有丝毫障碍,我想,这是我文学创作上一个天然的优势。"与底层的默契、沟通,使他对底层充满着热爱与情感,更使他始终能够与底层保持一种精神上的一致、共鸣,在情感上也始终拥有一种"在一起"的情感联接。

　　这种情感的关联性不是靠作家的自我表白来实现的,而是要依据作家的生活经验与情感理念去体现。在现实生活中,毕飞宇就是一个极为"底层"的人。他为人低调不喜炫耀文学成就,但对生活的体验却细致而深刻,甚至融入日常生活的每一个角落,抓住生活中的每一个细节。因此它热衷于同小区保安、邻居相互敬烟,与小商贩、个体户、流浪汉、残疾人等等闲聊,"这些都是他观察社会的窗口。正是通过这些小小的窗口,他打开了一个通向社会的大窗口。"[①] 由此我们可以确定毕飞宇言行一致,文人合一,没有以文字自我标榜,是一位真正进入底层、进入生活,关心底层和世俗生活的人。

　　毕飞宇现实日常生活经验的富足,对他的文学创作产生了重要的影响。应该说,生活经验对于文学创作的意义可谓重大,因为"如果把生活比作一个硕大的圆圈,一个作家生活的空间无疑定位在圆圈中的某一个点上。这个点标示着作家生活的空间轨迹,也限定着他经验生活的大致范围。这意味着作家在生命历程中,正是在纵向与横向的时空坐标点上形成了属于自己的经验世界。独特的感受与记忆源于独特的经历与体验。作家在创作中要超越自己的经验,创造一种新的艺术经验,但这种超越的起跳点却仍然是生活经验

---

① 贾梦雨. 为自己高兴,更为江苏文坛高兴 [N]. 新华日报,2011-8-23 (B03).

这块坚实的土地。"① 任何一部文学作品，无论作家的想象力和虚构才能多么突出，它最终的基点仍是作家的生活经验与生命体验，任何人都无法展开脱离经验世界的无限想象。毕飞宇正是基于日常生活、家长里短，以及个体生命体验形成了属于自己的生活理念和价值追求，也为他进入文学世界提供了基础性的经验世界。

毕飞宇超越经验世界进入世态人情的文学世界，需要一种文学理想的支撑，换而言之，毕飞宇的作品通过对世态人情的描写究竟呈现出了何种文学理想？就毕飞宇作品来说，他的"世态人情"是怎样的一个起点呢？这个起点就是写实在的生活。毕飞宇的小说"从最日常的世俗场景写起，人情往来，尔虞我诈，勾心斗角，油烟味儿特别浓，特别具体，完全是一个生活世界。正是这一鲜活的生活世界，即毕飞宇所言的'物理世界'，为我们提供了小说的基本气息，虽然琐碎，但每一砖每一瓦都在发挥作用。"② 对生活的热爱、现实的把握，以真实、真诚的姿态去发掘琐碎日常生活的美感，令人们不仅仅拥有一个"物理的世界"，更会拥有一个审美的世界。

以具体的作品为例，《哺乳期的女人》中的象征寓意虽然令人感叹，但是它最为吸引人的还是对琐碎日常生活的真切描摹，以及文字背后那种深沉丰富的人生感悟。小说中的事件很小，小到仅是一个乡间的闲言碎语。留守儿童旺旺从小在爷爷奶奶身边长大，每年仅能和父母待上六天时间，对父母的思念、对母爱的渴望给幼小的旺旺留下浓郁的心理阴影。万分渴望母爱的旺旺在冲动之余咬伤了惠嫂的乳房。没有人能理解旺旺，所以旺旺咬惠嫂乳房的事情被乡里人定义为"流氓行为"，一时间成为街头巷尾闲谈的话题，点缀了乡间乏味的生活。人们疯传着"这小东西才七岁就这样了"，"断桥镇的大人也没有这么流氓过"等之类的断言，没有理解与宽恕，人们以成人间的方式来对待一个七岁的孩子。这是一种无声的残暴。为此，旺旺爷爷痛打了旺旺，令旺旺真正从心理到生理都生了病，且见到惠嫂就十分羞愧，似乎也默认了乡间的流言，甚至拒绝了惠嫂的糖块以及对于旺旺的辩解。小说很短但

---

① 刘雨. 作家经验与艺术变形[J]. 东北师大学报（哲学社会科学版），1994（3）：65.
② 梁鸿."温暖"有多暖——由《推拿》对一种写作美学的探讨[J]. 扬子江评论，2008（6）：42.

是涉猎的乡村事件却极为庞杂，尤其是整个事件似乎就是发生在我们身边的事情。这里的世态与人情来自乡间的闲言碎语，如果没有乡里人的闲言碎语，旺爷也不会打旺旺，旺旺也不会真的生病，缺失父母之爱的旺旺在人们的误解与数落中被伤害。流言伤人的警示在此被彰显，人与人之间的误解与伤害似乎不是一种有意行为，而是一种无意间的习惯，是一种深入精神深处的一种劣根性病根。但是就在旺旺变得更加孤独与寂寞之际，忍无可忍的惠嫂最后终于爆发，面对整个流言中的断桥镇发出了悲壮激愤的怒吼。我们知道这虽然不会改变什么，但却是一次以母爱为名义的乡村伦理反抗，是对底层卑劣的一次纠错。这也正是毕飞宇小说的一大特点，概括起来就是"以'世态人情'进入小说，可以直接进入生活本身，从内部写起，写他们的日常生活，爱恨情仇。由'内部'折射'外部'……"[①]

这种"世态人情式"的文学叙事需要作家的坚持与深入挖掘，否则很难发现其间的审美价值。这也需要作家对待生活的热情、对待文学的责任，不能将文学写作仅仅作为一项工作，为了文学之外的目的而一味地追逐新潮与热点。同样也不应该脱离生活，抑或面面俱到，试图表现生活的各个层面。毕飞宇认为作家应该在生活世俗景观方面进行深入地思考挖掘，关注世态人情，因为"如果我们在'世态人情'这个地方做得好一些，即使我们不能成为小说的巨匠、伟人，但起码可以把小说写得更像样子吧?"[②] 这近乎于一种文学宣言。世态人情是文学创作的基本关注点，也是文学创作是否成功的一种重要元素。由此"毕飞宇主张作家去做田野调查，把自己的行为与当今日新月异的世界靠得紧一点，尽一切可能去获取直接经验。"[③] 因为作家对于生活的直接体验是小说质量的基本保证，没有切实的体验，我们对生活的认识可能永远只会是单向度的，无法深入也无法体悟其间的细微情感。这是世态人情之于文学的特别之处，世俗的烟火味使文学充满了令人驻足并留连忘返的魅力。

---

① 梁鸿."温暖"有多暖——由《推拿》对一种写作美学的探讨[J].扬子江评论，2008(6)：43.
② 毕飞军.文学的拐杖[N].解放日报，2007-7-22(8).
③ 吴敏.一个作家，过分依赖想象是可耻的[N].南方日报，2011-12-6(A19).

比如毕飞宇获得茅盾文学奖的《推拿》，其成功主要源于毕飞宇对日常生活的熟悉，以及字里行间满溢的世俗生活气息。2000年毕飞宇因为扭伤经常到南京龙江的"天和缘推拿中心"做治疗，于是和那里的盲人推拿师们成为了朋友。长期的交往令他们都很信任毕飞宇，盲人推拿师们亲切地称他为"老毕"、"老爸"、"老爹"等。在相互之间的交往中，毕飞宇切身地感受到了盲人的真情与温暖，"因为盲人看不见，所以盲人在和人相处的时候一直处于动态的过程，我归纳之为'动手动脚'。高兴了，他们就会摸摸你的耳朵，就会摸摸你的腮帮子。可能在主流社会里，这些动作不怎么好，但是在盲人的世界，这些都是交流的语言，意味着他们喜欢你，尊重你，丝毫不意味着举止随便。"同时，毕飞宇也从盲人身上发现了积极、乐观的生活态度、视尊严如命、"对得起每一天"的生活理念。于是在毕飞宇的日渐关注中，一个概念开始产生，而真正触发他的创作动机的却是一件小事。有一次毕飞宇与盲人朋友相约出去吃晚饭，在漆黑的楼道里，毕飞宇本想搀扶盲人下楼。没想到反而是盲人把他从五楼扶到一楼。盲人朋友自信地说："你不如我了吧。"尽管是一件小事，但毕飞宇深受触动，使他坚定了创作一部盲人题材文学作品的决心。正是这种日常的生活经验令毕飞宇的作品充满了温度，令世俗也充满了美感。但是这需要作家的田野调查，需要切实地深入生活深处，而不是简单肤浅的去体验他者的生活。

毕飞宇在写作《青衣》的时候因为一开始对京剧并不了解，一时间很难进入，于是开始不断地调查与了解，"直到有一天，我去和江苏京剧团的一个青衣聊天。她虽然很老了，但俨然就是一个'小燕秋'。她京腔十足的言语，令我非常震惊。于是，我的'青衣'有了原型，有了人情世态的依托。"换言之，没有田野调查、没有深入生活、没有世态人情的依托，毕飞宇则会很难创作出这篇代表作。但也正是这段生活片断和细节，令作家的心灵产生了震颤，这些世态人情"一旦成为心灵中的'意象'，它们便摆脱了生活时空序列的链条，汇入经验的'内在之流'，从而成为作家在心灵世界中反省和审视的对象。"[①] 也正是这种对文学负责的精神，令毕飞宇的作品在真实体验的基础

---

① 刘雨. 作家经验与艺术变形 [J]. 东北师大学报（哲学社会科学版），1994（3）：68.

之上，充满真切的情感与真实的细节。我们能够看到毕飞宇作品中关于农村生活细节的描写是生动而真切的，比如收麦子、养猪等生活情景，逼真地还原出农耕生产时的诸多形态。正是基于对世俗生活的了解才使他的作品中表现出了对于农民和土地关系的独到见解，也给读者留下了深刻的印象。

第二章　历史、权力与人性：小说主题转换

人是历史的存在，回到历史现场的要求正是基于在具体的历史背景去理解文学，去理解文学中所表现的人。毕飞宇小说中对于"历史、权力与人性"等主题的内在关注，为读者呈现了一个宏大的审美空间。我们在小说历史叙事中发现权力的运行机制，发现人性的弱点与丑恶。同时，我们也可以透过个体的人生与命运去发现历史的真相，以及权力对于人性的践踏、伤害。无论对于历史还是权力的描写，毕飞宇最终的落脚点都是对人性的反思，诚如其言："在我的心中，第一重要的是'人'，'人'的舒展，'人'的自由，'人'的神圣不可侵犯的尊严，'人'的欲望。我的脑子里只有'人'，他是男性还是女性，还是次要的一个问题，甚至，是一个技术处理上的问题。"[①]对于人类共通性的关注，对于人性深处的探寻是毕飞宇作品书写的第一要务。他对人的关注不是基于宏大的社会主题，而是具体地、真切地对人的本身的关注，即对个体人的内在本质的关注。他以社会问题作为切入点，在开阔的历史时代的空间中，精心地描绘社会中人的生活与命运，挖掘个体的心灵之厄与精神之殇。

可以说进入"历史、权力与人性"主题层面的毕飞宇是一位典型的现实主义批判者，他能够坚定地立足于现实，深刻地反思历史，无畏地批判权力，深沉地叩问人性。但是无论毕飞宇对于社会之恶、历史之恶、权力之恶、人性之恶而表现出来的是多么尖锐的批判，我们还是能够感受到他对笔下人物

---

① 汪政，毕飞宇. 语言的宿命[J]. 南方文坛，2002（4）：30.

的尊重与关怀,展现出他内心中对生命最透彻的感悟,这是一种真正的超越知识分子精英意识与启蒙立场的人文关怀精神。我们也可以这样认为,在文学作品中毕飞宇通过文字表现出一种悲天悯人的人文精神和博大深沉的价值关切,这其中蕴含了他对人本身的尊重、理解和同情,以及直面历史、挑战权力、批判人性的勇气。

第一节 历史认知的民间立场与文学建构

毕飞宇是一位对历史颇感兴趣的作家,"历史"一词在他的早期小说中曾频繁出现。凭着对历史的偏爱,毕飞宇用小说的艺术形式对有关于历史的话题做了大量且深入地探讨与思考。这个过程从最初的《孤岛》和随后的《武松打虎》、《叙事》、《楚水》,再到1995年6月发表的《是谁在深夜说话》,都有大段的关于历史的描述和直接议论。毕飞宇的小说创作具备了新历史主义小说的内在潜质,表现出当代人对历史的深邃洞察力和复杂情感,形成带有个体化色彩的历史观:他批判历史规律和逻辑,认为只有时间是永恒的;他重视历史的偶然性,也承认历史必然性的存在,但却充满非理性的宿命意味;他以世俗生活代替宏大的历史政治事件,唤醒集体记忆;他以可触摸的历史带领我们去思考现实与当下。毕飞宇历史观的独特价值,归根结底在于它见证和代表着当代中国文学的品格和未来。

一、历史蕴含于时间

在毕飞宇看来,"时间蕴含着历史,而不是历史蕴含着时间。"① 理解这个问题,需要从毕飞宇对历史规律和历史逻辑的质疑说起。海登·怀特认为:"人不可能去找到原生态'历史',因为那是已逝去不可重现和复原的,而只能找到关于历史的叙述,或仅仅找到被阐释和编织过的'历史'。"他的观点就是人们所谓的"历史"都是被阐释的"历史","历史"是不可重演的。无

---

① 葛红兵. 文化乌托邦与拟历史——毕飞宇小说论 [J]. 当代文坛,1995 (2):44.

第二章　历史、权力与人性：小说主题转换

独有偶，毕飞宇关于历史的认识有两点：一是怀疑历史，他强调："对任何人，我们不能听他们说什么我们就信什么。否则，所谓认识历史，岂不成了古汉语的现代汉语翻译！所以，面对历史，我们必须鼓起这样的勇气：一、以小人之心度君子之腹；二、先小人，后君子。只有这样，我们才能从最基础的层面入手，完整而活泼地把握'人'的命脉。"① 二是质疑那些看上去逻辑严密的史书，"历史哪里能那样，大前提、小前提、结论。要是这样的话，'历史的规律'简单了。历史玩不过人。"② 在毕飞宇的文学作品中，我们也能看到这些观点。《叙事》是毕飞宇非常喜欢的一篇小说，小说中关于历史的大段论述得到了评论家和读者的广泛关注。在"我的家庭史的研究"过程中，毕飞宇十分巧妙地揭露了历史的不确定性："一部真实史书的诞生过程往往又是一部史书，这成了我们历史的特色。我们在接受每一部历史之前都要做好心理准备，会有下一个面目全非让我们去面对。"也就是说，即使是"真实史书"，也与"原生态的'历史'"存在差别。为此，毕飞宇认为人们所认识到的历史是荒谬的，"整个人类实际上也是非常荒谬的，没有多少理性可言的，许多关于历史的归纳恰恰都是一种谎言"。

毕飞宇对历史的批判与质疑在《是谁在深夜说话》中表现得淋漓尽致。小说中有两条线索，其一是"我"居住在明代城墙根下，常因失眠而去城墙下散步，触景成情而想象自己回到明代，又因仰慕楼上住的美人小云，而在她身上想象到了明代秦淮名妓的风韵。尽管如此的接近明代，"我"仍不可能重温历史。其二则是建筑队修复明代城墙。建筑队长为实现要把城墙修复得比明代还完整的目标，临时通知拆迁房屋来收集散失的城墙砖，建筑队长似乎比"我"更了解明代。然而竣工后，"我"却看到城墙附近有一堆未用的旧城砖。这篇小说印证了毕飞宇所秉持的历史观：即历史是不可修复的。它至少隐喻了任何一种对历史的书写都不过是当代人对历史的主观解释，而历史永远具有近乎神秘的"剩余部分"。正如小说最后写道：

---

① 费振钟. 重读大时代系列——堕落时代 [M]. 上海：东方出版中心，2000. 3-4.
② 姜广平，毕飞宇. 我们是一条船上的——毕飞宇访谈录 [J]. 花城，2001（4）：189.

"从理论上说,历史恢复了原样怎么也不该有盈余的。历史的遗留盈余固然让历史的完整变得巍峨阔大,气象森严,但细一想总免不了可疑与可怕,仿佛手臂砍断过后又伸出了一只手,眼睛瞎了之后另外睁开来一双眼睛。我望着这些历史遗留的砖头,它们在月光下像一群狐狸,充满了不确定性"。①

修复旧城墙本是庄重、严谨的工程,但在小说中,建筑队长决定把城墙修复的比明代"还完整",至于明代的城墙什么样,他竟然大声说:"修出来看,修出来什么样明代就是什么样。""我"不禁感叹,他"是个哲学家的料"。在修城墙过程中,临时来了"拆迁通知",因为"旧城墙需要旧城砖",而我们楼房底部是用旧城砖砌成的,需要"拆东墙,补西墙"。从以上来看,修城墙不仅缺少计划性,而且是盲目的。城墙如期修复完工,尽管多出一些旧城砖,但是看过新城墙的人都说修得好,赞助商还在电视上对记者说"比过去的还要好","比下面的旧墙漂亮多了……"人们的评价似乎是对建筑队修复后的城墙的最好注脚,无人在意这与明代的城墙有什么不同。然而小说中的"我"坐在老地方的旧城砖上,不禁反问自己:"城墙的确是复好如初,砖头们排列得合榫合缝、逻辑严密,甚至比明代还要完整,砖头怎么反而多出来了?"小说通过修复旧城墙,以及不同人的不同态度,表达了作家对历史的反思与判断。

毕飞宇说《谁在黑夜里说话》包含了他最根本的一个立场,那就是对逻辑的批判,他认为:"历史是不逻辑的,而在我们的史书里,在我们的教科书里,历史却是逻辑的,那么恰恰是这种逻辑把我们引向了歧途。逻辑作为一种工具来讲它有它可信的一面,但是从历史的意义上讲,逻辑是极不可信的,它只是表明了在某种局限里面的一种不及物关系,逻辑本身就意味着一种很可笑的局限,它需要许许多多的额外的前提。""历史只不过是一种策略,意

---

① 毕飞宇. 是谁在深夜说话 [C]. 见:雨天的棉花糖. 南京:江苏文艺出版社,2013. 138.

识形态策略，所以逻辑也是一种意识形态策略。"① 在《谁在黑夜里说话》中，明代的"景"和"人"，这些"前提"都有了，却没能像史书上所写的那样实现"我"才子佳人的美梦。旧城砖都找到了，而城墙竣工后，却闲置一批旧城砖，这显然是不合逻辑的，但赞助商的言论和媒体的报道，却使这个"比过去还要好"的城墙得到了人们的认同。这里所说的历史规律与历史逻辑，毕飞宇在《叙事》中就有论述："历史的规律是人们在历史面前想象力平庸的借口。历史当然有它的逻辑，但逻辑只是次序，却不是规律。""逻辑越严密的史书往往离历史本质越远，因为它们是历史解释者根据需要用智慧演绎而就的。真正的史书往往漏洞百出，如历史本身那样残缺不全。"对于正史和权威性做出的富于想象力的消解，体现了毕飞宇历史观内在精神的反传统性。

毕飞宇在批判消解历史规律与逻辑的同时，也为读者找到了影响历史发展的"真正"的答案：时间。他在小说《孤岛》中曾写过的这样的文字：

"拯救扬子岛人的命运与扬子岛人自身的命运之关系，颇似于历史之于时间的关系。不论历史往哪个方向延伸，时间总是不慌不忙地按照自身的速度往前走。时间蕴含着历史，而历史时常错误地以为自己操纵着时间的走向。说到底，时间的人化才成了历史，换言之，历史只不过是时间的一种人格化的体现。宇宙中，真正的、合理的生命其不可逆的唯一形式只有一个：时间。时间，作为空间的互逆表现，是一种绝对的存在与绝对的真……"②

在毕飞宇看来，人有目的的选择性活动构成了人的历史，人总是从主观意愿出发选择自己的行动，以为自己的选择是正确的。然而，时间却一次次的证明人的选择和努力的徒劳无功，仿佛那些失败的历史昭示着一个时间的

---

① 张均，毕飞宇. 历史缅怀与城市感伤——毕飞宇访谈录 [C]. 见：小说的立场——新生代作家访谈录. 桂林：广西师范大学出版社，2001. 136.
② 毕飞宇. 孤岛 [C]. 见：上海往事. 上海：上海锦绣文章出版社，2009. 56.

宿命：人无法改变自己的命运。人的命中所注定的悲剧性，不仅体现了人存在的历史局限性，也在证明人对历史理解的不可能性。

二、对历史偶然性的发现和重新认识

源于对历史规律和历史逻辑的批判，毕飞宇认为"实际上两样东西放在一起并不意味着有什么内在关联"，所以历史是偶然的。很多文章曾论及毕飞宇对历史偶然性的重视和夸大，毕飞宇小说的确十分关注历史的偶然性，这有益于拓宽文学对复杂的历史生活的反映，有益于触摸历史真实。同时，他的历史偶然性并不是绝对的，通过文本细读可以看到，毕飞宇同时极力传达推动历史发展的另外一个动因——非理性宿命。

历史的发展究竟是必然的，还是偶然的？客观来讲，历史的偶然性是历史生活中大量存在的现象。历史正是在诸多偶然事件的参与下，经常发生奇特的变化，并使之呈现出某种不确定性。恩格斯认为："在历史的发展中，偶然性起着自己的作用。""而它（偶然性）在辩证的思维中，就像在胚胎的发展中一样包括在必然性中。"① 这说明历史的偶然性又是历史必然性的一种反映。英国历史学家卡尔也分析了偶然性因素对历史的影响，但他同时又指出："迄今为止已被当作偶然性的那些东西完全不是什么偶然事件，而是能够加以合理解释的，是包含着能够说明更广泛的各种类型的意义。"② 他们从整个历史进程的角度来阐述偶然性，不仅指出他的合理性及其意义，而且也指出了他的局限。

毕飞宇认为历史必然性是存在的，历史必然性同历史规律一样，也是后人对历史的理解和总结，然而真实的历史是以偶然性为主导的。他在《孤岛》中明确地表达了对历史偶然性与必然性的看法："历史这玩意儿偶发因素实在是太多，只要哪儿出了点问题可能就完全走样儿了。历史无所谓必然，所谓必然必须在事情发生之后。在事情没有发生以前，你无法知道历史'必然'要往哪里行走。"历史的偶然因素既没有理由，也没有原因，毫无声息地参与

---

① 〔德〕马克思,恩格斯. 马克思恩格斯选集［M］：第三卷. 北京：人民出版社，1972. 545.
② 〔英〕卡尔. 历史是什么［M］. 吴柱存译. 北京：商务印书馆，1981. 111.

第二章 历史、权力与人性：小说主题转换

到历史事件中来，它所产生的无法预测的严重后果能彻底改变一个人的命运。例如《孤岛》中，文廷生他们三人被龙卷风吹到扬子岛、扬子岛的捕鱼船队捕到了"少说也有四百斤重的鲟鱼"、小六吆临时起意救下文廷生、文廷生上任当天的冰雹、旺猫的舌头不翼而飞、卖镜子的江湖艺人等等，正是这些偶然事件，使文廷生面相的"天子气象"得以应验。一个偶然接着一个偶然，最终导致文廷生们上演了一出出的夺权之战，文廷生也最终葬身鳄鱼之口。偶然性充当了小说的故事情节和推动力量，决定了文廷生的命运。透过这些表层的偶然性因素，我们也看到了毕飞宇关于历史叙事的非理性宿命色彩。

旺猫身为算命先生的瞎父亲认定文廷生具有与生俱来的天子气象，对此文廷生深信不疑，所以他说服熊向魁以及旺猫去寻找发财之路。他被龙卷风吹到扬子岛后，认为公嘴港得更名为廷生港，扬子岛必须是他的。他刚到鲫鳞会时脑海里竟产生出曾经什么时候到过这里的幻象，他感到旺猫父亲的话开始应验了：他要当这里的土地爷儿。当文廷生在扬子岛站稳脚后，岛上的人因他和小河豚的喜事"觉得世道开始倒转，回到了雷公嘴的风光时代"，文廷生重蹈雷公嘴旧辙，以及雷公嘴当时被赶下台的情况，这些都似乎暗示了文廷生的最终命运和归宿。在小说中，作者借助闹钟发表了一番议论：

> "他们第一次目睹了时间，明白了时间这东西本来就是圆的，你要想它不在同一个圆上反反复复，除非它完全停止下来。于是他们推断出了历史，认定了历史这东西说到底也是圆的，走完了一个轮回它就得从头来起。"①

文廷生被吹到这个岛上时险些落入鳄鱼口中，而他最后还是没能摆脱这样的噩运："文廷生在鳄鱼的尖牙中间彻底恢复了人肉又腥又酸的滋味。"正如毕飞宇所说："所谓偶然就是几个不可回避碰到了一起。这才有了命，才有了命中注定。"② 也就是说，真正决定文廷生命运的不是那种偶然性因素，而

---

① 毕飞宇. 孤岛 [C]. 见：上海往事. 上海：上海锦绣文章出版社, 2009. 41.
② 毕飞宇. 叙事 [C]. 见：雨天的棉花糖. 南京：江苏文艺出版社, 2013. 14.

是天意借助偶然性事件完成了他必然性的宿命。文廷生所经历的悲剧的意义就是由一个偶然走向无可更改的毁灭性必然。这便是毕飞宇在小说中通过对偶然因素的描写,进而表达自己对历史进程的主观态度——非理性的宿命色彩。

事实上,作为小说家既要肯定历史偶然性,又不能将它与历史的必然性相对立起来、否认历史的必然性。而在毕飞宇看来,历史的必然性似乎有些宿命和轮回的意味。在《孤岛》的最后,他颇有意味地写道:

> "十月初八,一艘载有五百三十一人的大船在扬子岛西三里处随一声炮声淹没,半数人罹难,半数漂流至扬子岛,他们登岛以后的情形,七十二年以后历史学家毕飞宇的《孤岛》将会从头说起。"①

这段话隐含着毕飞宇这样的历史观:时间的推移只是一种循环往复的过程,不能把它简单地归结为历史的进步或倒退。扬子岛的历史说到底就是一部权力更迭史,时间对于扬子岛的意义只有两个——得到权力与失去权力。

在小说《叙事》中,不断重复上演的是"我"的家族成员对种姓的耻辱和焦虑。抗日战争时期,日本人板本六郎奸污"我"的奶奶婉怡,奶奶不幸怀孕,从此开始了耻辱家族史。在草木皆兵的特殊时代,为了阻止这种耻辱的延续,父亲胁迫母亲堕胎。虽然用尽办法,但"我"还是出生了。母亲由此信命了:"命就是这样。命中一丈难求八尺。"到了"我"这一辈,因为妻子的出轨,"我"对妻子怀孕产生了怀疑,追问妻子、逼迫妻子去堕胎。虽然祖辈的历史已经成为了过去,但关于种姓的耻辱却一直贯穿于整个家族。"这样'历史'与'现实'在'种姓'问题上就以一种荒诞的方式完成了宿命性的循环,在这种循环中,'自我'迷失了,家族也迷失了,'我'对种姓的探讨最终沦入了一种绝望而尴尬的境地。"②

---

① 毕飞宇. 孤岛 [C]. 见: 上海往事. 上海: 上海锦绣文章出版社, 2009. 45.
② 吴义勤. 感性的形而上主义者——毕飞宇论 [J]. 当代作家评论, 2002 (6): 52.

三、小说是历史的备忘录

一些研究者指出,"小说"在一定程度上兼有历史记载、政治研究、法律、传媒乃至民众心理的微妙制约。例如因为某些特定历史的特定原因,小说成为了人们谈论、叙述"文化大革命"的主要方式:"而对年轻一代及后人和'外人'来说,所谓'文革',首先是一个'故事',一个由不同人所讲述的'故事'。而这个'故事'的小说版本,很可能会比政治文献版本或历史教科书版本流传更广,影响更为深远"。

七十年代对于中国和每个中国人来说都是一个具有特殊意义的历史阶段。七十年代爆发了中国当代政治史上的一系列重大事件:几位最高领导人相继去世、"四五"事件、粉碎"四人帮"、中国与美国日本建交、启动改革开放等等。正如评论家所说,七十年代既充满了许多动荡事件,又承载了整个民族的重大转折,这里既有暗夜中的最后煎熬,又有黎明前的焦灼等待。毕飞宇十分关注七十年代,他说:"七十年代的中国太重要了,也许对全人类都是重要的。对于这样一个重大的历史时期,如果我不发出自己的声音,那就是对不起自己。尽管我对七十年代并不喜爱,但从写作的角度来说,它是上帝给我的最丰厚的礼物。"① 七十年代风云变幻,对于个体的人来说是遥不可及的,然而它却以其特有的方式浸入到了每个人的日常生活之中,那么身处这样时代的人会有怎样的人生呢?

毕飞宇也讲"文革"这个"故事",但他是以自己的方式来唤醒集体记忆,建构出更接近历史真实的"文革"记忆。毕飞宇的文革叙事,"撇开了'文革'中显性的意识形态和政治斗争,着重审视了那段历史中的柴米油盐酱醋茶",表达的"不是特定政治,而是特定政治的细化,日常化,物质化,生活化"。② 他凭借着对这个时代的青睐和个人的成长记忆,写出了七十年代的民间生活与生态,以那些震动人类心灵的存在事件,为那个时代的历史做最为丰富、生动的备忘。为此,他在"三玉"系列、《青衣》、《猫头鹰》、《怀

---

① 张均,毕飞宇. 通向"中国"的写作道路——毕飞宇访谈录 [J]. 小说评论,2006 (2):47.
② 毕飞宇. 玉米——再版后记 [M]. 北京:作家出版社,2005. 283.

念妹妹小青》、《枸杞子》、《地球上的王家庄》、《平原》等作品中，把"文革"时代乡村人物的日常生活和世俗人情推到了前台，在平凡的人物身上演绎历史的沉思。可以说，毕飞宇对于"文革"的书写，显示了他对历史的理性认知。以《平原》为例，这部长篇小说是有关自然人性与历史意志尖锐对抗的悲剧。从某种意义上说，《平原》是一部关于特殊时期里少男少女的成长小说，以端方、吴蔓玲为代表的王家庄青年在苦闷与烦恼中成长。端方高中毕业回到王家庄当起了社员，在对大棒子溺水、青年帮派械斗、姐姐红粉出嫁等一系列事件的处理中显示出了他的"才能"，赢得三丫和吴曼玲的青睐，在家里确立了地位，在村民中也获得尊重。然而，他是个"标准的被愚化的人，比文盲聪明，比文盲可怕，比文盲有破坏性。他健壮，有力量，却又自卑、无能。除了要离开王家庄，他的内心没有一点是稳固的。"① 端方这个人物形象影射出那个年代的年轻人在成长过程中烙下的青春的苦闷、智慧的苦闷、热情的苦闷以及力量的苦闷。《平原》中的另一个苦闷的青年人吴蔓玲，她是泛政治化时代对人性的扭曲的典型代表，她是特殊历史所培植的一株畸形之树。她作为王家庄的最高领导者，控制着别人的命运，而她自己的命运却被领导所控制，不过真正让她苦恼的还是性别的错位、情感的错位。端方、吴曼玲的这些苦闷正是来自于自然人性与历史意志的尖锐对抗。

洪治钢认为长篇小说《平原》的特殊性就在于"它稍稍游离了1976年的历史大动荡，将王家庄的非理性的政治热情、盲动的个人内心在不断被挤压的伦理空间中进行了顽强的拓展，使许多生动的细节赢得了十分饱满的艺术传达。"② 的确如此，在《平原》中，关于农民生活的细致描写给读者留下了深刻的印象。如小说开始就看着金黄的大地，人们不仅喜上心头，但是还有与之相匹配的苦头。麦子是不会从地里蹦到饭桌上的，它需要你一把把、一步步、一直弯着腰、不歇气地割下来，"这哪里是劳作，这简直就是受刑。一

---

① 白烨主编. 2005 中国文坛纪事——日常生活中的悲剧更苍凉 [M]. 北京：文化艺术出版社，2006. 268.

② 洪治纲. 1976：特殊历史中的乡村挽歌——论毕飞宇的长篇小说《平原》[J]. 南方文坛，2005 (6)：44.

受就是十多天。但是，这个刑你不能不受，你自己心甘情愿。你不情愿你的日子就过不下去。"即使身子骨散了架，你还得咬咬牙，回到麦田里，直到割完麦子。还有庄稼人对"国家"的生活化想象和朴素的认知：

>"庄稼人不知道'国家'在哪里，'国家'是什么。但是他们知道，'国家'是一个存在，一个指定的、很大的，无所不在的、却又是与生俱来的存在。这个存在是什么样子呢？庄稼人就想象不出来了……但是有一点庄稼人是可以肯定的，'国家'是一个终点，是麦子、稻谷、黄豆、菜籽、棉花和玉米的终点。粮食运到哪里，那个地方就是国家。相对于王家庄来说，公社就是国家；而相对于公社来说，县委又成了国家。总之，'国家'既是绝对的，又是相对的。它是由距离构成的，同时又包含了一种递进的关系，也就是'上面'和'下面'的关系。'国家'在上面，在期待。"①

此外，小说中还对迷信且虔诚的孔素贞、王世国，痴迷马克思主义理论的顾先生，被良知谴责而四处找东西的老渔叉，热衷于军事演练的洪大炮，制作汽水的赤脚医生兴隆等人物的细致描绘。毕飞宇以细节表现的方式使这些人物跃然纸上，为读者展示了历史饶有意味的一面，也让我们从历史的缝隙中看到了王家庄原汁原味的生活气息和景观，在寻常百姓家的爱恨情仇里浸透着生命的沉重与悲凉。

在接受《新京报》采访时，毕飞宇说："我最渴望1976年以后出生的人读我的小说，这段历史对人类太重要了。作为中国人没有亲身经历那段历史，很容易忘记，谁都不愿重复那段历史，但轻易忘记很可怕。有人问我为何一直钟情70年代。事实上，我认为我的作品直指当下。许多带菌者依然生活在我们中间。""文革"后人们心中的余悸和阴影是不可能留在那个历史阶段的，正如你可以抽刀断水，但流水不会买刀的账。所以《孤岛》、《青衣》、《玉米》、《玉秀》、《玉秧》、《平原》等小说，看上去似乎无关"文革"叙事，

---

① 毕飞宇. 平原 [M]. 上海：上海锦绣文章出版社，2009. 15.

但其中人物的思维方式和逻辑以及他们的关系，都留有"文革"的印迹。其中最为典型的代表作是短篇小说《玉秧》。

《玉秧》所讲述的是1982年在师范学校中发生的故事。小说最触动人心的地方不只是权力的高压与迫害，而是曾经被迫害者认可、接受并承袭了迫害者的逻辑，并以更为急切的姿态加入到对权力的追逐中，这种权力的逻辑和思维方式正是"文革"魅影的一种精神延续。小说中的玉秧原本是一个内向、单纯的乡下姑娘，在魏向东以"组织"名义的说服下开始偷窥、告密甚至出卖周围同学，并渐渐对于这种人性的罪恶麻木不觉。钱主任这位曾经"文革"的"受迫害者"，将那些曾经用在自己身上的诱供、威胁以及有罪推断等等罪恶手段，全套用在学生身上。在师范学校里，人们习惯把别人看作是有罪者，"有罪感"仍困扰着生活在这里的人。《玉秧》作为那段特殊年代的"备忘录"引人深省、发人深思，既有对玉秧的怜悯，也有对我们生活周围可能存在的许许多多个"玉秧"的痛心疾首，这是我们对于备受权力压抑的自身与时代的哀伤。

四、历史是现实与情感的演绎

克罗齐认为"一切历史都是当代史"。鲁迅一贯认为古今相似，他说："试将记五代，南宋，明末的事情的，和现今的状况一比较，就当惊心动魄于何其相似之甚，仿佛时间的流驶，独与我们中国无关，现在的中华民国也还是五代，是宋末，是明季"；"现在的情形，和那时的何其神似，而现在的昏妄举动，糊涂思想，那时也早已有过，并且都闹糟了。"① 毕飞宇在小说创作中融入的历史观与鲁迅的历史观有异曲同工之处。毕飞宇在为费振钟的《堕落时代》所写的序言中有："他（指费振钟及《堕落时代》）提示我们，中国知识分子在面对黑暗的时候会出现怎样的历史可能，而晚明文人的病，绝不仅仅属于晚明的文人。"② 正是因为毕飞宇看到了当下与历史的相似性，才提出这样的反思与警醒。这段话不仅是对此书及其意义的总结，而且也表达了

---

① 鲁迅. 忽然想到 [C]. 见：鲁迅全集（第三卷）. 北京：人民文学出版社，1981. 17.
② 费振钟. 重读大时代系列——堕落时代 [M]. 上海：东方出版中心，2000. 3－4.

※ 第二章 历史、权力与人性：小说主题转换

他对历史与现实关系的理解。

在毕飞宇看来，历史感就是回头一望的那种欲望。这种回头望的动机正是其对当下和现实的关注与困惑始然，这便也是他历史之现实意义的历史观。毕飞宇曾以《水浒传》和施耐庵为例解释这个观点，他说"从我小的时候起，有关《水浒》的传说就都在我的身边。书里是怎样的？我看到的又是怎样的？施耐庵为什么去写《水浒》，书里头人的生存又何以演化为当下的人的生存，人们为什么对与自己的生活毫不相干的东西津津乐道，这一切都很有意味。"①在此以他的小说《武松打虎》为例，来透视毕飞宇对于历史的态度与书写取向。

"武松打虎"是个经典文学故事。在小说中，毕飞宇采用四层视角演绎现代版的"武松打虎"：精彩的说书片断、孩子们的游戏、阿三与队长的矛盾、经典名著中的叙述。说书人讲"武松打虎"形象生动，故事中的武松是个英雄，"大虫也是个英雄，两个英雄一见面，什么也不为，这才有了千古绝唱。"为了更好地演绎今晚"打虎"的高潮情节，说书人效仿武松大碗喝酒，最后事与愿违被河水淹死。因为人们对说书人好戏的期待远不及对家长里短的关注与兴趣，所以"说书人"是在第二天早上被找到的。村里的好戏是缘于小伙伴的"打虎"游戏，鼻涕虫意外地战胜了常胜将军臭虫，臭虫一怒之下说出了众人皆知的秘密——鼻涕虫妈妈与队长睡觉的事。知道此事的鼻涕虫老爹阿三再也装不下去了。他以酒壮胆去队长家说理，结果反被队长训回来了。"武松打虎"的壮举，被男人们演绎为民众与权势之间没有结果的对抗，人们期待的好戏落空了。然而在等待说书先生的过程中，四婶与阿三老婆因几句话而打了起来，队长老婆趁机对阿三老婆大打出手，边打边说："打，打，打，打死你这母老虎。"在人们期待已久的好戏中，"武松"复活变成了泼妇，而"老虎"也变成了一个荡妇，说书人心中的"两个英雄的见面"又演绎为女人与女人之间的厮打。文学经典中脍炙人口的英雄行为被乡间男男女女的生活纠葛完全消解。关于"武松打虎"的传说和故事，由施耐庵的编写到说

---

① 张均，毕飞宇．历史缅怀与城市感伤——毕飞宇访谈录［C］．见：小说的立场——新生代作家访谈录．桂林：广西师范大学出版社，2001．125．

书人的演绎,再到阿三以酒壮胆、拳打母老虎等乡民们对故事的理解,从"表面上看它们荒诞不经,但是经过一代又一代人口头的传播,是活生生的东西,而历史的真正意义就在这里,它们包含了一代又一代人的情感选择和生命选择。"① 为此,张钧认为毕飞宇所说的历史是可以触摸的历史,《武松打虎》正是从现实意义上的历史消解。

毕飞宇借助于民间传说,以想象的方式引领读者去触摸他的"历史",《孤岛》俨然可以成为一个关于历史理解的寓言和象征。小说围绕一处孤岛的权力斗争,尽情地表达了他对人类历史的感受、理解。特别是作品中时时出现的关于历史的议论,由于与具体的情境十分吻合,使读者感到贴切、真实,很自然地把孤岛的历史看作人类历史的某种缩影。然而他"特别渴望自己的记忆能和外部的世界建立起1∶1的关系……他认为1∶1的关系有助于我们更加聚焦,更加深入地切入人生"。② 所以我们总是能看到从上世纪七十年代到当下的乡土、城镇及其他的日常情境"在毕飞宇笔下精确地展开,绝对地具体,因确凿直抵本质。"由此我们可以认为,毕飞宇关于质疑、批判与消解历史的目的不是历史重建,而是基于现实的困顿而寻找答案的求索和对人的终极关怀。

第二节 权力的世俗化书写与民间表现形态

从创作轨迹来寻觅,我们会发现毕飞宇从创作之初就已经开始关注"权力"这一主题,处女作《孤岛》就是对"权力"的一次质疑与追问。《青衣》、《玉米》系列之后,他便开始将权力的探讨与日常生活互为渗透,思考"权力"对人们身心的伤害、对人性的扭曲等问题。毕飞宇曾说过:"权力,或者说,极权,一直是我关注的东西。每个作家都有他不愿意放弃的兴奋点,

---

① 张均,毕飞宇. 历史缅怀与城市感伤——毕飞宇访谈录[C]. 见:小说的立场——新生代作家访谈录. 桂林:广西师范大学出版社,2001. 127.

② 余华,王侃主编. 文学:想象、记忆与经验[M]. 上海:复旦大学出版社,2011. 139.

我的兴奋点是在这儿。一个作品,一个作家的理由到底是什么?对我来说,我的理由就是对极权的关注,也可以反过来说,我关注最基本的人的权力。我是热爱权力的人,而不是相反。我希望我们自己,我作品中的人,都有我们的基本权力。"①对于"权力问题",知识分子一直带有质疑与批判的态度,但是在毕飞宇看来,我们需要拥有自己合理合法的权力,我们也应该关注权力,无论它被冠以何种色彩,无论它关涉哪类问题,因为只有关注才有解决的可能性。

正是怀着对权力相对宽容的理解,毕飞宇的作品中对于权力的描写表现出极大不同,他更为关注权力实施的对象,即那些底层百姓与民间弱势群体。他以这些情感对象作为观察支点,进而悲悯地审视权力本身的威严、暴力与神圣,并试图从中寻找权力在底层得以实施的人性基础,以及运行机制等问题。在毕飞宇的作品中,他将权力与日常生活相匹配,消解关于权力的宏大叙事的文学传统,并最终摆脱权力的残暴色彩,而将其表现为一种细碎、神秘、深入人心的威慑力量。即在细致入微的日常生活描写中不露声色地呈现主题,从而使"权力的生成与运作、它对人的心理的渗透与控制被生动又不露痕迹地书写。"②

一、"权力"主题的世俗化书写

权力如同意识形态一般深入社会各个层面、各个角落,不以人的意志为转移,无论你是否热衷或排斥,它都一直存在我们的周围,影响着我们的生活。因此古往今来,对它的认识与描绘几乎贯穿于整个历史,它是一种无法回避的存在。但是每一个人进入权力的路径不同,在呈现权力的过程中所表现出来的形态也存在巨大差异。毕飞宇对于权力的关注与批判一而贯之,他的基本文学理念即基于"世态人情"式的从日常生活角度进行权力透视。他并非没有理论素养,而是有意规避哲学式的权力思考,他要给读者一个形象的、真切的、接地气的对于权力的直观的、立体的认识。因此我们从毕飞宇

---

① 张均,毕飞宇. 通向"中国"的写作道路——毕飞宇访谈录 [J]. 小说评论,2006 (3):46.
② 宋文坛. 启蒙与权力的黑色书写 [J]. 渤海大学学报(哲学社会科学版),2007 (1):52.

的作品中可以发现,他将政治权力甚或极权置于平常百姓的日常生活中。在看似平淡、静默的权力运行机制中,我们不经意间发现了它对我们的生活、我们的社会、我们的心灵已经产生了深刻的影响,但这种影响并未以狂飙突进的方式呈现,而是在权力意识的长期浸润中演变为人们的无意识,甚至生活模式和思维模式。我们看到的不仅仅是某一时段的权力的影响,而是在漫漫的历史中我们内心深处养成的权力意识如何被调动、如何开始发酵,最终对个体、对社会发生影响。由此可见,以日常生活去表现权力形态与政治影响是毕飞宇文学创作的一种理念。

毕飞宇通过日常生活所表现出来的权力又具有何种独特性呢?在毕飞宇的作品中,他经常将权力归结为斗争,权力/斗争模式是一种贯穿中国历史的有效模式,尤其在"文革"时期,政治混乱所激发起的人们内心深处的斗争意识几乎到达了中国历史的顶峰。但是热衷"文革叙事"的毕飞宇并未将这种权力/斗争模式置于更为吸引人、更具历史深度、同时也更为大部分作家所热衷的政治斗争中,而是将其分解、消融到日常的生活中。这便能够让人们在普通人的生活斗争中发现更为深刻的权力模式,它不仅仅隶属于政治。诚如学者汪政总结的那样:"就阅读感受而言……余华直指的是人性的那残酷的一面。而毕飞宇的残酷则完全是具体的,人物、环境、事件,一切都在具体的、正常的事理逻辑的支配下,而这一切又发生在我们曾经耳熟能详的日常生活中,因此,它必然会指向更加具体的主题。仅在这一点上,就可以将余华与毕飞宇作一个比较……余华引导人们思考,毕飞宇则让我们骇然地重新体验。"① 作家将读者的阅读引入文本,重返历史的现场,重新感受与体验当时的斗争形态是毕飞宇文学创作的一大特色。

纵观毕飞宇的创作,我们认为毕飞宇对权力日常生活的分解,主要又包括以下几个层面:

(一) 家庭内的权力斗争

作为社会初级群体的家庭是整个社会组织中最为基本的集群形式,对于

---

① 汪政. 玉秧 [J]. 当代作家评论,2002 (5):150.

◈ 第二章 历史、权力与人性：小说主题转换

它的权力斗争的描写先天缺乏宏大叙事的壮阔气质，因此往往被20世纪80年代时期的作家所忽略。但是家庭内部的权力斗争却具备政治权力斗争的一切要素，虽然场域过于微观，似乎掀不起革命的浪花，但其间的残酷程度与斗争深度丝毫不输于任何政治斗争。在毕飞宇的作品中，最为典型的家庭权力斗争出自《玉米》和《平原》，涉及到的是玉米与端方。

《玉米》集中于1971年到1981年间的"王家庄"村支书王连方家，其中的权力斗争触发点很小，主要从饭桌开始。王连方的长女玉米一直想要掌管家庭，占据家庭的话语权。她如同一位成熟的政治家，清醒地意识到"权力就是这样，你只要把它握在手上，捏出汗来，权力会长出五根手指，一用劲就是只拳头。"权力带来的制约性力量具有强制性的征服力，这种力量能够控制对方，令对方"听话"，正如文本所述："玉米要的只是听话，听了一次，就有两次，三次……三次以后，她就习惯了、自然了。"权力是一种习惯，无论对于权力的支配者还是权力的被支配者，当人们习惯了支配与被支配时，权力便达成了一种社会稳定状态，人们也就默许了这种权力。

玉米争取家庭权力的斗争极具策略性，她清楚地知道在父亲与母亲面前无法争取权力，她还不具备与他们争夺权力的能力与资格，因此斗争首先从基础权力做起，先确立起在同一层级的兄弟姐妹间的权力地位。于是她聪明地选择了父亲、母亲都不在家的时候，并选在了饭桌上。玉米老谋深算地采用"打拉结合"的方式，先打压后安抚这一不输于任何政治家的斗争技巧，将唯一与她力量相当的三妹玉秀制服，从而占据了家庭的基层权力，成为了弟弟妹妹们的支配者。这次牛刀小试的成功只是玉米家庭斗争的开始，从此之后讷言的玉米展开了一系列的斗争形式。她有计划、分步骤地向父亲在村里的情妇们发起攻击，明争暗斗、尖酸刻薄，将乡村的肮脏与卑微在争斗中表现得淋漓尽致。在争斗中，玉米逐渐变得成熟也逐渐冷酷无情，为了那卑微的权力甚至无所不用其极。在与妹妹玉秀争夺权力的斗争中，玉米虽然始终占据上风，但玉秀并未真正臣服，反而一直以各种方式进行反抗，因此对于玉秀的打压成为了玉米一直以来的工作重点。最后玉米故意泄露玉秀失身之事，令玉秀再次惨遭蹂躏而被遗弃，彻底绝望的玉秀终于被迫认输。玉秀终于发现自己战胜不了疯狂的姐姐，为了谋取权力的玉米"终于冲破了生活

伦理的底线，以恐怖的形式展现出它野蛮的真相。"① 而也正是以这种方式，玉米获得了最后的胜利。人性之善、乡村伦理秩序的维系，在权力争斗面前都退居身后。

《平原》中的端方随母亲沈翠贞来到王存粮家，继父的女儿红粉拒斥母子二人，粗鲁的王存粮亦未能重视二人在家庭中的地位。但是端方却对他们在家里的地位以及母亲的尊严极力维护，为此不惜与继父王存粮直接冲突。

"有一次王存粮的巴掌终于搁到沈翠珍的脸上，端方正在厨房里烧火。他听到了天井里脆亮的耳光，他同时还听到了母亲的失声尖叫。端方走出来，绕着道逼近了他的继父，突然扑上去，一口咬住了王存粮的手腕。甲鱼一样，怎么甩都脱不开手。王存粮拽着端方，在天井里头四处找牛鞭。端方瞅准了机会，松开嘴，跑回了厨房。他从灶膛里抽出烧火钳，红彤彤的，几近透明。端方提着通红的烧火钳，对着继父的屁股就要戳。"②

为了维护母亲的尊严，而母亲的尊严就是家庭的地位，母亲的地位就是自己的地位，端方为此与父亲的争斗充满了血腥与狠毒，似乎对继父充满了血海深仇。他在整个过程中表现出来的冷静与果断，已经超越了孩童的界限，由此可见少年老成的端方对此已经蓄谋已久，做好了充分的心理准备。尤其他的烧得通红、透明的烧火钳，令人不寒而栗，这也是能够威慑住继父的重要原因，端方以自己的"狠劲"争取了家庭地位。

端方在红粉出嫁当天，以不让出门要挟红粉，除非叫沈翠贞一声"妈"，否则不让出门。这次的争斗同样惊心动魄，端方选择了姐姐出嫁正准备出门的重要时刻，想到以此相逼方能令姐姐臣服，用心之深令人感慨。争斗虽然没有刀光剑影，但是凶险刻毒丝毫不弱于对继父的战争。这是一次争取家庭"名分"的斗争，以此确立自己与母亲改嫁过来的合法地位，这在中国的乡村

---

① 宋文坛. 启蒙与权力的黑色书写 [J]. 渤海大学学报（哲学社会科学版），2007（1）：53.
② 毕飞宇. 平原 [M]. 上海：上海锦绣文章出版社，2009. 4

伦理中极为重要。正如继父王存粮心悦诚服说的那样:"养儿如羊,不如养儿如狼。"虽然继父终于将家庭权力全部转交给继子端方,但是在乡村生存法则中的"强者原则",令王存粮颇感欣慰,因为如狼的儿子才能够保证家庭在乡村的地位与利益。这就是被乡村普遍认同的一种丛林法则与权力争斗。

(二) 社会组织内部的权力争斗

毕飞宇认为人在社会团体内的争斗源于"人在人上"的价值观。对于这种观念毕飞宇表现出了极大的反感,甚至称其为人身上的"鬼",他说:"我们的身上一直有一个鬼,这个鬼就叫做'人在人上',它成了我们最基本、最日常的梦。……对我们来说,不把'人在人上'这个鬼打死,'一切都是轮回,一切都是命运'"。① 但是这个"鬼"所拥有的强大生命力实难消灭。

小说《青衣》最为典型。某京剧团演员筱燕秋因为饰演《奔月》中的嫦娥入戏太深,坚持认为自己才是这个时代最后的青衣,由此引发了与师傅李雪芬、徒弟春来的激烈冲突。与李雪芬的冲突在于青衣表演的理念,筱燕秋以精湛的京剧艺术诠释出了古典青衣的幽与怨,这是对于传统的一次有效继承,然而李雪芬则颠覆了传统的青衣理念,将新时代的坚强的劳动女性形象融入了青衣作派,在艺术上欠缺但是在现实中却极为讨巧,深得社会接受。由此可见,筱燕秋与李雪芬的争斗与其说是这些艺人们争做"人上人"的世俗哲学使然,不如说是筱燕秋对青衣所固有的那种贵族气、艺术个性的坚守。如果说筱燕秋与李雪芬的争斗源于对艺术的执著与痴迷,还彼此拥有艺术的良知与感悟,那么改革开放时期重演《奔月》,由此引发的筱燕秋与徒弟春来的争斗,则充满了铜臭之气。用小说里的话说:"现在的演员脸蛋比名字出名,名字比嗓子出名",那时的"青衣"上位出彩,已经不是艺术了而是色相。当春来取代筱燕秋表演出一个春风得意的"嫦娥"且博得阵阵"喝彩声"的时候,"嫦娥在筱燕秋40岁的那个雪夜停止了悔恨,""一种有着鬼气的青衣文化,一种由筱燕秋以命相许的青衣文化,终于那么

---

① 毕飞宇. 我们身上的鬼 [C]. 见:沿途的秘密. 北京:昆仑出版社,2013. 23,24.

不情愿地离开了舞台。"① 这是一种心死,是对一种衰落文化的彻底绝望,这使得小说透露出浓厚悲凉的色彩。

(三) 身体惩罚的权力规训

在福柯看来,权力专制往往都是通过对个体身体的公开处决来威慑民众,实现社会的整体威慑与控制,并在现实监管中以限制、剥夺人身自由,实现对人精神思想的有效控制自由,并以此摧毁人的自我意识,进而实现政治权威的统治。在毕飞宇的"文革"主题小说中,我们发现政治权力运用于批斗、劳动改造、入狱、监管等方式消灭个体自由精神,建立集体的意识形态。个体在权力面前显得渺小卑微,任何反抗行为都会带来更为惨痛的灭顶之灾。应该说毕飞宇以政治权力的身体伤害为立足点,让我们看到了精神思想摧毁的过程。

《玉秧》作为"三玉"系列小说之一,描写了一个发生在1982年的故事。这个小说我们仍将其定位为"文革叙事"小说,因为"文革"虽然在时间上已经结束,但是"文革"的思维与遗毒并未被割弃,相反渐行渐长,对人的伤害仍是那么深刻。在小说中,玉秧考上了师范学校,但是这个新时期的学校却仍然停留在历史的深处,它如同"文革"的一个镜像精确地复制了"文革"思维,践行着"文革"行为原则与方法。小说中,作为学校管理者的钱主任、魏向东和班主任等人都曾是"文革"的受害者,但是他们并未反思"文革",相反在长期的浸润中反而更为拥戴"文革"思维。他们的思维高度程式化、顽固、封闭、保守且虚伪、刻毒,将学校中的学习、生活和教学变成了实现他们"文革"政治权力形式的舞台。他们如同对对待阶级敌人一样对待学生,将学生划分三六九等:班干部、积极分子、城里同学、乡下土馒头等,至上而下依次排列,界限分明。在学校里还广泛地散布着校联防队的"秘探",以此分化学生,彼此监控伤害,打小报告,甚至包括披露个人隐私。公众的尊严在新的权力秩序面前被随意践踏。玉秧作为校联防队的"秘探"被魏向东所操纵,且被其卑鄙地猥亵玩弄。但是,她却并未反省,相反却在

---

① 董之林. "身上的鬼"和"日常的梦"——关于毕飞宇的小说[J]. 文艺争鸣, 2004 (3): 27.

伤害同学的过程中自得其乐。玉秧"从受伤害到伤害他人同时又受人伤害，玉秧这个角色比起二位姐姐来显得更复杂、更不可捉摸。"① 她这个角色完全是"文革"中的专政思维赋予和塑造出来的。

《平原》中的"右派"顾先生同样是一位被伤害者，他到王家庄接受乡村劳动的身体改造与思想改造。在王家庄他负责为集体放鸭，他在惊恐中变得更加小心谨慎，时时以背诵"马、恩、列、斯、毛"论著来洗刷灵魂，在灵魂深处真正地"爱上了革命，爱上了暴动，爱上了打倒、推翻、抄家、发配和惩治"。这位被权力驯化了的知识分子彻底地脱离了低级趣味，义无反顾地爱上了"人类、国家、社会、政党和阶级，也许还包括军队"等宏大的主题，在日常生活中诚实检点未曾偷吃集体的一只鸭蛋。但是当年轻的寡妇姜好花为谋鸭蛋而诱惑顾先生时，这位能够抵御住"食"的诱惑的被改造的人，却最终未能抵挡住"色"的诱惑，并因此损失了集体的"一百四十六个鸭蛋"。顾先生正如同张贤亮所写的《男人的一半是女人》中的章永璘，长期的政治高压与权力迫害已经令他失去了自我意识，人的本能欲望被政治权力的观念压抑，面对女人与性的时候往往表现出的是生理的退化，而实质上这是精神阉割的一种外在表现。

二、权力产生的民间资源

人类对于权力有一种先天的迷恋，正如鲁迅在《灯下漫笔》说的那样，中国的历史简而言之可以归为两种，即"想做奴隶又做不了的时代"和"暂且做成奴隶的时代"。只要有想做奴隶的民众就会有想做主人的枭雄，这是支配与被支配的关系。对此毕飞宇说："构成中国人内心的软件中，权力的影响太大了。主要是文化的影响，从'学而优则仕'开始，传统的文化，非政治体制的东西也影响人对权力的思考与追求。比如，一提到腐败，人们就讲到了权力。权力、权力的动作、权力的恐怖性，专制、专制的运作、专制的恐怖性必须从民间的角度去解答。尽管民间是被动的一方，但被动的一方是土

---

① 刘绪义. 性政治：成长中的生态符号——解读毕飞宇的《玉米》[J]. 理论与创作，2004（3）：93.

壤，官方的腐败是在它的土壤上成长起来的。这是一个毒蘑菇，但在它的土壤上长出来的。"① 权力需要土壤，民众对于权力的态度和对于权力的运行模式产生极为重要的影响。换而言之，是民众培育起了权力的威慑力。

（一）民间的等级观念

乡土中国一直存在门第观念，这种观念随着新中国的建立似乎已经瓦解，但是这种瓦解仅仅停留于宣传与口号，在现实生活中它并未彻底消失。《平原》中，地主的后代三丫喜欢上了贫农的儿子端方，这在旧社会因为地位的悬殊是绝对不可能发生的事，在新社会同样也会因为身份地位而被社会排斥，只是地主与贫农的双向关系发生了逆转，现在变成了三丫高攀不上端方。其至连三丫的母亲都认为她配不上端方，把她看作"毒蘑菇"。由此可见社会等级关系始终顽固地存在乡土中国，只是经常改头换面地出现而已。这种等级观念在任何时代都不乏坚定的维护者，这些维护者不一定是政治权力的直接执行者，他们往往是底层百姓，因为他们的等级观念已经深入骨髓，内化为他们认同的伦理准则，因此一旦有冒犯者他们必将自觉地群起而攻之，其积极程度、强悍程度与残忍力度绝对不弱于任何极权整治。端方与三丫"他们触犯了不同等级的青年男女不能恋爱这一道德'天条'，付出的代价便是爱情的毁灭和生命的丧失。"②

"王家庄"同样保持着根深蒂固的等级伦理秩序，主要表现为官民等级、成分等级的差别，这种等级观念在乡村甚至能够生成基本的价值判断与道德标准。在王家庄村支书王连方与吴蔓玲拥有绝对的权力，因为掌握权力使得他们在王家庄拥有绝对的话语权，王连方利用权力占有乡村女性，吴蔓玲则利用权力获得了超越知青身份的尊重和荣誉。根据弗雷泽《金枝》中的"接触律"原则，权力拥有者的近亲因为与其亲密的关系而同样分享了权力的荣耀，在中国则被称为"一人得道，鸡犬升天"。玉米因为父亲而被村里人誉为"凤凰"，这是民间表达权力崇拜与敬畏的一种最为直接的方式。在权力地位

---

① 毕飞宇，周文慧. 内心的表情——毕飞宇访谈录 [J]. 长江文艺，2003, (12): 66.
② 宋文坛. 启蒙与权力的黑色书写 [J]. 渤海大学学报（哲学社会科学版），2007, (1): 52.

中占有优势的玉米在婚姻中也具有了优势,"就是媒婆们见到玉米通常也是绕了过去。皇帝的女儿不愁嫁,哪一个精明的媒婆能忘得了这句话。玉米这样的家境,这样的模样,两条胳膊随便一张就是两只凤凰的翅膀。"① "这样的家境"是玉米优越性的最为重要的支点,这种优越感要求玉米需要攀上更高的枝头,当然一般的农村小伙子是不敢高攀的。然而,因权力而来的必将会因为失去权力而去,父亲王连方因作风问题被"双开",权力背景的突然失去导致玉米身价大跌,"凤凰"之说肯定不再有了,甚至连订好的婚约也被毁。此番变动令玉米更加坚信权力的重要性,为了稳住家族的权力与地位,玉米最后只能做"续弦","下嫁"给革委会主任郭家兴,以此挽住了即将崩塌的家族权力地位。

吴蔓玲在王家庄也遇到了同样的生存逻辑,官贵民贱的思想表面上为玉米、吴蔓玲带来了荣耀,但实质却影响到她们婚姻的幸福。对不平等的权力等级的认识,使人们要求婚姻上的匹配,"为官的高人一等,中国传统'官本位'的思想在当代不但没有被革除,反而以各样的形式遍地开花,延伸到国家肌体的每一个神经末梢,即使在最小的行政单位——村庄里,也大行其道。"②

(二) 父权制的乡村传统

中国父权制传统极为漫长,漫长到能够以集体无意识的方式烙印在一代又一代人的内心之中,无论你多么优秀都很难走出男性的阴影与窠臼。在毕飞宇的作品中有一群强硬的女性形象,她们拥有超凡的意志力与行动力,以及对于权力的无限期望与执著。但是她们获取权力的方式却仍然是依托男权,在攫取男权的同时又以男权维护自己的既得利益。毕飞宇的"三玉"系列小说中,权力的掌握者都是男性:王连方、郭家兴、魏向东等。甚至连玉米等女性也都认同男性地位,认为一个家庭要生男孩,自觉地认为她们七个女儿的存在非但不能给家里带来任何荣誉,反而是一种对全家颜面尊严的伤害。

---

① 毕飞宇. 玉米 [M]. 北京: 人民文学出版社, 2013. 7.
② 叶雯雯. 毕飞宇的"王家庄"世界 [J]. 文学评论, 2012 (1): 11.

即使是《平原》中成为支书的吴蔓玲,她虽然已经拥有一定的政治权力,但是依然在精神上完全依赖上级洪大炮,甚至对他"前途无量"的评语念念不忘,并据此推掉了逃离乡村的机会。

我们可以看到,"在由男权主导的封建氛围中,女性处于男性权力话语的笼罩、遮蔽之中,伦理、政治和文化上对女性的压制和侵害,在男权中心的话语系统中,往往反倒被无所顾忌地置换为对女性人格尊严的单向度指责。"① 更为可悲的是女性在心理上认同父权制的支配,认同父权制社会的价值观。因此玉米在床上主动讨好郭家兴,玉秧被魏向东诱奸后表现得极为坦然。当王连方下台后,村里的男人极为卑鄙猥琐地强暴了玉秀、玉叶,以此表达他们对于王连方长期压制的反抗。他们即使在王连方已经下台后仍然缺乏直面他的勇气,而是将暴力指向了他的女儿们。面对男性群体表现出的懦弱卑鄙、麻木丑陋的嘴脸,玉米、玉秀她们并没有觉醒,更不觉男性的不可靠,相反,她们宁愿成为权力的牺牲品,也要借助男性手中的权力来实现自己的目的。

(三) 个体化的权力欲望

"中国自古以来就是一个王权国家,强权专制使得在其子民的文化心理结构中,一方面是对权力的崇拜和欲望,另一方面却是由对权力的畏惧而生的奴隶性。"② 对于权力每一个人都怀有自己的欲望,只是并非都是占有欲,还存在一种敬畏与崇拜的心理。而也正是由于这两种心理的存在,保证了社会的稳定发展。在毕飞宇的很多作品中,无论背景景观如何转换,他对于权力主题的关注、对于权力背后"人"的观察却始终没有发生变化,这是他权力主题小说的一个重要特征。面对权力每一个人都表现出了自己的姿态,比如在《孤岛》中,为争夺扬子岛的统治权,雷公嘴、文廷生、熊向魁之间展开了血腥的争斗,在斗争中他们人性的恶得以全面细致地展开。但是最为吸引人的还不是这些争夺权力的人,而是那些对权力无限崇拜的被支配者们,即

---

① 简圣宇,李蓉. 一场伤情的女性悲歌——对毕飞宇小说《玉米》的女性主义解读[J]. 巢湖学院学报,2005(1):114.
② 徐安辉. 文化批判视野下的人性解构[J]. 宁夏社会科学,2006(5):148.

扬子岛的民众们。他们认为能成为真龙天子的奴隶"是他们生存的一大意义和一大乐趣。"因此他们坚持认为文廷生是白龙家族云游四方的太子,并据此表现出了对文廷生近乎狂热的敬畏,而一个迷信、蒙昧、粗野的民间就这样突兀地出现在读者面前。他们双方的共同表现使"扬子岛是中国社会的一个缩影,而扬子岛上的臣民们则是传统中国乡村儿女的典型。"① 从中我们发现了"对权力的膜拜从古到今没有什么改变,甚至越演越烈了。"导致权力机制如此运转的一个重要原因就在于我们深层的民族心理的权力崇拜欲,而这也是限制中国社会现代性发展的一个重要障碍。

第三节 人性之"恶"主题的文学诠释

"人性"是毕飞宇小说创作的一个核心主题,他始终坚持着对现实社会的关注以及对于人性的深刻把握,并将其作为自己的创作理念与审美追求。正如他在《推拿》访谈录中所说的那样:"不涉及人性,就无法写盲人。"② 同样,若不涉及人性,毕飞宇就无法把握笔下的人物,就如同盲人世界的黑暗一样。毕飞宇笔下人物所呈现出来的人性往往都是扭曲、丑恶、阴暗、刻毒的,人性之恶几乎成为了毕飞宇小说创作的主要方向。他在一次访谈中说:"我对我们的基础心态有一个基本的判断,那就是恨大于爱,冷漠大于关注,诅咒大于赞赏。"③ 但是我们并不能据此指认毕飞宇是一位内心阴暗的作家,也不能据此确认毕飞宇的小说就是一种继承鲁迅的批判文学。因为当我们深入到作品之中就可以发现,毕飞宇在呈现人性之恶的同时,并未表现出狂欢化式的"恶"之沉迷,也没有表现出痛心疾首的强烈的批判意识,他的作品更多地表现出的是一种宽容、悲悯的"救赎旨归"。总而言之,毕飞宇在他的文学作品中,以准确、饱满、鲜活的语言,寄托了对人之生存困境的无限悲

---

① 徐安辉. 文化批判视野下的人性解构 [J]. 宁夏社会科学,2006 (5):148.
② 丁洋,毕飞宇. 不涉及人性就无法写盲人 [N]. 中华读书报,2008 - 10 - 27.
③ 毕飞宇. 地球上的王家庄 [M]. 北京:新世界出版社,2002. 378.

悯与同情，他勘探人性之奥秘，并进行着救赎的努力。

一、尊重的需要与现实冲突

弗罗姆在《爱的艺术》一书中提到了爱情的基本要素：关心、责任心、尊重和了解，"尊重这个词的出处，就是有能力实事求是地正视对方和认识他独有的个性。"① 马斯洛在讨论人的五种层级的需要时，提出了：生理的需要、安全的需要、爱和归属的需要、尊重的需要和自我实现的需要。这五层需要由低到高依序实现，如果低层次的某一需要突然断裂，人的需要将会降到那一层级。在马斯洛的排序中，他将尊重的需要放在第四层级，是人类较高的一种需要。在现实生活中，一个人的尊严从某种意义上说正是一个人最为核心的价值。毕飞宇对尊重需要的关注，正是他对人性价值核心的关注与思考。

在毕飞宇所有作品中，《推拿》应该是表现尊重需要最为强烈的作品。对此，毕飞宇有着自己的认识，他认为："尊严的问题不再是一个可有可无的问题，在中国，它几乎是一个社会问题，是的，一个社会问题"。② 既然是一种普遍性的社会问题，那么作家就有义务去表现出来。如何去表现呢？毕飞宇找到了最需要尊重的一个特殊群体：盲人。因为身体的残疾，盲人们在社会中举步维艰，他们不愿承受人们的歧视，但是更无法忍受人们泛滥的同情，因为同情与怜悯本身就都是一种伤害。在毕飞宇的生命体验中，盲人给了他极大的情感冲击，"如果说盲人对我有什么冲击，他们的尊严感最令我动容。写这本书，一是想把盲人的黑暗生活拉到光明地带来，二是让人们看看，什么叫有尊严。尊严感是生活里必不可少的东西。"③ 毕飞宇将人性尊重的需要置于盲人群体是一次最为恰切的选择，盲人因为特殊的生理原因是表达尊严最直接、最具承载力意义的载体，因为盲人拥有超出常人的强烈自尊心。他们虽然生活在黑暗中，但是在生活面前他们始终保持着个体的尊严。因此，我们可以说，《推拿》是一部有关尊严的作品。

---

① 〔美〕艾弗罗姆. 爱的艺术 [M]. 李健鸣译. 北京：商务印书馆，1987. 21.
② 毕飞宇.《推拿》的一点题外话 [J]. 当代作家评论，2009（2）：26.
③ 邢虹. 毕飞宇：尊严感是生活里必不可少的东西 [N]. 南京日报，2008 - 11 - 6（B06）.

第二章 历史、权力与人性：小说主题转换

在现实生活面前正常人很容易妥协，为了各类的理由和借口。但是在我们看来行动上更加困难的盲人们，他们在生活面前却表现出强烈的原则性，他们不愿意为生活出卖本就微小却珍贵的尊严。守护尊严成为了他们生命当中重要的命题，由此我们看到小孔不愿意为了多揽几位客人而给前台塞钱，她只认可凭着自己的劳动赚钱；都红"不愿意一辈子活在感激里头"，不能接受观众因同情而给予的掌声，因此决然放弃音乐；王大夫人残志坚用血还清弟弟欠下的债务。《推拿》中的盲人们宁愿以身体的伤害来换取尊严，尊严是他们人生中唯一不能舍弃的东西，是他们的生存动力。在这问题上，他们一点也不比正常人低微半分，身体的残疾无法克服，但是他们依然在追求精神心灵的高贵与圆满。

因为对尊重需要的坚守，使《推拿》中的盲人这一社会边缘性群体拥有了生存的质感。在这些有尊严感的盲人周围，毕飞宇又设置了一群丧失尊严的正常人。王大夫的弟弟和弟媳没有工作，没有住房，是一对典型的"啃老族"。他们即使面对哥哥也并未感到羞耻，消费似乎成为了他们生活的重心，弟弟甚至贪恋赌博。即便如此，这位正常人还要时常抱怨生活与命运，尽然厚颜无耻地责备父母："你们为什么不让我瞎？我要是个瞎子，我就能自食其力了！"[①] 当王大夫以自残的方式斥退那些讨债的赌徒之后，他又陷入了深深的自责当中，发现自己身上带有着流氓气的一面。对此毕飞宇曾说过："王大夫大概是我所描述过的人物中间最美好的一个人了，我当然希望王大夫能够长久地活在读者的记忆里。其实，王大夫身上也有流氓气，可以这么说，我们中国人的身上多多少少都有一些流氓气，这是很'根性'的东西，带有普遍性。王大夫最大的不同就在于，对自己，他有批判的精神，他有自省的能力，他在我的心中是很有价值、很有分量的。"[②]

毕飞宇小说中有很多人物无视尊严，或者以尊严来换取权力与利益，如《青衣》中的筱燕秋、《玉米》中的玉米、《玉秀》中的玉秀、《玉秧》中的玉秧等。毕飞宇看到了尊严的可贵以及现代人对于尊严轻描淡写地抛弃。因此

---

① 毕飞宇. 推拿 [M]. 北京：人民文学出版社，2008. 244.
② 张莉，毕飞宇. 理解力比想象力更重——对话《推拿》[J]. 当代作家评论，2009 (2)：32.

毕飞宇说道："在我看来，现在越来越多的人，已经不懂得尊严和不要尊严，这是很可怕的事情，也是我着重于这个主题的缘由。"① 应该说，对于尊严的关注是毕飞宇极力关注的当下的一个重要文化症候。如何去重新唤起人们的尊重需要，不仅是作家的应尽之责，也是我们时代的重要命题。毕飞宇以文学的方式透视物欲横流社会之中尊严的高扬与失落，并以此来表达追问人何以为人的人类永恒命题。

二、探向精神空间的人性之恶

毕飞宇笔下所表现出的人性之恶，往往并非以直接而狰狞的面目出现，而是被置于乡村的迷信和知识分子的软弱，以及人性普遍具有的冷漠、嫉妒、报复和占有欲等一般负面情感之下，从而展现出恶之暴力的间接性以及给人带来的生存困境。这在《蛐蛐 蛐蛐》之中体现得尤为明显，这篇小说是通过二呆寻找蛐蛐的过程串联起的三个关于死亡的故事：生产队长"九次"纵欲过度而死；幺妹溺水而亡；小老头神秘死亡。这些在"文革"时期很普通的事件被毕飞宇十分巧妙地、智性地与蛐蛐联系了起来，以虫喻人，借蛐蛐的好斗性暗指人性的残恶，从而揭示了在特殊年代里的人性的扭曲与变异，全文充斥在死亡、幽暗、恐怖的氛围内。正如部分批评家认为的那样，"在先锋作家经常表现的荒谬、暴力、死亡、性、欲望、罪恶等主题话语中，暴力与死亡是最为普遍与突出的。在过去的文学描写中，暴力主要与对恶人的描述相关联。但在先锋文学中，暴力成为一种普遍意义上的生存景观，它不仅是那些社会规范之外恶人的行为表征，也不是人的偶发的意外的行为，而是几乎所有人都或明或显存在的一种普遍人性。"② 先锋派作家关注人性之恶，将暴力升级为一种普遍性的存在，在对人性普遍阴暗性的观察中重构文学世界。毕飞宇的小说同样具有此类"还原丑恶"的精神内核。无论是长篇小说《青衣》、《玉米》等，还是短篇如《蛐蛐 蛐蛐》之类都呈现出了暴力与黑暗的特点和性质。不同于先锋作家的是，毕飞宇抓住了潜藏在人性中极为重要的

---

① 杨雅莲. 毕飞宇：没有光也要好好活 [N]. 中国新闻出版报，2009－4－3（8）.
② 张永清. 新时期文学思潮 [M]. 北京：中国人民大学出版社，2003. 118.

第二章　历史、权力与人性：小说主题转换

且善于伪饰起来的"软暴力",他以软暴力的形式揭示人性中的恶。

在《蛐蛐 蛐蛐》这篇小说中,作家借蛐蛐的好战与咬斗来隐喻人际关系,尽管文中没有正面直写人与人之间的"批斗"、残害,但是压抑、蔑视、冷漠等"软暴力"无处不在,它们隐藏在村里的每个阴暗角落里,掩饰在每个人的心中,而这却往往比血雨腥风的硬暴力更让人怵目惊心。这篇小说淋漓尽致地写出了"文革"时代令人发指的荒诞行径,它们在迎合人性之恶的同时,也从根本上动摇了人性之善。找蛐蛐、斗蛐蛐以及那些死亡事件暗藏了复杂、丰富的时代信息:残酷的阶级斗争风暴、右派知识分子和知青的迷茫与悲哀。也就是说《蛐蛐 蛐蛐》最引人注目的不是怎样捉到上好的蛐蛐,而是毕飞宇借此喻彼,揭露了人性当中的丑与恶的积极性和对其的批判性,特别是人性中的好斗与冷漠依旧是今天作家、评论家以及社会所关注的主题。

"软暴力"作为一个超越性的文学主题,在中国的现当代文学中具有一定的传统,追本溯源我们可以推至鲁迅的"看客"群体。就群体心理的表现而言,《蛐蛐 蛐蛐》无疑可以称之为向鲁迅致敬的一篇作品。被"九次"强奸的女知青正如《祝福》中的祥林嫂,不断地向看客重复展露自己的创伤,一个上午便将夜里发生的事情重复了一千遍,直到无人问津甚至引起厌烦。在民兵连长厌烦的呵斥中,女知青"脱色的脸上布满了寒冷、饥渴和绝望,绝对是一个死人。"可以说女知青精神的死亡是生产队长"九次"与村里的看客们共同"努力"的结果。在文中"九次"对于女知青的暴力伤害采用的是隐笔,是借女知青之口转述而来,因此缺少了血腥与暴戾之气。相反,看客对于女知青的伤害采用的是直笔,最终给予她致命一击的是看客,"都听腻了的人们"与"实在不耐烦的民兵排长"令女知青走向了与祥林嫂类似的精神死亡之路。这是"软暴力"在小说中的第一次"牛刀小试式"地出现。群体"软暴力"在小说中的第二次出现围绕着丧女的六斤老太,单从六斤老太的命名上我们就已能窥到鲁迅《风波》的影子。六斤老太以自我言说的方式拒绝女儿幺妹死亡的事实,村里人在劝说无效之后,情感由"不踏实"、"心如刀绞"转变成了"毛骨悚然",情感的转变使人们再也不劝六斤老太,甚至到了见了就躲的程度。人们的遗弃最终强迫六斤老太不得不承认残酷的事实,开始转向在亡灵转生的蛐蛐中寻找自己的女儿。这是一次群体对于六斤老太的

二次伤害，残忍而直接。

　　群体暴力在小老头的死亡事件中最终达到了高潮。从小说的细节处我们可以推断小老头是上海知识分子，掌握三门外语，右派，下放到村里的学校敲了十年的钟。村里人疯传小老头嘴里有五根舌头，人们对于小老头的遭际不感兴趣，却对传说中的五根舌头充满好奇。但是小老头的十年沉默没有给村里人任何观看五根舌头的机会，当小老头伤心嚎哭之际，人们没有给予同情与关切，相反村里人却奔走相告，全村人都去围观。最终，小老头嘴里的一根舌头令村里人失望地离去，"把小老头一个人留在冬天的风里。"这滑稽荒诞的故事情节背后隐藏着阴暗、庞大的群体，他们的围观与冷漠令小老头的冬天格外寒冷。底层民众那些处于"群体中的人的思想行为会接近那些最低水准的人的平均水平。"① 而群体心理往往表现出"它对理智的蔑视、它的暴力、狡诈以及专横。"② 五根舌头这类荒谬绝伦的谣言能够被流传、认可，也只有在群体中才能得以实现。群体的集合自然产生力量，而这种力量具有极强的破坏性与杀伤力，即使如《药》、《藤野先生》中的围观也能产生伤害。小老头正是在群体的误解、漠视中孤寂地死去，死得卑微而肮脏，腐臭尸体上飞舞的苍蝇、汹涌的蛆虫，令这位生前寂寞死后"热闹"的小老头充满了悲剧色彩。

三、物质主义背景下的人性异化

　　上世纪八十年代中国进入了前所未有的经济蓬勃发展时期，改革开放三十几年的历史进度跨越了欧美百年间的现代历程。然而在高速发展的背后则是严重的现代性危机，乡村伦理、社会伦理、社会秩序、城市文明、经济伦理等问题在现代性冲击之下，从社会整体中凸显出来。科学发展观的长远规划，需要我们解决这种现代性危机，提升人们与社会在思想层面的高度，以

---

① 〔法〕塞奇·莫斯科维奇. 群氓的时代 [M]. 许列民，薛丹云，李继红译. 南京：江苏人民出版，2003. 17－18.
② 〔法〕塞奇·莫斯科维奇. 群氓的时代 [M]. 许列民，薛丹云，李继红译. 南京：江苏人民出版，2003. 12.

跟进经济发展的速度。因此文学必须而且也有义务肩负这一重要的责任。

从毕飞宇的文字中我们能够发现一个现象，即毕飞宇对于权力和资本充满了不信任、拒斥甚至恐惧。他认为："我们是在'穷疯了'这个背景下踏上挣钱之路的，说白了，我们在挣钱的时候心里只有钱，没有人，换句话说，我们的心中没有'他者'。"① 这是一次人生观、价值观的剧烈颠覆，从建国以来"穷光荣"的价值判断突然转向"富光荣"，一个人的地位、话语权、尊严等都以金钱作为了衡量标准。这种颠覆令那些"没学会做人，先学会挣钱"的暴发户，在金钱获取方面失去了原则，他们轻易便超越了法律制约，同样也轻易践踏了伦理自律，所谓的亲情、友情、爱情等等人类最为珍贵的情感都被物质主义所覆盖，人性开始真正进入所谓拜物教时代。面对物质主义背景下人性的迷失，毕飞宇沉痛反思："处于高速发展的时代与遇上一场战乱没有区别，每天都在和和美美地妻离子散。这对于小说家来说是一个很好的时代，有很好的素材。我们看到的外部世界如此繁荣、强大，其实内心破烂不堪，外部不停地在建，内部不停地在拆迁。"② 在毕飞宇眼里所谓的经济繁荣的表现不过是金玉其外败絮其中，人们内在本质的不断堕落最终必将会影响经济的发展，甚至将其直接拉下神坛。我们在追逐经济的高速发展的同时，需要对人内在的心理、情感、思想、人格，以及社会伦理、社会秩序等进行同步的建设，以保证内外同步、互为促进、和谐发展。

毕飞宇也许是一位具有悲观心理的作家，在整个社会都在为资本的引入欢欣鼓舞之际，他却看到了它的负面影响，甚至极为纠结于资本的罪恶之源。他将金钱作为一种罪恶根植于人的精神世界之中，在现代物质主义的操控下，毕飞宇感受到的是真善美在社会中整体的隐退。资本具有一定的魔力与威力，《青衣》中搁浅二十多年的《奔月》被烟厂老板的一句话而重新搬上舞台，而钱可以令骄傲的剧团团长乔炳璋瞬间变得卑微，自诩嫦娥的"最后一位青衣"筱燕秋因为烟厂老板的赞助而再次登台，她为此丢弃尊严，献身于烟厂

---

① 毕飞宇. 推拿 [M]. 北京：人民文学出版社，2008. 322.
② 金雯. 毕飞宇：外部不停地在建，内心不停地在拆迁 [C]. 见：世界观2011. 上海：文汇出版社，2012. 41–42.

老板。在整个过程中，所有的人都认为老板提供了钱，那么一切的"付出"都是应该的、合理的。然而，价值观与道德观的混乱颠覆，才应是整个社会在追逐金钱过程中生成的最大的悲哀。在这个意义上，毕飞宇以文学的方式透过皮相，发现了当下社会中被扭曲的价值观现实。

在小说《家里乱了》中，人民教师乐果与不会挣钱的丈夫苟泉清贫地生活着，但是乐果崇尚金钱，崇尚富贵的生活。一次偶然的外遇让她从老板那得到八百块钱，耻辱感很快便被获取金钱的快乐取代，就此乐果迅速堕落，在夜总会里出卖身体而毫无愧意，直到被捕曝光，她也不曾悔改。由此令读者看到了金钱的威力，它可以轻易地颠覆一个人长期养成的价值观，颠覆的彻底而干净。最为令人悲哀的是，乐果的丈夫苟泉好似旁观者，十分坦然地享用着妻子用堕落而"换来"的物质生活。这种价值观的混乱同样出现在《生活在天上》中，小说里蚕婆婆的儿子玩世不恭地说："不结婚有不结婚的好，只要有钱，夜夜我都可以当新郎"；在《元旦之夜》里发财的发哥"最大的愿望就是睡遍天下所有的美人"。价值观的扭曲在毕飞宇看来较为集中地出现在那些捞到第一桶金的人即俗称"暴发户"的心中。他们精神的空虚在贫穷时因借助于劳动而显得淳朴厚道，一旦金钱的欲望得到超越期待的满足，那种空虚就需要用对社会秩序的破坏来填补。

物质主义盛行的当下不仅导致社会整体的精神滑坡，更将卷入其中的人们冲击得七零八落，掏空他们的精神世界，使之变成可悲的、可怕的人。毕飞宇以漫画的方式、反讽的手法夸张化地呈现出现代"空心人"的都市生活，深刻地讽刺了当下的物质主义、享乐主义、拜物教等价值理念。小说《遥控》中那位肥胖青年，深居现代化的高楼大厦之中，他的全部生活就是一部大哥大、一把遥控器，连接着外界，操纵着他人与电视机、影碟机、音响、空调等等。他没有与外界的直接联系，没有亲朋，没有社交，生活被彻底抽空，正如毕飞宇以鱼借喻解剖现代人畸形的生存方式："一个被扒去五脏六腑的生命何以能够如此休闲、如此雍容，实在是一种大恐怖。"《款款而行》里的暴发户阿鸡，《与阿来生活二十二天》中的那帮兄弟姐妹，粗鲁、傲慢、玩世不恭、浑浑噩噩，讲究及时行乐。毕飞宇在此类作品中表现出的是深切的恐慌与急切，而这也是我们整个社会亟待解决的当下问题。

第二章　历史、权力与人性：小说主题转换

毕飞宇往往站在"爱"的立场上去重新审视金钱的问题，尤其是那些为了改善父母与子女的生活拼命工作、谋取更多金钱的人们，这本是一种重伦理的优良传统美德，但是结果却往往适得其反。空巢老人、留守儿童等问题，已经成为社会普遍现象，既影响老人的心情，同时也危及孩子们的心理健康。《哺乳期的女人》中可怜的留守儿童旺旺，因为父母在外搞运输而与爷爷相依为命，缺少父母亲情的旺旺贪恋象征母爱的乳房而被爷爷狠揍一顿，从此变得孤僻早熟，为了孩子的未来而拼命挣钱的父母最终却毁了孩子健康的人生。《彩虹》中的小男孩属于城市留守儿童，他被忙于工作的父母经常性地留在豪华的家里。他们以爱为奋斗的前提，但是却忘记了真正的爱是给予孩子温暖的呵护与守候，不是物质的满足。结果只能是亲情的疏离。

当人与人之间的正常关系、普遍关系被物质关系、金钱关系所取代时，人们就会不自觉地进入赤裸裸的商品关系当中，而这种关系也直接冲击着乡土中国固有的伦理体系与价值规范。经济高速发展在提升人们物质生活的同时，也击毁人们的精神世界。价值观与世界观的崩塌与颠覆、人性的异化与退化，必将构成我们整个社会的精神创伤，深入骨髓，难以愈合。这是我们时代的一个难题，而毕飞宇的叙事与思考对于现实具有重要的意义。

第三章 毕飞宇小说中的弱势群体

毕飞宇文学创作中塑造的人物形象具有鲜明的审美特征,在他的小说中人物形象具有一定的开拓性与颠覆性,作品关注的焦点往往聚焦于那些在日常生活中"沉默的大多数",那些反复被生活"伤害"的人。这些人物在与命运的博弈中,在与生活的斗争中永不服输,他们痛苦的生命体验与屡败屡战的不屈精神点染了中国当代文学的人物画廊。毕飞宇曾说过:"中国的历史有一个特点,每一次狂欢过后,总有两个人要被揪出来买单,一是农民,二是妇女。"① 这些失去话语权的弱势群体以自己的弱小承受历史、社会之重,毕飞宇正要以文学去表现他们的生活与思想情感,为他们发出自己的声音,成为一个独立的发声群体。正是在这种斗争精神中,毕飞宇小说中的人物具有了顽强的生命力,通过日常生活场景与细节,那些小人物的行为、情感、心理和个性被细腻的文字生动呈现,直逼人物的心灵深处,深刻而叩问灵魂。

第一节 疼痛与抗争:毕飞宇笔下的农民形象

在毕飞宇的小说创作中,人与人之间的"伤害"一直是一个重要的母题,毕飞宇曾说过:"我作品的思想意味或者母题是'伤害'。作品读了以后,给

---

① 舒晋瑜. 毕飞宇:《平原》是一个完美的旅行 [N]. 中华读书报,2005 - 9 - 28 (13).

人的感觉是不愉快的、压抑的。我的美学趣味是喜欢悲剧。"[①] "伤害"之于客体会产生"疼痛"的表层生命体验，同时也会激发客体的反抗精神，当客体面对难以抗拒的命运时，他们的挣扎与反抗往往是徒劳无功的失望、无望与绝望。这种伤害对象在毕飞宇的小说中往往表现为那些底层农民与乡村妇女（一个在男性之下的底层群体）。毕飞宇农村题材的小说主要围绕着王家庄展开叙事，在这个具有象征意味的中国乡村中，无论是政治斗争，权力之争，还是与命运抗争，也不论是男女，他们都在日常生活的琐碎中彼此伤害，同时又在一个更为宏大的历史背景下被无法抗拒的力量伤害。他们的抗争是永恒的主题，失败也是注定的前置性命题，他们都是一种悲剧的存在，只能在抗争行为本身的过程中去寻找生命的意义与价值，这是一种如入无物之阵的虚无的反抗，最终体验到的只能是宿命式的悲剧生命历程。

一、"文革"背景下的乡村叙事

"文革"一直是中国当代作家一个极为关注的命题，它给历经其间的人们带来的精神伤害在反复言说中被不断放大，而"创伤"几乎在很长一段时间成为了"文革"书写的关键词。新时期之初的文学作品对于"文革"的单向度式简单粗暴的描写，再次让我们看到了"文革"思维对于作家的深刻影响，这种影响似乎深入骨髓，这种以"文革"思维反"文革"才是我们时代更大的悲剧。对于毕飞宇而言，"文革"主题同样是他极为关注的一个话题，在他的整体创作过程中涉及"文革"题材的小说占有极大比重。但是毕飞宇并没仅仅停留于"文革"政治伤害的表层认知，他以自己独特的思考方式与言说方式，书写出区别于其他作家的"文革"故事。在一次访谈中他说："在'伤痕'文学里，那个'文革'是'文革'的行为，我的作品里面几乎没有涉及这个，我的重点是'文革'的细化，也就是日常性，我所展现的是'文革'进入日常生活之后的状况。我所面对的不是特殊人群，比方说，被冲击的红色家庭、被打倒的权贵，我面对的只是最普通的那些人，也就是所谓的'黎民'，我感兴趣的是'文革'作为一种文化是如何进入'黎民'的婚丧嫁

[①] 毕飞宇，周文慧. 内心的表情——毕飞宇访谈录 [J]. 长江文艺，2003 (12): 67.

娶和一日三餐的。"①

纵观毕飞宇的文学创作，我们可以看到他的"文革"叙事的独特性主要表现在：一是，日常生活的细化方面。在很多作家笔下"文革"是以赤裸裸的政治伤害者形象出现，比如《伤痕》、《班主任》、《1986年》等，在政治环境谈论政治事件与政治伤害。而毕飞宇则将"文革"融入日常生活中，从日常生活反观"文革"，"文革"作为一种背景存在，它是一个"场"，给了人们释放本性的机会，正是在这个背景下个体的表现有了依托。二是，关注农民。毕飞宇所谓的"黎民"是指乡土中国的底层民众。这是一个最为基本的群体，他们参与"文革"却又保持着距离。他们没有遭受"文革"的直接冲击，因此没有知识分子、权贵们的愤愤不平，但是他们的生活却不折不扣地被"文革"深深影响。这种角色定位给了他们观察"文革"历史的合理距离与全新视角。三是，关注农民的命运、思想与精神状态。将农民作为主体观察对象，发现他们参与历史进程的基本方式，以及在历史面前的命运转变。四是，寻找"文革"文化介入人们日常生活的方式。努力发现"文革"文化作为一种政治力量如何进入人们的思维方式，影响人们的日常生活。

对于"文革"本身毕飞宇并未做宏大叙事式的文学书写，只是将作品中的小人物置于"文革"的政治环境中，以此作为观察人物的人性异化、命运抗争与生活悲剧的大背景，将农民置于历史与命运的宏大概念之下，去表现他们的精神苦难、心灵伤害以及欲望泛滥与压抑，发掘他们的生存悲剧、命运悲剧的文化与思想根源。然而对农民的关注与同情并不意味着没有原则的情感泛滥，毕飞宇对于农民群体始终保持冷静，他既同情他们，同时又清醒地发现他们身上的根本性问题。毕飞宇曾说过："我对乡村的情感只占一半，另一半是警惕。所谓的大多数沉默的人身上的许多东西令人恐怖，比如人性的恶。我们应模糊人性的恶。在许多作品中，当高科技、工业、多媒体侵入生活时，许多人把乡村当作自己的乌托邦。仿佛一回到乡村，回到小国寡民，一回到农业文明，所有现代的负面影响就会解决。这其实是很幼稚的。在中

---

① 沈杏培，毕飞宇."介入的愿望会伴随我的一生"——与作家毕飞宇的文学访谈［J］.文艺争鸣，2014（2）：51.

国的乡村中,中国的农民是不可信赖的。面对农民一上来就不要命地抒情,这对中国的文学也是有害的。以往的作品中写农民,写他们的憨厚、勤劳、朴实、善良,已经类型化了。我的努力得益于我对鲁迅的解读。鲁迅对这个问题的认识很深刻,这也是他的小说深刻并高出同时代的其他作家作品的原因。面对乡村,面对乡村人物要完整地看待他们。我们看他的白天,看他的黑夜;看他的左手,看他的右手;看他眼里的浮在表面的木讷,也看他眼里沉在底下的狡诈。[①] 毕飞宇对于农民的观察视野宽阔,同时评价标准相对公正,不一味颂扬,亦不一味贬低,他们作为一个完整的人既有令人尊敬的品质,也有阴暗狡黠的一面。这种认识上的客观性,才能保证还原农民的本真形象。

毕飞宇对"文革"中的王家庄的观察正是如此,在这个具有隐喻色彩的中国乡村世界,充斥着浓郁的政治色彩。但是真正伤害农民,给村里人造成精神压迫与心灵创伤的最为直接的执行者仍是村里人,是农民自己借着"文革"的政治力量有意释放着自己的邪恶,换而言之是人们利用了"文革"的力量去释放出自己的力量。因此毕飞宇在小说中少有表现"文革"对知识分子的伤害,没有痛斥"四人帮",更没有控诉时代,也不去表现"文革"中的英雄。毕飞宇只是以日常生活的处理方式来处理小说,去表现王家庄人们的强悍的生命力,他们有理想有追求是一群鲜活可感的群体。但是他们的邪恶本质也在不断地被暴露,"文革"只是一个诱因,诱导出他们内心深处真实的本我力量,他们的邪恶是他们悲剧命运的一个必然原因。这是传统知识分子式的"反求诸己"精神,即从自己本身寻找结果产生的原因。玉米、玉秀、端方、三丫、老鱼叉、老顾们都是这样的人,他们善良而又邪恶,对权力、欲望的追逐、抗争使其陷入绝境。

二、苦闷的孤独者形象

毕飞宇笔下的农民形象中,青年农民是他着力表现的对象,他们往往也是悲剧性表现最强的一个群体。他们年轻,有追求,有理想,但是又不可避

[①] 毕飞宇,周文慧.内心的表情——毕飞宇访谈录[J].长江文艺,2003(12):66.

免地遭到现实的压抑，他们的精神苦闷可想而知。在乡村贫瘠的土壤上，青年人的理想就如同一把锋利的快刀，斩断了他们与乡土、乡亲的血缘联系。他们对乡村的反叛时常表现出一种决绝态度，但是在命运面前又时常表现出无能为力感。在"三玉"系列、《地球上的王家庄》、《怀念妹妹小青》、《平原》等作品中，毕飞宇将青年人置于历史的洪流中加以考量，观察他们在历史面前的精神变迁，发现他们对于权力、未来、理想与希望等人生命题的态度与反应，以及他们面对命运的悲剧性人生。其中以《平原》中的端方最具代表性。

端方之于王家庄是一位外乡人，父亲早亡，母亲带着他改嫁到王家庄的王存粮家，王存粮丧妻留下一个女儿红粉，嫁过来后来母亲又与王存粮生下一个儿子网子。家庭亲情关系相对复杂，虽然端方借助母亲的改嫁读完高中，但是他与继父以及家庭的隔膜使其养成内向、孤僻、凶猛的性格特征。同时端方又是一位有追求、有理想、有胆识、有知识，同时又重情重义的人。然而亲情缺失的家庭，他的知识与理想却又使他与家庭、与整个乡村产生了隔膜，他的人生目标是逃离故乡，逃离乡土。现实的残酷让端方"成了一个不折不扣的苦闷的象征——象征着青春的苦闷，智慧的苦闷，热情的苦闷，力量的苦闷。"① 自身的才华与认知水平令他在乡村鹤立鸡群，在生活面前他认识的越多越深刻，他的痛苦与孤独感就越强烈。在劳动间歇，村里人在地头上极其露骨的打趣玩笑，人们习以为常不以为然，对端方来说是痛苦的开始：

"用不了几天，自己也就这样了，除了种庄稼，收庄稼，也就是拿自己的裤裆给别人开开心，要不就是拿别人的裤裆给自己开开心，只能这样了。小学五年有什么念头？初中两年有什么念头？高中两年又有什么念头？还不如一开始就趴在这块泥土上。端方躺着，嘴里头吹着小调调，心底里却对背脊底下的泥土突然产生了一丝的恐惧？还有恨。泥土，它不是别的，说到底它就是泥土，没心没肺，把你的一生一世都摁在上头，

---

① 洪治纲. 1976：特殊历史中的乡村挽歌——论毕飞宇的长篇小说《平原》[J]. 南方文坛, 2005 (6)：46.

直到你最后也变成了一块泥土。……看起来我这一辈子也就这样了。端方的心里涌上来一阵沮丧，一股没有由头的绝望袭上了心头，酸楚了。"①

端方超越乡村人的认知能力成为他痛苦与孤独的一个源头，对土地的厌恶与憎恨由此开始。这也是端方对于自己既定命运的反抗前兆，抗争的种子从这时开始播种，端方的精神成长史由此展开。他这位外来者为了能够在王家庄立足，开始了隐忍的生活，在与村里的小混混头目佩全掰手腕时，他既不愿舍弃自己的尊严输掉比赛，也不愿意得罪这位村霸危及自己尚不稳定的生活。于是他在稳操胜券的情况下，在佩全使坏把他的手抠出血，血一直流到板凳上的情况下，仍能保持冷静，只是紧紧握住佩全的手，既没有直接把佩全打败，照顾了他的颜面，也没有放弃比赛认输，保住了自己的颜面。直到最后，令混混佩全都佩服地说："你还可以。"站住脚的端方紧接着开始树立自己的威信，争取自己的话语权。他的性格特征开始表现出特有的沉稳、坚韧、冷静与智谋。在一系列事件的处理过程中，端方开始崭露头角，赢得了村里人的尊重。在大棒子淹死事件中，端方以自己强大的控制力保护了弟弟网子，忍受了佩全的毒打。牛刀小试地在家庭中建立了自己的话语权。在弟弟网子出事后，他出头平事，将忍耐多年的佩全凶猛地击倒，震慑了村里的混混们，他的担当、勇敢与善斗为他赢得了村里人的尊重。

在与三丫的爱情悲剧中，端方表现出自己的城府、狡黠与可怕的成熟。他以打击封建迷信活动为由打破了三丫母亲对三丫的禁闭，以威胁恐吓吓跑了三丫的相亲人。尤其在三丫死亡事件中的冷静、沉着，让我们看到了一个敦厚、倔强、正直乡村青年人的另一面，他的阴损、狠毒、险恶都在无意中表露出来，令人叹惋。三丫的死亡令苦闷的端方更加孤独，开始不断寻找生活的意义，不断努力去逃离乡村。一次看电影与高家庄的青年群殴的机会，令端方终于成为了王家庄青年人的首领，他的智谋、善战、铁腕、勇敢折服了众人。在村里看似微不足道的权力之争中，端方表现出自己战斗的技巧与热情，他高超而可怕的斗争智慧起到了关键作用，被权力催动起来的欲望令

---

① 毕飞宇. 平原 [M]. 上海：上海锦绣文章出版社，2009. 13-14.

端方不断膨胀,他不但要统治王家庄青年人的身体,还要统治他们的思想。于是他经常召集众人开会,立威般地发言:"我在这里要提醒极个别的人,再这样下去,乱发号,乱施令,瞎激动,是要吃苦头的。这样的风气不能长,我们必须统一我们的思想。"将思想统一到自己身上,建构自我权力与神话,成为了端方最为热衷的事情。

当自我命运的抗争不断失败之后,端方的苦闷达到了顶点。痛苦的端方开始移置自己的痛苦,他逼迫红旗吃养猪场的猪屎橛子,在梦里也要把人吊在树上抽打,他开始沉迷于权力带来的身体惩罚方式,他"喜欢看着他们人心惶惶的样子,这里头有说不出的快乐。"端方沉醉于对他人身体的伤害,人性的卑劣、阴毒与残酷终于随着端方权力的扩大而不断被暴露出来。这也成为了"'文革'时代政治特征的具象化隐喻,它深刻揭示出'文革'政治对人的身体专政,从而制造精神阉割的本质及其所造成的人性被扭曲异化的悲剧。"① 但是无论如何沉迷于暴力,端方都无法摆脱悲剧的命运,更深刻的孤独与苦闷来得也更为猛烈。

对于端方式的青年人,毕飞宇曾做过分析,他认为他们是"能量式人物",但是"他们的身上拥有恐怖的、不可思议的能量,但是却很迷惘。他们都是汽油桶,时刻充满着危险。什么叫压抑,这就是压抑。也许你已经注意到了,我在《平原》里不厌其烦地描写端方的'体力'、'力气',原因就在这里。他们的前途没有机会,爱没有机会,性也没有机会。他们就是能量,愚昧、莽撞,他们的能量是畸形的,愚民教育让他们变成了那样。他们既是愚民,同时也是潜在的暴民。一个民族最愚蠢的行为就在于,自己为自己孕育暴民。端方是一个'文革'的带菌者,这是我特别想强调的。"② 端方在不断嬗变中最终暴露出自己所有的恶,正如毕飞宇所言这些失去理想与希望的年轻人必将爆发自己的不满,成为暴民只是时间问题。这是人的欲望无法满

---

① 徐安辉. 回归生命本体的历史叙事——毕飞宇长篇小说《平原》意蕴解读 [J]. 宁夏师范大学院学报(社会科学),2007,28(4):41.

② 黄念欣,毕飞宇. 简单、丰盈、清澈、深邃 [J]. 复印报刊资料(中国现代、当代文学研究),2012(3):146-147.

足的后果,拉康也曾说:"欲望是对某种已知的可以带来愉悦或满足的事物的渴求。"① 满足欲望,实现自我价值是人们的普遍愿望,但是一再的压抑必然需要宣泄途径,暴力倾向的形成与发泄也就在所难免。

三、失落的乡村女孩形象

中国最底层的乡村世界表现出强烈的固化性特征,父权制传统长久地保存在乡村社会群体的每一个缝隙里。作为弱势群体的农民内部仍存在着更为严重的不平等现象,这种不平等长久以来表现为女性在家庭与社会地位的低下。乡村女性在承受来自上层社会的压迫之外,还要承受来自同一阶层的男性群体的压迫,双重压迫使中国乡村女性失去了话语权与行动力。因此在中国任何一次现代革命运动中,往往将"妇女解放程度是衡量普遍解放的天然标准"②。对乡村女性的关注也是中国现当代作家的一个文学使命,更是中国新文学的一个伟大传统。二十世纪中国文学史上,很多作家笔下都有极为生动形象感人的女性形象,但是她们往往呈现出传统女性的美德,表现出对男性社会的尊重,对男权社会的理解,义无反顾的奉献精神。古华的《芙蓉镇》中的胡玉音、张贤亮《绿化树》中的马缨花、路遥的《人生》、《平凡的世界》中的刘巧珍、田润叶、贺秀莲等都是传统女性,她们胸怀宽广、美丽善良,闪耀着传统母性的光辉。

毕飞宇笔下的女性则不同,他没有沉迷于传统女性的附庸者形象塑造,而是更为关注女性与男性相同的欲望,将"恶"的因子植入其中,使她们更具整体性、生命力。这些乡村女性面对父权制主导的乡村社会,表现出女性特有的隐忍态度,只要时机适合她们总会将自己的聪慧、狡黠、权力欲宣泄出来。毕飞宇发现乡村女性无论如何争斗,她们都要依附于男性权力阴影,借助男性的权力形成抑或维护自己的权力。她们的斗争对象很少选择敌对的

---

① [美]波利扬艾森卓. 性别与欲望——不受诅咒的潘多拉[M]. 杨广学译. 北京:中国社会科学出版社,2003. 93.

② [德]马克思,恩格斯. 傅立叶对妇女解放的论述[C]. 见:马克思恩格斯列宁斯大林论妇女. 北京:人民出版社,1978. 7.

男性权力占有者，相反往往更喜欢伤害女性自身这一群体。以毕飞宇的"女人三部曲"：《玉米》、《玉秀》、《玉秧》系列最为典型。

毕飞宇喜欢描写乡村女孩形象，因为年轻她们对未来的憧憬与希望产生的动力就更为强大，这种推动力会让她们为了未知的未来而努力拼争。毕飞宇"三玉"系列小说展现出农村女性艰难的生存状态，其中集中描写了玉米、玉秀、玉秧三姐妹的"奋斗史"，她们出身于王家庄权力顶端的村支书王连方家。在王家庄王连方拥有至高无上的权力，是作威作福的土皇帝，他以自己的权力无端占有着村里的女性资源，村民敢怒不敢言。借助父亲的权力，他的女儿们都是村里的金凤凰，她们在乡村权力的保护下成长，对未来充满希望，且聪明能干、自尊自爱，努力在男性的世界中去改变自己的命运。

玉米最具代表性，在长期的耳濡目染中她以自己的聪慧慢慢谙熟乡村生存之道与权力之争，但是她的权力意识与奋斗动力完全建立在男性权力之下。同时她机巧地运用男性的权力去打击周围的女性，树立自己的权威，由此我们可以发现玉米的权力是基于女性群体之上，而不是通过对男性权力的争取分享他们的权力。玉米首先依托父亲在村里的权力与村里父亲的那些情人们争斗；其次依托自己长女身份在饭桌上打击玉秀争取了家庭权力；再次在爱情上她也保持了足够的冷静，将爱情于名利和权力相结合，她能够与平庸的彭国梁谈恋爱，无非是因为这位飞行员能够提升玉米以及家庭的地位，可以说这是玉米的一次带有政治色彩的恋爱，这种无上荣耀的感觉也令玉米格外珍重他们的恋爱。但是遗憾的是家庭变故突发，父亲王连方因为强奸军嫂被撤职，导致了家庭社会权力体系的崩塌，于是一系列恶果接踵而来，妹妹们遭轮奸，彭国梁毁婚，面对即将崩塌的家庭权力地位，玉米深知她们这些儿女将会随之一同崩塌，为了挽回家庭权力同样也是自己的权力地位，于是她做出了最后的一次选择。玉米嫁给了镇革委会副主任郭家兴，一个与父亲同辈新近丧妻的男人，以此挽住了家庭的颓势。这是以青春与智慧委身于权力的过程，不是以青春与智慧争夺权力的过程，那些被置换来的权力主要用来伤害玉秀等女性，以及作为回乡炫耀的资本，除却女人的虚荣心没有任何实际功能。

玉米的悲剧首先让我们看到了乡村女孩所承受的外界压力，即"外界的生存环境以命运的形式左右着人物，造成了人的困境。"① 传统的乡村习俗、父权制文化与恶劣的政治现实构成的乡村生态环境，以无解的命运形式作用于其中的女性，造成了她们悲剧结局的必然性。可以说在这种"命运"面前，女性的任何努力都无非是加速了走向毁灭的历程，就像鲁迅所说的，女性像"小鸟关在笼中，或给站在竿子上，地位好像改变了，其实还只是一样的在给别人做玩意，一饮一啄，都听命于别人。俗语说：'受人一饭，听人使唤'，就是这。"② 乡村女性根本经济地位与政治地位的难以改变，注定了她们在男人面前的附庸身份，在男性的权力下她们能做的就是争取依附于权力，而不是反抗权力，这就是她们悲剧命运的根本症结，也就是"男权发展到了极端——政治上的绝对统治造成了对女性的绝对支配和占有"③ 的基本逻辑起点。然而毕飞宇对于女性的反思并未仅仅停留于此，他同时也发现了乡村女性悲剧的自身原因。女性身上的"恶"的内质，比如虚荣、嫉妒、权力欲、占有欲等，以及对于女性群体的仇视、伤害的阴暗心理，这也是女性悲剧的一个重要原因，也可能是最为根本性的原因。

四、在乡村伦理与政治伦理间的人性徘徊

"文革"是中国一个重要的政治文化事件，在乡村它以政治伦理不断去冲击固有的占绝对支配地位的乡村伦理，在短时间内实现了覆盖与颠覆。但是传统乡村伦理观念的固化性已经深入人们的骨髓，尤其对于那些长期浸润其中的乡村老辈人而言，无论他们如何表现出对政治伦理的屈从，在根本上都无法真正彻底地根除乡村伦理的渗透力量。《平原》中的老鱼叉就是一位从旧社会过来的思想守旧的乡村人，毕飞宇通过老鱼叉发现了农民身上所谓的"贫农精神"中潜藏的"流氓精神"，1946年土改期间年轻的老鱼叉向革命者揭发了王二虎，这位品行尚好的有钱人于是被作为"汉奸"枪毙了，老鱼叉

---

① 汤玲. 批判中的脉脉温情——毕飞宇小说论 [J]. 当代文坛，2005 (3)：59.
② 鲁迅. 关于妇女解放 [C]. 见：鲁迅全集（第四卷）. 北京：人民文学出版社，1981. 598.
③ 李生滨. 毕飞宇《玉米》系列小说的多重悲剧意蕴 [J]. 北方论丛，2004，183 (1)：34.

因揭发有功占有了王二虎的房子与老婆。

卑劣的胜利令老鱼叉成为了乡村历次政治运动的积极参与者,他不断地以政治号召为自己的卑劣行为辩护,试图以暴风骤雨般的政治伦理覆盖自己内心的乡村伦理道德观念,以此摆脱出卖他人、伤害他人带来的良知上的罪恶感。但是无论如何他都无法摆脱王二虎死亡带来的阴影,在乡村迷信思想的作祟下,他总是怀疑王二虎的鬼魂"躲在床底下,躲在箱子里,躲在墙缝里,躲在屋梁上,躲在箩筐里,躲在锅里、碗里,躲在鞋里,甚至,躲在他自己的耳朵里、屁眼里……"王二虎成为了一种乡村伦理的道德谴责,无时无刻不在折磨着老鱼叉惶惑的心灵,于是他在院子里到处挖掘、寻找王二虎的鬼魂,上厕所也要带手电四处乱照,彻夜难寐,甚至在脑海里总是出现"三十年了,该还我了吧","房子,还有脑袋"的声音,以致老鱼叉已经无法区分幻象与现实的界限。可以说老鱼叉乡村伦理的自律性最终杀死了自己,经过多次自杀未遂之后,终于在1976年毛主席去世后,寻到机会从房顶头朝下自杀成功,以死亡完成了自我精神的救赎。他最后的"干净了!干净了!干净了!"的遗言,正是对自己乡村伦理精神的一次总结。老鱼叉以死亡向我们昭示,在乡村真正统治人们灵魂的仍是乡村伦理,即美好的良知、道德、责任、善良等真善美的存在。对乡村伦理的破坏最终会造成乡村的失衡状态,农民心理的失衡与乡村秩序的失衡。

第二节 毕飞宇小说中的女性命运书写

毕飞宇极为热衷于女性形象的塑造,给予她们更多的关注、关怀与同情。女性作为社会弱势群体,毕飞宇更为关注她们的生存困境,以及面对世界表现出来的抗挣精神、迷茫与困惑,甚至是自甘堕落。在女性"奋斗史"的整体描绘过程中,毕飞宇更为关心这一群体丰富而复杂的内心世界,以及人物曲折的悲剧性命运。作家以深入细致的文字触及她们内心深处最敏感、最脆弱的那一部分,抓住日常生活中的细节表现人物的心理与性格,实现立体化的人物呈现。在毕飞宇看来:"我的女性形象无非是在准确和生动方面多下了一些功夫，多多少少具备了一点社会认知的价值罢了。"①

一、"去女性化"的女同志形象

毕飞宇对于"文革"中女性形象的塑造较为独特，他不断发掘新的人物形象，或者人物身上的新特质。对此他曾说过："下放右派，再加上知青，这些人物在过去的作品中差不多是可以'定位'的，我的工作是重新定位。"②所谓"重新定位"就是重新发现他们的新身份与新特征，比如说女性身上的男性特征。可以说"文革"是中国最大规模的一次女权运动，它在很大程度上解放了女性，肯定了她们的历史地位，"半边天"的历史定位将女性"同志化"，即模糊女性性别特征，保证与男性在革命同志的身份下平等共存。因此当时通常称呼的"'女同志'也许并不是女人"。③

对于下乡女知青的塑造，在很多作家那里经常被表现为被伤害者，她们急于逃离乡村，是政治与乡村的双重迫害对象。毕飞宇在对女性知青的塑造过程中，经常有意地规避她们身上所谓的"女性主义"标签，只是努力在她们身上发现新的因子与特质，看到历史的另一面。但是其中的"吴蔓玲可以说是一个例外，利用吴曼玲这个女性，我尝试着对中国的'女性革命'说出了自己的看法。'文革'期间，中国的女性革命自有它的特点，它在意的不是'平等'、'平权'，而是'去女性化'。……也因为特殊的政治气候，'文革'期间中国的妇女解放是野蛮的，粗暴的，简单地说，男性化而已，差不多就是一场手术，变性手术，还没有用麻药。我写吴曼玲的时候有些残酷，觉得对不起她，可我有什么办法？历史比我的描写残酷多了。写作有时候就是这样。一出彩就伤人。"④毕飞宇在这里清楚地表达吴蔓玲作为他作品中女权主义的一位实践者，表现出的是男性角色定位。这是一位特殊的女性形象，一位"去女性化"的女知青形象。

---

① 浦奕安，毕飞宇. 那个世界的精彩让我目瞪口呆[N]. 新华每日电讯，2012-5-11 (13).
② 毕飞宇，张莉. 这个时代需要想象，也需要思考[J]. 花城，2014 (4)：199.
③ 汪政，毕飞宇. 语言的宿命[J]. 南方文坛，2002 (4)：30.
④ 黄念欣，毕飞宇. 简单、丰盈，清澈、深邃[J]. 复印报刊资料（中国现代、当代文学研究），2012 (3)：147.

《平原》中的吴蔓玲男性化形象的生成不是天生的而是后天养成的,是被现实生活塑造的。因为村支书王连方犯了严重错误被撤职,南京女知青吴蔓玲受到重用成为了王家庄的新支书,也正是从这一刻起,她的女性性特征开始被压抑与重塑,以适应新的社会角色。正如吴蔓玲到王家庄后定下的"两要两不要"准则,即"要做乡下人,不要做城里人;要做男人,不要做女人。"于是为了开展工作取得成绩,吴蔓玲首先放弃了城里知青的身份、修养与习惯,说土话,叉着腿走路,蹲在地上吃饭,高声说话,近乎自虐似地劳动,可以说从语言、行动到生活习惯都在农民化、男性化,以期进入乡村进入政治权力体系。她的努力终于见效,她成为一位合格的乡村支书,将王家庄管理得井井有条,拥有权力,受人尊敬,甚至产生敬畏感,都怕她不敢得罪她。吴蔓玲成功地以牺牲女性性别、知青身份的方式获取了政治权力。完成自我改造的吴蔓玲女性特征越来越少,她像男人一样端着大海碗蹲在地上吃饭,还要打着饱嗝,用手指抠着牙与人聊天。她和男人一样挑大粪,甚至连经血湿透了裤管,仍坚持干活,残酷的自我折磨终于令她的形体外貌发生巨大变化:"又土又丑不说,还又拉挂又邋遢。最要命的是她的站立姿势,分着腿,叉着腰,腆着肚子,简直就是一个蛮不讲理的女混混。"① 没有了南京未婚女知青的一点影子,女人的青春与本能欲望都被政治权力的角逐打磨掉。可以说"吴蔓玲不仅失去了自我意识,还失去了性别意识,甚至失去了人的意识。"②

吴蔓玲似乎是一位坚定的女权主义者形象,她自尊自爱、自强自立,不用依附于任何男性权力者,她本身就是权力的执行者,拥有女性的独立主体地位。事实上,毕飞宇显然不想停留于这一肤浅的表层层面,他还要发掘出吴蔓玲身上的正常人性一面,即那个被压抑和放逐的女性生理与心理层面。作为一个女人她对爱情和婚姻充满渴望,同样也渴望男性的关爱与性的欢愉。于是才有了在"混世魔王"强奸她时,她并未做反抗,并在表面屈辱的行为中尝到了床笫之欢。然而正常的情感泛滥而无处发泄时,她被压抑的欲望竟

---

① 毕飞宇. 平原[M]. 上海: 上海锦绣文章出版社, 2009. 50.
② 史言喜. 毕飞宇小说人物形象解读[J]. 文学教育, 2008 (8): 65.

然促使她与狗"黄四"发生了暧昧关系。这是对于政治压迫与人性迷失的最大鞭笞,一位政治的"铁娘子"就这样堕落成欲望的俘虏。最后竟被狂犬咬伤,整个人变得疯疯癫癫。这是一个女人的悲剧,是一位失去性别角色定位女人的政治悲剧。

二、命运、性格与人生悲剧

亚里士多德在《诗学》中曾提出"性格悲剧"的概念雏形,他认为一个人的性格缺陷往往会使他陷入悲剧结局,由此形成性格决定命运的悲剧原型。在毕飞宇的小说中有这样一批女性,她们从出生之日起似乎就已经确定了命运的方向,在命运的支配下形成了她们特有的性格特征,这些性格特征也注定了她们的悲剧结局。这其中以小说《青衣》中的京剧名伶筱燕秋最具代表性。正如董之林说的那样:"青衣命运降临在她头上并不显得突兀,一切都是水到渠成。"[①] 她是"命运决定性格"的最佳注释。正如《青衣》中团长的感慨:筱燕秋"天生就是一个古典的怨妇","命中就有两根青衣的水袖"。筱燕秋天生就有传统青衣的哀怨与气质,因此当她饰演《奔月》中的嫦娥后,奔月嫦娥的孤独与哀怨立刻与筱燕秋产生了强烈共鸣,于是"我就是嫦娥"的想法就此注入她的生命意识里。筱燕秋的嫦娥梦与"我就是嫦娥"的艺术幻觉已经成为她执着一生的信念,她的嫦娥已经不是舞台角色而是她的全部生命与人生意义。也正是这种青衣的命运与气质,养成了筱燕秋孤傲、冷漠、哀怨的性格,而对艺术、对青衣、对嫦娥的执迷,也诱发了她争强好胜、嫉妒虚荣、自私偏执的性格缺陷,这一性格也使她与悲剧命运必然性地遭遇。

因为命运的使然,筱燕秋可以为了青衣与嫦娥的角色去烫伤师傅李雪芬,当然结局是极为残酷的,筱燕秋为此失去嫦娥角色,阔别舞台20余年,青春的艺术年华就这样消逝,这是无法弥补的遗憾。同样为了嫦娥角色她甚至不惜屈辱地陪烟厂老板上床,嫉妒徒弟春来的青春与唱功,霸占舞台不给春来演出机会,最后竟然不顾生命危险去医院做流产,以此试图保住主角地位。可以说嫦娥已经融进她的全部生命欲望,成为她生命的化身。筱燕秋对于青

[①] 董之林."身上的鬼"和"日常的梦"——关于毕飞宇的小说[J]. 文艺争鸣,2004(2):26.

衣与嫦娥的强烈占有欲望支配了她整个生命,然而"欲望在毕飞宇笔下被融入了更多的思想含量"①,它们不是直接赤裸裸地简单呈现,而是在这艺术与欲望的冲突,人格与尊严的纠结,在犹豫、不甘与屈辱的徘徊中终于坚定了信念。为了自己命中注定的角色,筱燕秋只能做出屈辱的决定,于是在与烟厂老板陪睡过程中,尤其是烟厂老板明显表现出对她身体没有兴趣之后,"给她留下的只是刻骨铭心的难受"。

艺术对于筱燕秋性格的异化还表现在她对家庭的定位。在筱燕秋的世界里她只爱嫦娥,嫁给丈夫面瓜后依然如此,她在厨房里把围裙当水袖起舞。为了再次登台,她以 40 岁的艺术高龄去饰演嫦娥,于是她拼命减肥,甚至为了霸占舞台不让春来占据嫦娥角色而选择堕胎,丈夫、孩子包括自己都没有地位,唯一重要的是舞台上的嫦娥。在艺术中的嫦娥与现实中的筱燕秋身份混淆后,悲剧就已经注定了。胎儿死于腹中,春来占据了嫦娥,并赢得了观众的阵阵喝彩,筱燕秋只能独自在剧场门口、风雪中陷入疯狂地自我表演中。导致筱燕秋悲剧的根本原因是命运,既定的命运操纵着筱燕秋的艺术人生。

一切似乎都是命中注定,无论如何反抗其结局几乎都是悲剧。正如《青衣》中写的那样:"人总是吃错了药,吃错了药的一生经不起回头一看,低头一看。吃错药是嫦娥的命运,女人的命运,人的命运。人只能如此,命中八尺,你难求一丈。"② 年少轻狂的筱燕秋因为水泼李雪芬,她付出了 20 年的代价,她的舞台梦就这样枯竭于"文革"。人到中年的筱燕秋因烟厂老板的金钱支持重获登台机会,但是她却意外怀孕,流产后再次失去了登台机会,"青衣"被青春美丽更吸引烟厂老板的春来取而代之,成为新一代偶像,筱燕秋的舞台梦就这样终结于商业化消费时代。

三、现代都市女性自我价值的重新评估

毕飞宇对都市女性形象塑造得也极为成功,他极为敏锐地抓住了都市女性的现代性困境。这些现代都市女性往往有身份、有地位、生活优越、家庭

---

① 孙建茵. 技术主义的祛魅与思想品格的复归[N]. 文艺报,2006-3-22.
② 毕飞宇. 青衣[C]. 见:雨天的棉花糖. 南京:江苏文艺出版社,2013. 126.

幸福，她们没有玉米们的劳碌与挣扎，也没有吴蔓玲们的政治压迫，同样也没有筱燕秋们的艺术困境，她们似乎摆脱了毕飞宇前期作品中所有女性的烦恼。但是她们并不幸福，更不满足，她们时刻抱有逃离城市，逃离家庭，逃离当下的欲望。正如钱钟书的"围城"逻辑。其中《林红的假日》中的林红最为典型。

林红生活在新世纪，是一家报社总编，丈夫声名显赫，她更是他人眼中的好学生、好知青、好记者、好妻子、好总编。这本是一个典型的"都市女强人"形象，但是事情的发展往往暴露出更多问题，表面的风平浪静只是暴风雨的前奏，在现代性压抑面前早已倦怠的林红仅仅需要一次逃离的机会和借口。机会就这样不期而至，她在处理女下属青果与香港"著名歌星"上床一事时，青果的一句话："你这样活着累不累？"深深触动了林红，一种全新价值观与生活方式直接击中了体制内的林红，使她终于发现曾经习以为常的琐碎生活，引以为傲的家庭资本，才是束缚她精神与灵魂的真正根源。她的个性与情感已经被呆板的生活与工作阉割，在单调乏味中习惯了既定价值观。她需要人的自我解放与自我颠覆，于是有了林红出走。

林红的离家出走在毕飞宇那里具有强烈的隐喻性特征。鲁迅笔下的娜拉出走后的结局："从事理上推想起来，娜拉或者也实在只有两条路：不是堕落，就是回来。"[①] 在启蒙主义者看来，娜拉的出走是一种姿态，她们不需要计较结局。然而鲁迅超越了启蒙主义的狭隘，通过《伤逝》告诉我们没有经济基础的女人离家出走只能是堕落、回来抑或死亡。易卜生在《玩偶之家》里并不关心她们的结局，可以说"由男性大师易卜生所创造的娜拉，只是一个用来填充易卜生孤独的诗意与痛楚的激情的空洞的能指；娜拉的出走，只是一个在高潮嘎然而止的戏剧动作。"[②] 貌似充满激情的形式，却走向了毫无实质的虚无。百余年间就这样过去，当我们站在新世纪的门口，我们会发现今天的很多女人已经没有了娜拉的困惑，她们无论是在家庭中还是社会中，都已经占据重要位置。这时的都市女性的出走具有了新的时代命题，她们不

---

① 鲁迅. 娜拉走后怎样 [C]. 见：鲁迅全集（第一卷）. 北京：人民文学出版社，1981. 159.
② 孟悦、戴锦华. 浮出历史地表——现代妇女文学研究 [M]. 河南人民出版社，1989. 37.

再是争取权力空间,她们是在争取更高层次的精神自由空间。

出走后的林红没有娜拉、子君的毅然决然,她没有同家庭、单位决裂,而是委婉地撒个谎。在陌生的都市她拼命地换衣服、换身份,夸张地化妆,试图改变自己,甚至唤醒了自己的欲望,同曾经的男下属发展起朦胧的情感。然而林红最后还是回到了生活的原点,还做林总,还相夫教子,继续扮演稳定的职业与家庭角色。这次小事件貌似以重新回归原点而结束,它却在林红的心里种下了一粒不安的种子。所以在小说最后,林红竟然和一群人玩起了泥浆大战,这既是失落后的宣泄,更是一种不甘与疯狂。由此我们可以看到,现代都市女性的精神困境已经不能再用传统的标准衡量,衣食无忧、尊严地位已经不能满足现代人的生存欲望,她们需要追逐更高的精神要求。这是毕飞宇对于现代女性生存价值的进一步深入思考,也是带有对时代某种病相的一种透视。

四、走出精神困境的母性形象

毕飞宇笔下的女性形象大多都处于精神困境之中,她们在挣扎与反抗中传达女性的希冀与愤懑,在悲剧结局中传递女性的困境与无奈。争权逐利的玉米,躁动不安的玉秀,狡黠堕落的玉秧,大胆执着的三丫,智障女林瑶,迷失自我的小苏,出卖肉体的乐果、追求本能快乐的阿来,艺术破灭的筱燕秋,疯癫的吴蔓玲,回归圆点的林红等等。她们每一个身上似乎都烙印着对生活的不满,对世界的控诉。她们似乎都不缺少斗争精神,她们不公于自己的生存环境与既定命运,在艰难环境中执著奋斗、艰难挣扎,对抗现实政治环境与地理环境,试图改变自己的生活,完成自我超越。命运的力量无比强大,在命运面前人们尤其女性的力量过于单薄,于是我们看到无论她们如何努力地追求,最终都逃离不了在失落中的自我悲剧性结局。所以在盲目、残酷的伤害与自我伤害过程中,最终伤害的只能是女性群体本身。当然这不是全部,毕飞宇的作品中也有一部分温暖的女性形象。

毕飞宇在很多作品中以真诚的文字表现女性特有的母性特质,塑造了一批温暖且充盈爱心的母亲形象。比如《哺乳期的女人》中的惠嫂充盈着母性的光辉,整个镇里人只有她理解旺旺对父母的思念,也只有这位哺乳期中的温暖母亲能够理解乳汁对于孩子的意义,她不仅仅是食物,更是母亲与孩子间的情感纽带。自小寄养爷爷家的旺旺一直吃奶粉,他对母爱的渴望直接表现为对乳汁的贪婪,激动的旺旺咬了惠嫂的乳房。然而这个本能的行为或冲动使村里人表现出了群氓的特质,他们无端谴责还是孩童的旺旺为小流氓,其定性坚决而果断,旺旺爷爷为避嫌狠揍旺旺,在旺旺凄惨的哭喊声中,惠嫂愤怒地敲门,大声谴责镇里人。这位善良的母亲,令空巢的乡村充满了温暖。同样在《一九七五的春节》中思女心切的"疯"女人,无论人们如何议论与排挤她,但是她对女儿的爱使她超越了舆论的力量。《生活在天上》的蚕婆婆,《平原》中的孔素贞,《婶娘的弥留之际》中孤苦无依的婶娘,一生劳碌热情助人不计回报,《那个夏季,那个秋天》中的董惠娴,《彩虹》中的虞积藻等等,这些母亲形象对于孩子的倾注式关爱,虽然表现形式各异,但那种无私奉献的爱的本质却是她们共有的。在爱面前一切争斗与挣扎都失去了意义。

第三节 渴望理解与接受的边缘性群体

由于政治、经济、文化与历史等各方面原因,很多群体在社会发展过程中的某一阶段被边缘化,他们被社会认知强制性定位,不但被排除权力机制体系之外,甚至被整个社会群体所不容,因此他们往往被称为边缘人或边际人。在毕飞宇的小说中这些所谓的边缘性群体往往以"特殊群体"面目出现,他们是中国当代文学史上的"新人",或者是对某一类人物形象的全新阐释。从而发现一个时代的特征与特殊景观。

一、盲人:黑暗世界里熟悉的陌生人

盲人因为视力的生理缺陷而被社会不自觉地排斥于群体之外,无论是爱情、工作还是生活都被人们拒斥。因此他们是真正意义上的边缘性群体,甚至是边缘性群体中的弱势群体。即使在文学表现方面他们也是边缘性群体,迄今为止,古今中外的文学作品很少有将盲人作为主要描写对象,即使有过

涉猎也鲜有深入到他们的内心世界，发掘他们被黑暗蒙蔽的世界与心灵，更有甚者以常人的主观视角任意揣摩与妖魔化盲人群体，使他们"或者具有神性，或者具有魔性，或者具有非凡性。却缺少了盲人正常的人性和盲人的日常性。"① 可以说他们是真正的文学边缘人，被文学、作家与人们遗忘在历史和社会的角落。

毕飞宇的长篇小说《推拿》可以说是第一次以文学的方式完整地、充满敬意地呈现出盲人这一边缘性群体形象。这部小说最终能够获得第八届矛盾文学奖与它的题材选取有一定关系，关注现实，关注人所习焉不察的生活，关注弱势群体，这是作家人文精神的最好体现。《推拿》在人文精神的笼罩下深入盲人内心，不再是以常用的视角观察他们，而是以一种内视角进入他们的生活、工作与情感世界，理解他们，感受他们，从而实现对于人物的全方位、全视角的深度观察。在那片黑暗笼罩的世界里，在长期浸润于黑暗中的心灵深处，同样有超于常人的温暖与绚丽，这是无法被黑暗浸染的世界。虽然在视觉与行动力上盲人表现出了自己的弱势姿态，但是我们不能依此否定他们内心的丰富多彩，否定他们生活的绚丽多姿。

毕飞宇真正超越出以往文学对盲人认知的局限，打破已有的盲人形象的定位与定型，将盲人仅仅作为一个"人"去描写。虽然他们是特殊群体，但在文学表现中，毕飞宇仅仅把他们作为"人"去表现，看到他们与常人一般的生活景观。毕飞宇这是基于最为基本的"人"的观察视角，准确把握了人物性格，将小说中的王大夫、沙复明、都红、徐泰来、小马、张宗琪、小孔、季婷婷、金嫣等等一系列盲人，表现得既具有共性特征又都个性鲜明。因为眼盲使他们相当敏感，然而他们同样拥有着与常人类似地对于生活与爱情的向往，对于平等尊重的需要，为此他们都愿意付出超出常人的辛苦与努力。因为每一个人的先天性格，后天经历都存在很大差异，这也导致了这一群体中人物性格的差异，他们或乐观或阴暗的性格特征，在毕飞宇的笔下表现得极为自然。这只是正常人性的一部分，不因他们的特殊身份而赋予更多的意味。毕飞宇以对待普通人的方式处理盲人形象，不同情、不打击，不拔高、

---

① 贺绍俊. 盲人形象的正常性及其意义——读毕飞宇的《推拿》[J]. 文艺争鸣, 2008 (12): 32.

不贬低的写作姿态,就是对他们最大的尊重。《推拿》中,毕飞宇从客观、正面的角度描写盲人身体上的不足,他们需要借助工具行走,他们需要借助听觉感知世界,他们需要互相帮助完成生活琐事,他们需要……他们拥有自己独特的悲哀与无奈,但是他们同样拥有自己的快乐与幸福,并不是因为他们自食其力而令人尊敬,而是因为他们能够以超越常人的毅力、努力、奋斗精神而被赋予尊严。在众生平等的理念下,毕飞宇表达了一个盲人群体对于尊重的需要与追求。

在这一边缘性群体中,毕飞宇着墨最多、情感投入最深的无疑是王大夫。作为先天盲人王大夫从未用眼睛看过这个世界,但是他自尊自强,聪明、勤奋、稳健、正直、坚强、为人和气、乐于助人,且能够用心灵去感受世界,早已经超越了生存的基本需求阶段,开始追求尊重的需要,不仅仅要"做一个自食其力的人",还要"好好地"活出尊严,以自己的宽容寻找到爱与幸福。毕飞宇以王大夫作为观察点,看到了盲人推拿事业的发展历程。王大夫从盲人推拿学校毕业后到深圳打工,开创着自己的事业,后来因为炒股失败回南京老家进入了"沙宗琪推拿中心"。他与人为善、为人和气,团结起周围大部分的人,他努力工作就是为了开家自己的店,能够让女友小孔当上"老板娘","她只要坐在他的店里,喝着水,嗑嗑瓜子,他王大夫就是累得吐血也值得。"这也是他的爱情承诺,实际、切近,充满男人的责任与担当。

在家庭关系中毕飞宇将王大夫置于一个相对简单却极为痛苦的境地,作家以二元对立方式塑造出了一个弟弟形象。王大夫的弟弟是一个生理健全的正常人,但却是一个心理残疾的社会人渣,可以说他是哥哥王大夫的一个反镜像。弟弟在那个计划生育严苛的年代能够出生"完全仰仗王大夫的眼睛",王大夫一直因为自己的盲而感觉愧对父母,但是弟弟因为自己的健全而痛恨父母,感觉盲人的哥哥因为盲而能按摩是父母的"偏爱",这是一个完全被父母与王大夫溺爱坏了的孩子。但"王大夫对自己的弟弟有一种不能自拔的疼爱,替他死都心甘情愿。"正是这种兄长角色令王大夫不断地替游手好闲、挥霍无度的弟弟夫妻发愁,并且在弟弟在欠了赌债一走了之后想方设法替弟弟还债。在还赌债的情节中,我们发现了王大夫人格中的另一面。这位一直以正面形象出现的王大夫,一直努力当一个"体面"人的王大夫,终于表现出他性格中厚黑、痞气、匪气甚至是戾气的一面，他以自残的方式吓走讨债人，解决了赌债危机，其后的自卑、自责、自憎可以说是王大夫对自己奋争历程的一次总结。他自残的越重、自省的越深刻，对以弟弟为代表的混日子的正常人谴责得就越深。

二、知青、右派：政治边缘化的知识分子形象

人们似乎形成了一种心理定论，一谈到知青与右派就是被迫害者形象，他们能力超群、自尊自爱、独立浊世，承受着来自政治与乡村的伤害。他们是历史的受害者，他们有权力控诉中国曾经的历史、政治甚至文化。可以说这也是典型的知识分子占有话语权的一个基本逻辑起点，他们可以言说与重塑曾经的知识分子苦难史，从而忽略历史的真实与缝隙。那些被改造的知识分子自身就没有需要改造的劣根性吗？在他们的苦难史中难道没有比他们受到更大伤害的群体吗？正是基于这种考虑，毕飞宇小说中对于知青、知识分子的叙述，直接瓦解和解构了"有关'文革'是'知识分子光荣的受难史和救赎史'的逻辑"，这是"毕飞宇建设的一种新的'文革叙述'意图"。①

毕飞宇在"文革"题材作品中重新塑造、深刻挖掘出知青、右派们的精神世界，这一当时被政治边缘化群体的真实形象跃然纸上。在《平原》中王家庄的"右派"顾先生最具代表性，他诚恳地接受乡村劳动改造，并以背诵"马、恩、列、斯、毛"文集的方式洗刷灵魂，进行深度思想改造。在孤独的放鸭生活中，顾先生终于在思想上真正"爱上了革命，爱上了暴动，爱上了打倒、推翻、抄家、发配和惩治。"这位被彻底改造的知识分子渐渐失去了正常人性欲望，被时代与政治意识彻底阉割，对日常的家庭生活失去兴趣，抛弃私人情感关心"人类、国家、社会、政党和阶级，也许还包括军队。"将思想观念与本能欲望置于对立位置，以至于当寡妇姜好花以身体为条件换取鸭蛋时，顾先生虽然答应了，但是却已经失去了男性欲望实施的行动力。失去自我意识的顾先生即使在王家庄也被大家鄙视，甚至连悼念毛主席逝世的权力也被无端剥夺。

---

① 张莉. 论毕飞宇兼及一种新现实主义写作的实践意义 [J]. 文艺争鸣, 2008 (12): 42.

在小说《蛐蛐 蛐蛐》里，毕飞宇先后描写了四位"知识分子"：代课女知青、返乡的中学生幺妹、上海知识分子小老头和南京知青马国庆。然而，他们却没有村子里的"二呆"好运。在《蛐蛐 蛐蛐》一文中我们会发现一个奇怪的现象，二呆是个"村子里人见人欺的货"，"二呆没有爹，没有娘，没有兄弟，没有姐妹"，"如果说，猪是大呆，那么，他就只能是二呆，一句话，他比猪还说不出来路，比猪还不如。"① 正是这样一个猪都不如的"脏、懒、嘎、愣"的二呆，开春像狗一样用鼻尖找吃的，夏季像蛇一样卧在螃蟹洞穴里。然而正是这样一位连基本生理需求都未得以满足的角色，一到秋季却神气了，"变得人模人样的"。这是因为二呆擅长捕捉能征善战的蛐蛐，因此"只要二呆和蛐蛐在一起，蛐蛐是体面的，而二呆就更体面了。"这卑微到无以复加程度的二呆，只要依托于蛐蛐立刻受人尊敬，甚至连平时看都不会看他一眼的六斤老太也要主动搭讪有求于他，可谓尊重的需要瞬间得以满足。这种畸形的需求层次跳跃完全取决于蛐蛐，蛐蛐在小范围内成为了村里人器物崇拜的一个重要象征。根据弗雷泽在《金枝》中提出的接触律原理，只要事物曾发生接触，就会一直保持相互间的神秘的作用。② 那么蛐蛐作为一种权力的象征，二呆只要与它发生密切接触，便会自然而然具有了蛐蛐崇拜带来的尊严与荣耀。这一跳跃性的需求满足模式，直接宣告这是一个人不如虫的时代，人的价值，人的尊严，人的才能，人的美好的理想都被践踏，被侮蔑，被摧毁，人的本质被异化。

马斯洛认为人人都有需要，人们首先需要满足的是迫切需求，即低层次的基本需求，而只有某一层次的需要获得满足后，才会进入下一层次的需要。较之于二呆来说，代课女知青、返乡的中学生幺妹、上海知识分子小老头、南京知青马国庆等，他们都处于一种安全需求未曾满足的状态。人身安全、家庭安全、职业安全都难以为继，女知青被大队长强奸，幺妹在纪念渡江胜利二十五周年的模拟战争中溺水而亡，小老头腐臭在床上；女知青、小老头、马国庆远离家园被遗弃在这个颓败的小村庄；幺妹、小老头、马国庆在当时

---

① 毕飞宇. 蛐蛐 蛐蛐 [C]. 见：相爱的日子. 重庆：重庆大学出版社，2011. 104.
② 〔英〕弗雷泽. 金枝（上）[M]. 徐育新，汪培基，张泽石译. 北京：新世界出版社，2006. 15.

皆为知识分子，尤其是精通三国外语的小老头可谓大知识分子，但正是这些人却丧失了职业身份，前途渺茫。在他们身上我们可以看到，"文革"对人的摧残不只是肉体上的，影响更为深远的是精神心理上的。

在这群知识青年、知识分子的群体中，爱与归属同样显得弥足珍贵。被"九次"强奸的女知青，在历经受辱与死亡的折磨后变得歇斯底里，这里真正把她打入地狱的是人们的冷漠与旁观。小老头与村民间极"不和谐"，小老头在村子里从来不开口，从来不说话，穿着十分讲究，是一个"见过大世面"的人。小老头走路姿势很特别，"步子迈得严肃而又认真，每一步都像他的头发那样一丝不苟。"很显然这是一位典型的"右派"知识分子。但这位坚强而倔强的小老头却被一摞子信击垮了，对家的爱与归属也许是支撑这位大知识分子在乡下学校敲钟十年的精神支柱。小老头虽然表面上没有受到肢体上的暴力，但是这种对生活的失望、孤独与耻辱等软暴力却远胜于肢体暴力，深入骨髓。落魄的知识分子正如没有蛐蛐的二呆一样，被遗弃、漠视、轻贱。知识分子唯一能够比抵二呆蛐蛐的"知识"，唯一能够给他们带来尊严的"知识"，在那个年代却成为了鸡肋，甚至成为了他们的灾难。

小说中最耐人寻味的是南京知青马国庆，这是最后一位出场的疯狂的领袖像章迷，像章多得数不过来，更主要的是他收藏两样稀世珍品——"夜光像章"。这两个"夜光像章"既为下文二呆被吓得灵魂出窍做好了铺垫，同时也暗示出在这个疯迷蛐蛐的小村庄，像章的权力象征力远不及善战的蛐蛐。因此马国庆这个不相信蛐蛐是死人变的唯物主义者，竟然发展到"谁能想到马国庆会迷上蛐蛐呢？他在百无聊赖的日子里头说迷上就迷上了。"对蛐蛐的迷恋之于马国庆是打发无聊时光的一种慰藉，同时也是换取尊重的一剂良药，这也是他能够在漆黑夜晚深入乱坟岗子寻找蛐蛐的动力。他寻找到的蛐蛐"九次"为他赢得了声誉，甚至这种声誉直接威胁到了正处于极受尊重季节的二呆。以蛐蛐体现自身价值与尊严是一个村庄的荒谬，更是一个时代的悲剧。

还要提及的是《白夜》，小说中的父亲也是"右派"，他企图用教育启迪民智，然而父亲反反复复、语重心长的劝导，换来的却是孩子们的误解与伤害。顾先生、代课女知青、幺妹、小老头、马国庆他们上山下乡的经历并不那么美好，"更不是有关苦难的救赎史"，他们无法被村民认同，也没有真正融入村庄，他们在村子里无法体现自身价值与尊严，他们甚至连蛐蛐都不如。他们无从在受难中重生，他们在农村接受"再教育"的效果令人质疑，这些知识青年在农村"大有作为"的激情与理想淹没在文革和人性之恶之中。如果说文学是对人的生存状态的写照和思考，那么《蛐蛐 蛐蛐》无疑为我们提供了一面镜子，让我们看到了文革时期知识分子的生存景观，让我们思考：人生存得像人？还是像虫？人的价值与尊严如何换取？如此生存的意义究竟何在？

三、儿童：现代性生活的精神弃儿

毕飞宇的小说关注儿童，作品中常以儿童视角进行小说叙事，或者以儿童作为表现的主要对象，因此他也被誉为"少儿作家"。就作品而言，《哺乳期的女人》、《怀念妹妹小青》、《白夜》、《写字》、《地球上的王家庄》、《彩虹》、《家事》、《大雨如注》等，都是以孩童作为表现对象的小说。其中以《哺乳期的女人》与《彩虹》最为突出。两部作品都集中表现了现代性的快节奏生活，使人们迷失于物质主义的魅惑，忘记了家庭的重要性，打着以"爱"的名义放弃家庭幸福，奔波于城市间，留下了一个个空巢家庭与亲情缺失的孩子。《哺乳期的女人》中的旺旺与《彩虹》中的小绅士分别代表了乡村与城市那些留守家庭的孩子，他们处于不在意物质更需要父母之爱的年龄，但是残酷的现代社会剥夺了他们需要的爱，在父母疲惫奔波的身影下承受了情感的失落，最终他们都产生了或多或少的心理问题。抑或贪恋乳房，抑或心智早熟，留给整个社会以深深的思考，对现代生活提出了质疑与抨击。

《家事》表现的是一群高中生，他们被打上了计划生育的时代烙印，独生子的孤独与溺爱令他们成为了迷失的一代。平凡的日常生活被学习生活所遮蔽，高考的压力、前途的迷惘，使他们身心俱疲。正如毕飞宇对这部小说的自我评价：这是"一个关系'凭吊'的故事。"凭吊他们的童年与青春。《大雨如注》里同样作为高中生的姚子涵，表面看来家庭美满，美丽聪慧，成绩优异。然而当我们进入她的内心世界的时候，却发现她灵魂深处的创伤，没有快乐可言的她"脸上历来没有什么表情"，她似乎成为了父母的玩具，被他们以爱的名义任意预设，没有独立与自由，这才是真实的孩子。毕飞宇由此设置了一个看似荒诞的情节,他让姚子涵在一场倾盆大雨之后得了脑炎,昏迷七天苏醒过来的姚子涵竟然完全忘记了母语,她用流利的英语说话。子女与父母间的隔膜与距离因为语言问题被无限拉大,这个具有明显色彩的隐喻,生动形象地诠释了现代社会中代际之间的鸿沟。

第四章　毕飞宇小说的叙事策略

优秀作家的一个重要标志就是拥有自己的文学标签，形成自己独特的写作风格。而这需要作家鲜明的文学个性与文学感悟作为支撑，在主题与题材的选取方面拥有独到而深邃的眼光与视角。同时，更需要作家能够在文学的物化过程中拥有自己独特的表达方式——这不仅仅涉及语言修辞等问题，还要关涉小说的结构与叙事。毕竟小说主要是用来讲故事的，正如莫言在诺贝尔文学奖颁奖典礼上的题为《讲故事的人》的演讲中提出"用自己的方式，讲自己的故事"。讲故事的方式就是最为基本的小说叙事问题，它不仅仅是叙事技巧的形式问题，它在小说中往往占有重要位置，甚至经常参与到故事内容的建构。因此，对于小说叙事我们不能单向度地将其理解为"形式"因素。

对于毕飞宇的小说来说，很多学者以为其独特之处除却"悲天悯人"的人文关怀、"内涵深刻"的主题设置之外，"还要靠对这个主题和题材独具匠心的艺术处理，后者又是使前者进一步扩大审美内涵的必由之路。"[①] 这里所谓的"艺术处理"直接涉及到的问题就是小说叙事。在毕飞宇的现实主义小说叙事策略中，主要采用的是"自我救赎"式的叙事模式，对于"第二"人称叙述的深入发掘、对于细节叙述的关注、对叙事的节奏与节制的自觉，以此保证小说叙事对于小说主题内涵的深化。

---

① 刘文良. 深化小说文本的审美内涵——兼论小说的叙述策略[J]. 湛江师范学院学报（哲学社会科学版），2000，21（1）：51.

第一节 "自我救赎"式叙事模式

文学作品的"救赎"意识如同"文学救赎"观念一般意义重大，人们在现实、现世当中所承受的精神困境需要得以排解抑或发泄。因此无论是文学作品表现这种精神救赎的过程，还是试图以文学完成对精神的救赎，都是任何时间、空间中的人们迫切需要解决的一个重要问题。这种文学救赎意识的产生与文学的本质有着密切的关联，因为文学需要参与人类关于"痛苦"、"罪恶"与"死亡"的人生三大困境的思考，是对人生负面世界的文学传达。正如马里奥·巴尔加斯·略萨所说："对于志得意满的人们，文学不会告诉他们任何东西，因为生活已经让他们感到满足了。文学为不驯服的精神提供营养，文学传播不妥协精神，文学庇护生活中感到缺乏的人、感到不幸的人、感到不完美的人、感到理想无法实现的人。"①从广义层面讲，文学可以超越阶级、阶层与意识形态等问题，它的超越手段就是对人生困境这一共同命题的探讨，它是一种审美方式，但绝不是一种简单的审美娱乐。这是文学的意义与尊严，是需要历代作家去共同维护与遵守的法则。

中国近代史是一部充满艰难与困苦的民族史、苦难史，困难中的人们无论是作为参与者还是作为旁观者，都需要在苦难的表述中实现自我解脱，而这种解脱就是精神的救赎。这种救赎往往无法依靠他者，它需要的是通过自我的认知与反思来完成，这是一种自我的拯救活动。从当代文学整体的创作而言，历来不缺乏"自我救赎"式的文学叙事，关注当下中国人的精神困境与完成自我拯救是当代文学的一个重要方面。刘心武等作家的"伤痕文学"，便是试图通过对"文革"精神创伤的政治治疗来完成拯救目的，《班主任》中悲悯的班主任正是以爱的方式去化解"文革"积怨。韩少功等人则试图通过"寻根文学"，从民族原始文化中寻找到当代精神压抑问题的根源，并以此探寻解决之道。舒婷等"朦胧诗派"则力主以审美方式洗涤心灵，涤清政治

---

① 王杨. 中德作家共同畅谈——全球化与文学的乡土精神 [N]. 文艺报，2013-9-13 (1).

污染。池莉等"新写实"作家又将目光集中于对城市小市民的关注,《烦恼人生》中的印家厚与《一地鸡毛》中的小林则代表了那些精神、物质双贫乏的小市民形象,他们浑浑噩噩地沉浸于庸常琐碎的日常生活中无法自拔,消磨掉了锐气与理想抱负,主体意识淡漠。他们的小说警醒着城市读者应时刻保持着自我拯救意识,不要在生活中沉沦。韩东、朱文等"新生代"作家与卫慧、棉棉等"身体写作"表现出了对于金钱、性的膜拜,传递出了在欲望泛滥的时代自我拯救本身的困境。总体而言,无论以何种方式参与救赎模式,无论是积极正面的描写还是消极负面表现,都表现出了当代作家对于自我救赎问题的关注。

毕飞宇也显现出了对于这一问题的关注热情,在他的作品中更为关注人们自我拯救历程的艰难,并且他在长期文学创作过程中有意识地将"自我救赎"提升为一种稳定的叙事模式,以此形成自己的创作特征。在毕飞宇的创作中,"自我救赎"式的叙事模式不仅仅是一种形式,而且表现为故事情节和作品的主题内涵。可以说,毕飞宇将"自我救赎"本身当作作品故事的重要情节去处理,同时以此去面对现代性对乡土中国的伦理冲击与人性的恶与异化,试图以此作为切入点寻找解决途径。这种解决方式是否有效作家本人并未可知,因此在作品中他也并未给出确切的解决之法,只是将精神困境与救赎需求直接呈现于读者。无论作品中的人物以何种方式进入救赎,最为关键的是昭示我们:真正的救赎只能靠自己的行动。只要行动开始,无论对错,毕竟迈出了解决问题的第一步。

在毕飞宇的作品中,所谓的"自我救赎"式叙事具有相对稳定的表现模式,根据托多罗夫的叙事模式可以总结如下:

(1) 开始 平衡状态 主人公生活稳定,处于没有或未发现困境状况。

(2) 事件 打破平衡 主人公的生活发生突变,导致逆境的出现。

(3) 主体 发现失衡 主人公脱离蒙昧状态,意识到必须依靠自己的努力完成自我拯救。

(4) 行动 寻找平衡 主人公面临欲望与理智的挑战,开始抗争,或退让或固守或犹豫不决。

（5）结束 重构平衡 主人公达到救赎目的。然而这只是表面上的成果，新的困境又出现，主人公面临新的困境，重新开始在新的层面上进行新的自我拯救。

这一叙事模式最大的特征在于是一个死循环，即无论人们如何努力都无法实现终极的自我救赎。这无疑是在昭示我们自我拯救过程是人终其一生的行为，也是人必须时刻保持警惕去完成的过程，没有行动的终点只有生命的终结，由此展开对于自我救赎的深度思考。毕飞宇小说中的红豆、林红、耿东亮、端方等人物，他们有理想有追求，同时也充满各类欲望，他们的欲望在道德沦丧、价值失衡的社会背景下显得合理合法而又难以实现。为了理想、追求与欲望他们努力奋斗，坚持抗争，在一个个逆境来临之际寻找理想的光辉，虽然艰辛但是却体现出了个体的觉醒与拯救意识，是不依赖他者的自我救赎。这种叙事模式在毕飞宇的作品中反复出现，作家的价值判断、对人物命运的关注和对时代悲剧的反思精神都隐含在其中，使其既是一种叙事模式，也是一种主题思想的表达方式。

一、遭遇困境：自我拯救意识的觉醒

困境是人生的主色调，是无法掩饰的一种色调。因此面对困难时最为重要的不是解决之道，而是意识到困境，实现自我拯救意识的自觉觉醒，并以此超越困境，为今后所有的困境提供解决的思想精神资源。这种觉醒同时伴随着对困境认识的提升，即坚持困境是人生时刻出现的一个主题，我们不要恐惧它而应清醒地认识到它存在的客观性。毕飞宇的作品经常为年轻人设置各类生存困境，并以此逼迫他们寻求独立的自我意识。他们拥有共同的特征：年轻。因为年轻，他们要应付心理与生理进入成熟期的阵痛，需要应对思想独立带来的独立判断的难题，他们对此只能借助于自己的勇气、理想与努力。虽然困难重重，但是自我拯救的意识毕竟开始上路了。

《玉秧》中的玉秧是家庭的一个附带品，是期盼儿子出现的意外产品，因此从出生之日起便不受父母欢迎。她在大姐玉米与爷爷、奶奶身边长大。在冷漠中成长的玉秧可以选择堕落与沉沦，但是倔强的玉秧舍得下笨功夫，凭着苦学与"背功"考上了师范学校,这是她第一次引起了家人和村里人的重视。这也是玉秧生命中的第一次自我拯救,实现了家庭尊严的回归,重塑了自我的身份与形象。但是,困境并未因此而远离,第一种失衡状态刚刚被解决,真正的考验与困境又接踵而来。在师范学校的生活中,玉秧重新体验到了家庭曾经带来的困境:乡村的身份、平庸的相貌、木讷的性格、自卑的心理,这些都令玉秧在学校里失去尊重,没有地位。虽然她也曾努力依靠第一次自我拯救的办法,参加三千米赛跑、参加大合唱、谈恋爱等等,但是结果却是三千米跑了最后一名、大合唱被除名、谈恋爱被戏弄而失恋……心灵的痛苦令玉秧深刻地认识到"自己在班里头什么也不是,属于长江里的一泡尿,有你不多,没你不少,好事和坏事都轮不上,操这份闲心做什么。这么一想玉秧坦然多了。可是,这种坦然有那么一点特别,不疼不痒,不苦不甜,却有点酸。玉秧有一种说不出的失落。"① 玉秧的痛苦来自于自我拯救意识的觉醒和行动,一旦放弃则表现出难得的轻松,只是这份轻松中多了一丝酸楚,而这种酸楚恰恰是尚未完全消失的自我拯救意识,因此它必将对玉秧产生作用。但是遗憾的是,它的作用是一种反作用力,可以说这是自我拯救意识的一次误入歧途的努力,即"通过自己的努力又再一次改变了自己的命运——成为校卫队的'地下工作者',成为魏向东老师的'联络员'是她人生的转折点。"② 这确实是一个转折点,只是它没有带来第一次拯救的成功结果,而是将玉秧引入灾难的深渊。这一情节对于自我拯救提出了新的命题。正如姐姐玉米试图通过婚姻来拯救破落的家庭一般,表面上似乎完成了拯救、实现了目标,但实质上却是进入了更为荒诞、悲剧的失衡状态。

《雨天的棉花糖》则是关于一位性别认同出现错位的年轻人红豆的故事。红豆是个男孩但是从小就表现得像一个女孩,爱脸红、爱扭捏,不喜欢"父亲为他特制的木质手枪、弹弓,以及一切具有原始意味的进攻性武器。"但是造化弄人,柔弱的红豆竟被父亲送进军营,并被迫参加了对越自卫反击战。在战斗中被抓了俘虏的红豆被家乡人作为光荣牺牲的烈士来敬仰,红豆本来

---

① 毕飞宇. 玉米 [M]. 北京:人民文学出版社,2013. 187.
② 吴义勤. 玉秧 [J]. 当代作家评论,2002(5):151.

可以以这种荒诞的结局顶着烈士的骄傲消失，但他偏偏以被释放的俘虏的身份活着回来了，并自此陷入了尴尬与困窘的生存境地。他无法挣脱畸形的社会价值标准与人们的语言暴力，甚至连父母也遗弃了他。父亲极其厌憎地说："你为什么不死？""你活着干什么？""你不是我的种，我没你这个儿。"母亲也说："豆子，妈看你活着，心像是用刀子穿了，比听你去了时还疼豆子。"在这种身份的双面错置面前红豆必须要实现自我拯救，但遗憾的是红豆没有做到，他最终带着不甘和无奈绝望地离开了这个世界。《那个夏季，那个秋天》则又表现出了人们对自我身份定位的焦虑。耿东亮在母亲的溺爱与教授的关怀中"幸福"地生活，他的自由却被阉割与束缚。他渴望自由，渴望独立，为此他表现出了自我拯救的勇气与坚定，可悲的是在寻找自我的过程中，他一步步地失去了自我。

二、摆脱困境：自我拯救的艰难历程

自我拯救意识的觉醒如同人们迈出的第一步，坚定有力令人欣喜，但这是问题的开始而不是终结。正如鲁迅关于《娜拉出走之后》的思考模式一样，我们不要因为娜拉发现女性在家庭中地位的失衡而欣喜，当我们在为娜拉迈出自我拯救的第一步而欣喜的时候，鲁迅却用《伤逝》中的子君形象告诉我们，迈出的第一步具有无限的可能性，也许是重新回归家庭，也许是堕落或死亡。因此我们在看待自我拯救模式时也应保持一份理性，如何将自我拯救愿望付诸行动并最终摆脱困境才是真正的目标，无论其间遭遇何种欲望、情感与理智等问题的严峻挑战。

在《林红的假日》中，报社总编林红表面上看是一位事业家庭都很圆满的成功女性，这是一个社会中极为普遍的女性角色定位，正因为普遍性才令我们能够自觉地进入她的世界理解其生活的困境。一次解决女下属男女关系问题的偶然事件改变了被家庭单位束缚的林红，令她意识到自己生活的局限与痛苦，开始了米兰·昆德拉式的"生活在别处"的思考与想象。于是林红开始了自我拯救的行动，提出了"再见了林总，林红我来也"的寻找自我之旅。在一个陌生的城市里没有顾忌的林红首先回归女人的身份与生活，化妆、时髦服装、逛街、胡思乱想等等。其次开始放纵情欲，同一个曾经的男下属独处两天,但是拥有堕落愿望的林红却又时常保持着一份理智,在"只是想证明一下自己"与"可是我们都没有什么需要证明"的对话中保持住了做人的底线,令作者与读者都松了一口气,如释重负却又怅然若失。于是在小说的结尾,设置了林红与一群陌生人在泥浆中疯狂玩闹的场景,以此作为人性欲望的发泄方式。这是一次理性的胜利,但同时也是所谓自我拯救的两难。

《青衣》中的筱艳秋试图通过《奔月》来维护自己传统"青衣"的艺术认知,她为了这一份执着不惜与师傅翻脸,被剧团打入冷宫。当二十年后再次拥有扮演嫦娥机会的表演时,筱艳秋的欣喜可想而知,可以说《奔月》的京剧表演成为了筱艳秋摆脱日常生活苦闷的艺术路径。因此筱艳秋不惜为此苟且献身于烟厂老板,不惜与徒弟争角。只是筱艳秋以艺术完成自我拯救的企图在现代政治社会与经济社会相继落空,最终只能导致"中国最后一位青衣"的消失。同样,《玉秧》中玉秧的自我拯救也需要承受魏向东的政治管理与猥亵,尊严在斗争过程中渐渐遗失。她越是努力争取、勤奋工作,对他人的伤害就越大,对自己人格的践踏就越狠。《玉秀》中玉秀的自我拯救依靠的是自己的容貌、性格与机巧,但吊诡的是玉秀越努力被伤害的就越深:先是在放电影的夜晚被村里男人轮奸,后又被姐姐玉米设计、被郭左始乱终弃。由此可见,依靠个人优势的自我拯救仍然难以实现。《玉米》中玉米的自我拯救亦极具悲剧性,她以身体作为自救工具,嫁给已届中年的乡革委会副主任,以此保证家庭在村里的地位。她敲掉牙齿并镶上金牙以向村里人耀武扬威,表现出衣锦还乡的姿态。但是在这一自我拯救过程中,玉米不断地蜕变,最终变成了一个坚强、冷漠、阴狠、卑贱的女人。她在床上卑微地取悦郭家兴,恶毒地伤害妹妹玉秀,杀死玉秀与郭左的"私生子"等,"一个清纯的乡村女子,就这样……成了一个牺牲者、感染者和传播者,尽管王家因她而重振旗鼓,但玉米却从此走上了权力受惠者——受害者——追随者——间接拥有者——维护者的腐化之路。"[①]

《雨天的棉花糖》中的红豆自我拯救方式更加惨烈。"死而复生"的红豆

---

① 钟琴."鬼"的纠缠与挣脱的可能——毕飞宇"玉米"系列的解读[J].当代文坛,2003(3):31-32.

回到陌生的故乡，从英雄变成了汉奸，面对乡村按部就班生活的红豆表现出了难以适应性。"我"结婚生子，曹美琴傍上大款，而他一无所有。"社会只是按照他固有的需要塑造所需要的人，而对于红豆这样偏离正轨的人，根本就没有为他们提供生存的空间。"① 失去生存空间的红豆一直没有沉沦，而是在不断地努力，试图以一己之力拯救自己。但是他不被人们所理解，他对曹美琴纯洁与真诚的感情换来的是讥讽，他想躲进二胡的音乐世界亦不可得，最后红豆只能以自杀来唤醒新的红豆的诞生。他最终被送进了疯人院，在二胡音乐中结束了自己的生命，自我拯救的悲剧性结局与重重困难令红豆真正的感受到了绝望。

三、新的困境：自我拯救的循环模式

文学自我拯救模式的一个最大悖论在于它的循环性，即无论个人如何通过努力完成自我拯救，其最终结果仍是陷入新的精神困境无法自拔，同时新的自我拯救又重新开始。这是一个循环往复的过程，最终却是以个体精神的沦丧或肉体的消失作为循环的终点。看似我们在解决日常生活中的某一特定困境，但解决完成的结果却是孕育出新的困境，由此说来，我们最需要解决的精神困境不是某一具体的问题，而是深藏于人们潜意识中的无限欲望。欲壑难填是自我拯救模式循环不息的一个根本原因。正如霍克海默在《启蒙辩证法》中引用的康德的话："除非理性把支配权揽在自己手中，否则，情感和偏好将行使这一支配权。"② 这里所说的"情感"与"偏好"关涉的正是人类缺乏理性的欲望化情绪的泛滥，它们需要理性的支配才能保证自己的方向，摆脱欲望对人的全面支配。在自我拯救的实践过程中，个体时刻接受着情感与欲望的挑战，只有以理性去战胜欲望才能彻底根除人生困境，但是这对于世俗中的人们却是一个难以完成的任务。因此，我们才会看到在世俗社会中

---

① 张富华. 存在的无奈与活着的疼痛——论毕飞宇小说中的"伤害"主题[J]. 创作评谭, 2005 (10): 61.
② 〔德〕霍克海默, 阿道尔诺. 启蒙辩证法——哲学断片[M]. 渠敬东, 曹卫东译. 上海: 上海人民出版社, 2003. 104.

人们不断投入自我拯救的具体实践中，努力完成自我救赎的目标，但是每当一次自我拯救的目标达成之后，在欲望的支配下很快便产生新的困境，于是人们接着积极投入新的拯救事件。这看似递进式的活动过程是一种悖论，更是一个陷阱，生存的困境因欲望的存在而陪伴一个人短暂的一生，从而将整个人类的命运置于西西弗的悖论之中："西西弗永远行进，而巨石仍在滚动着。"① 永无止境的奋斗过程，更为吊诡的是，我们在这一过程中"累此不疲"，且被他人赞叹为奋斗精神。这种类似西西弗神话模式的自我拯救悖论在毕飞宇的作品中无处不在，人们态度认真地努力做好一件事，似乎这件事对他们的人生极为重要，是当下必须解决的问题，为此人们甚至不择手段。但是，无论人们成功与否，其悲剧结局却无从改变。人们想以此拯救自己人生的目的，在自我拯救模式中却永难达成。

《平原》中的端方、三丫、吴蔓玲、"混世魔王"等人与王家庄之间构成了一幅现代版的西西弗神话隐喻。这种隐喻之中多少带有钱钟书"围城"的味道：王家庄那些有理想的年轻人想出去看看外面的世界，他们为此进行不懈的努力与抗争，但宿命般的魔咒将他们牢牢困守在王家庄。那些无法实现的理想如梦魇般吞噬着他们的生命与希望，每一次抗争又都是新的伤害的产生。在《平原》里，毕飞宇将人们陷入困境的欲望幻化成美好的乌托邦理想：端方挣扎着试图通过参军离开王家庄；吴蔓玲积极工作试图通过升迁离开王家庄；"混世魔王"不择手段不惜以强奸的方法获得参军名额离开王家庄……离开王家庄成为了他们的共同理想，理想的背后是人们无尽的欲望，欲望的难以满足带来的是人生的悲剧，这种悲剧在隐喻性的王家庄中成为了一种普遍现象：三丫凄惨而荒唐的死去；吴蔓玲在前途渺茫后疯癫；老鱼叉在绝望中自杀；顾先生生不如死的悲惨命运……他们无时无刻不在告诫着我们："梦想将来的黄金世界的理想家，因为要造那世界，会先唤起许多人们来受苦。"② 我们是否做好了为了理想与欲望承受困难的准备，这本身就是一个问题。

没有做好准备的筱燕秋为此备受煎熬，她的艺术追求是在舞台上塑造出

---

① 〔法〕加缪. 西西弗的神话［M］. 杜小真译. 北京：西苑出版社，2003. 146.
② 鲁迅. 娜拉走后怎样［C］. 见：鲁迅全集（第1卷）. 北京：人民文学出版社，1981. 160.

真正的嫦娥,她的人生信条是维护传统青衣角色,她始终如一地坚守着自己的艺术信念,不容亵渎。因此她不能容忍李雪芬用革命样板戏的方式演绎嫦娥,不能容忍春来以商业化的方式演绎嫦娥。然而,她的艺术理想与现实之间是剧烈冲突的,她必须在两者之间做出选择。为了理想她放弃了现世的尊严,陪烟厂老板上床、忍痛流产、拒绝住院,直至最后近于疯癫地在风雪中边舞边唱。由此我们可以看到"筱燕秋的悲剧无疑是具有放射性的,某种意义上,筱燕秋就是'嫦娥',就是'李雪芬',就是'春来',她们是不同的人、又是同一个人,她们是真实的、又是虚幻的,正是通过'互文'的方式,小说赋予了那种人生的疼痛与无奈以普遍性的意义。"① 面对人生的各种困境与背后的生成机制,毕飞宇满怀憧憬地展望:"我愿意看到这样的景象,每一个人都像棕榈树的叶子那样,舒展、自然、常绿,在风中自由自在地呈现自己的模样。不要为了证明自己是'最好'的叶子,拼命地指责别的叶子没有到天空去翱翔。"② 毕飞宇希望我们每一个人都活在自己的生活当中,不要想象他者、异地,被欲望、被他者所束缚,这是我们自我拯救的一种解决之道,理想主义的解决之道。

第二节 叙事节奏与人称

文学对世界的反映需要作家的经验与体验作为底本,需要深度思考与审美升华作为辅助,而所有的这些又都需要作家的创作激情、对于生活的热情、对于生命的投入。因此,很多作家认为创作需要激情,但是小说还有一种自己的使命,那就是"复杂的世界,需要一种复杂的形象和复杂的精神来诠释它,这是小说的基本使命,也是小说所要面对的艺术难度。假如小说不再表达复杂的世界,而只满足于讲故事,或者只专注于单一、贫乏的经验,那么

---

① 吴义勤. 一个人、一出戏、一部小说——评毕飞宇的中篇新作《青衣》[J]. 南方文坛,2001(1):57.
② 布衣依旧,毕飞宇. 生于六十年代 [M]. 上海:汉语大词典出版社,2004. 85.

小说的存在价值就会变得相当可疑。"① 对世界的深度思考需要我们超越日常经验、脱离个体情感的散漫，实现以理性介入的文学控制。对此，毕飞宇说："写作时，要尽量让自己处在一个相对冷静客观的状态，如果伴随着写作，他的指头越敲越快、思维越转越快、血液越流越快、心脏跳动也为之加速，他就会停下来，喝点水，点根烟，喘口气，平静下来再慢慢写。"② 毕飞宇要控制的不是写作的速度，而是文字的深度与节奏，这也是其作品能以张弛有度的叙事节奏去表达一种平和的理解与宽容的最为重要的原因。歌德说："艺术的最大本领在于懂得限制自己的范围，不旁驰博鹜"。③ 这是对毕飞宇小说创作的最好评价。因为"无论是时空安排、情节推衍，还是节奏把握、语速调节，都极力推崇严谨和精细，很少看到他随意地挥洒自己的叙事才情。"④ 毕飞宇正是以严谨的写作姿态去严格地控制着自己的叙事范畴，不但灵活运用叙事技巧，而且能够根据自己观察世界的视角和态度尝试着建立个人化的叙事视角。

一、叙事的节制

毕飞宇在小说叙事方面表现出来的节制，使其具有了对文字更为强大的控制力，保证了叙事节奏的跌宕起伏，避免情绪泛滥带来的无节制的叙事狂欢。

（一）叙事节奏的张弛有度

小说叙事如同人们的日常生活一般，过于紧张和过于平淡都会削弱它的魅力与热情，它需要张弛有度的节奏，这也能够保证读者的阅读感受。毕飞宇是一位特别关注叙事节奏的作家，在他新世纪以来的作品中这一点表现得

---

① 谢有顺. 比权力更广大的是人心——我读范小青的《女同志》[J]. 当代作家评论，2005（6）：88.
② 浦奕安. 毕飞宇：那个世界的精彩让我目瞪口呆 [N]. 新华每日电讯，2012-5-11（13）.
③ 〔德〕爱克曼辑录. 歌德谈话录 [M]. 朱光潜译. 北京：人民文学出版社，1978. 80.
④ 洪治钢. 1976：特殊历史中的乡村挽歌——论毕飞宇的长篇小说《平原》[J]. 南方文坛，2005（6）：47.

尤为明显。在《平原》中，毕飞宇采用了一种类似音乐旋律般的叙事节奏，在开端部分如序曲般和缓委婉，在蓄势部分则表现得沉郁顿挫、风雨欲来，到高潮部分则激烈磅礴、气壮山河，随即戛然而止，留下无限的回味。这种张弛有度、急缓相宜的叙事节奏，既显现了毕飞宇的叙事能力，又增强了故事的审美特质。

《平原》开端极为舒缓，毕飞宇用了很长一段文字来描写乡村生活，展示了麦子在乡村人心里的特殊地位，细致地描写了秋收麦子、吃新米等民风民俗。在这一部分中，我们能够感受到叙事者掌握的物理节奏与故事展开的节奏实现了同构，基本保持了一致性。这是一种非常传统的叙事节奏，缺少现代叙事急躁的商业气息，不急于吸引读者，更注重情绪的引导与培养。对此，毕飞宇曾表示："前面的四五章是用来呈现的，把农业文明时代的基本生存状况非常缓慢地沉重地用近乎重复的语言呈现出来，不知道读者是不是觉得不好读，即使有人提出意见，我也要采取这样的方式。只有这种节奏、这种缓慢、这种沉重、这种日复一日的重复，才能把读者引领到那个情境中去。我必须把节奏卡得很慢。如果用跳荡的语言，立刻就灯红酒绿了，不搭调。"①对于开篇的舒缓节奏能否吸引读者，毕飞宇也没有绝对的信心，这只是一位作家的期待，希望达成引导的艺术效果，可谓用心而又倔强。

在《平原》的序曲部分，端方在麦子的香气中慢慢登场，小说进入了蓄势部分。在舒缓而略显拖沓的细致叙事之后，叙述节奏开始逐渐加快，给人以密不透风的阅读体验。对此毕飞宇说："我在写之前对自己有一个设定，我特别想把它写成一部具有强烈加速度的小说。小说的一开始，我让它非常非常缓慢地进入，我要让它和农业文明，和农业时代的基本的生存相吻合，因为农业时代的特征，它和信息时代最基本的区别，就是速度慢，它一年有四季，庄稼栽下去以后慢慢慢慢地生长，肉眼都看不见，但是进入小说之后，很快就进入了人的际遇，人的命运，那么在这样一个情况底下呢，我就想，这个小说最好能够像一个火车启动一样，开始是吃力地、缓慢地，然后越来

---

① 江筱湖. 毕飞宇：我是"性格主义"[N]. 中国图书商报，2005 – 10 – 14（A03）.

越快,越来越快。"① 毕飞宇的叙事在这一点上确实是成功的,对于农业文明的表现本身即顺应了农业自身合时而发的自然特征,节奏缓慢、自然而然。但是当小说逐渐开始转向人际关系与人物命运的探索时,节奏开始加快。小说进入高潮部分,人物的悲剧命运越来越明朗,结局也越来越悲惨。三丫的意外死亡、老鱼叉的自杀、吴蔓玲疯癫等等,在不断地蓄势与间断的高潮中,小说不断以曲线形的叙事节奏快速推进,在紧张中给人以间或地停歇。

(二) 时间的弱化与模糊

毕飞宇小说叙事的节制,还表现在对时间的处理方式上。他经常弱化或模糊时间的刻度,在很多作品中甚至令我们无法确定故事发生的具体历史时期,令读者在阅读过程中常常要自己去揣摩。它往往令我们产生时间感上的错觉,有时感觉故事发生在刚刚逝去的年代,同时又会感觉作品正在表现当下。可以说毕飞宇将时间作为形而上意义探索的切入点,甚至时间本身亦潜在地成为了文本表现的目的。小说《孤岛》中虽然隐含着很多时间短语,但是在时间、空间的叙事与审美开拓的过程中,呈现出一种有意的模糊性,正如汪曾祺的《受戒》一般。这件发生在某年某月扬子岛上的权力争斗,似乎是一个政治寓言,它暗示了"权力斗争在人类历史中的超越时间性,从而丰富和扩展了文本的表现层次。"②

《白夜》中时常出现的时间性词汇"那一天"、"那一夜",不仅没有令读者清楚地知道具体的时代背景,反而更加纠缠于某一特定的日子。但是文中时代性词汇比如"村支书"、"公社"、"下乡接受教育"、"充满饥饿的年代"等等,似乎又在极为确定地讲述着"文革"故事。同时,《充满瓷器的时代》中的"有一年冬天"、"在那个暴雨的午后"、"十五那一个大集市"和"一年以后"等时间概念同样具有较强的模糊性。《因与果在风中》则直接将时间弱化为"铁器时代"、"某年的六月"、"那个夏末"等。《蛐蛐 蛐蛐》与《怀念妹妹小青》中并不直接交代时间,只是让读者在阅读过程中通过具体的称

---

① 王春林. 新世纪长篇小说风景 [M]. 北京:作家出版社,2013. 167.
② 吴朝辉. 有意味的叙事时间设置——毕飞宇小说浅论 [J]. 中文自学指导,2007,193 (3):57.

谓与事件揣摩故事的时间背景问题。时间的弱化与模糊，是毕飞宇小说创作的一种策略，他以此表达对时间与正向价值之间必然关联的质疑。也就是说，荒诞的、绝望的、毫无理性的事情，随时可能出现在我们生活之中，时间的流逝不可能根绝那些带有负向价值的思维与行为。

（三）围绕人物心理节奏展开的叙事

毕飞宇认为："写小说需要一种节奏，控制得好，才能写好。如果节奏是跟着写作者的喜怒哀乐走，作品就会慌里慌张的，不镇定。"① 毕飞宇不喜欢小说叙事节奏跟着作家的情绪走，那样会缺少一种叙事的自由与宽容。因此他认为作家应该跟着小说中的故事情节走，根据人物的发展变化而调节节奏。于是他的作品中出现了叙述节奏与故事节奏相吻合的景观。把握这种叙事节奏需要依据作品中的人物心理变化，依据人物性格与命运的发展而变迁。

在涉及女性形象的作品中，毕飞宇这一叙事特征表现得较为明显。诚如其言："比如写《青衣》里的筱燕秋，我感觉这小说不是我写的，倒像是她自己写的，她的命运引领着我的写作，甚至我自己也无法控制。"② 作品中的女性在毕飞宇笔下拥有了独立自在的生命，且能够以自己生存的规律脱离毕飞宇作为男性作家的支配力量，进而参与进具体的文学创作活动，影响作家对于作品中人物与叙事的操控力量。这是一种真正的文学自觉，是作家对于作品中人物的充分尊重。正是以对心理节奏的这种把握方式，毕飞宇先后在《青衣》、《哺乳期的女人》、《那个夏季，那个秋天》、"三玉"系列、《平原》等作品中，塑造了筱燕秋、惠嫂、耿东亮、玉米、玉秀、玉秧、端方、吴蔓玲等特定的人物形象，他"以一个主要角色或几个人物予以思想情感的'引领'……与作品中主要人物总是构成'情'定的'感同身受'的同心同情与同构，如此独特的叙述方式与风格，就使他的作品在读者的情感上产生交流共鸣的亲和力，与命运故事的大悲悯。"③

---

① 浦奕安. 毕飞宇：那个世界的精彩让我目瞪口呆［N］. 新华每日电讯，2012-5-11（13）.
② 杜晗. 毕飞宇：写作就是与人物相处［N］. 半岛都市报，2004-9-20.
③ 吴周文，张王飞. 论毕飞宇命运叙事的独特性［J］. 中国现代文学研究丛刊，2013（2）：126.

《五月的九日和十日》、《充满瓷器的时代》、《青衣》等作品，都走在人物心理承受的边际。各种冲突在故事的叙述过程中时常令读者感到紧张，矛盾冲突似乎一触即发，但最后却都意想不到地被内转为心理活动，始终保持情节的自在自为状态，而人物灵魂的撕裂却因此而变得更为惨烈。这种"引而不发"使小说产生了无限的叙事张力，令读者的阅读也具有了一定的张力。这一叙事特征来自于音乐的启示。毕飞宇回忆在学校做老师时，同寝室的音乐老师经常听贝多芬的《第五交响曲》。毕飞宇因此每周都能听一遍，但对音乐还是一窍不通，听不出头绪。那个音乐老师就告诉他："贝五最迷人的地方就在节奏——不停地往高潮推，快到的时候，拉下来，再推，'贝五'永远不给你高潮，就这么循环往复"。这句话给毕飞宇许多启示，他说："我在写《玉米》的时候时常想起那个音乐老师的话，我想我从'贝五'那里学到了一点皮毛。"① 当然这种心理节奏不仅仅应用于《玉米》，它广布于毕飞宇的小说中。

《推拿》中叙事的心理跟踪更为明显。作为边缘性群体的盲人，在生活上相对单调和乏味，但是他们向内转，反而拥有了更为丰富的心理想象空间。他们的空闲时间是以充分调动内心的情感和思维的"想"来打发时间。比如小马将"时间"的物质化，金嫣对婚礼夸张而不切合实际的幻想……因为耽思《推拿》的叙述节奏与盲人的日常生活节奏保持了惊人的一致，在小说叙事中以延宕的手法保证了小说叙事与盲人心理的一致进度。

二、毕飞宇式"第二"人称叙述视角

叙述视角的选取往往是一位作家进入作品、进入文学世界的一种方式。在现代叙事学中叙述视角已经不再是简单的文学形式，更不是一种服务于故事的工具，它本身就是作家的文学立场，是作家观察世界的视角与态度，它参与了作品内容与主题的建构。毕飞宇十分关注叙述视角的问题，并试图在借鉴国外叙事学的基础上形成自己的叙事视角。

---

① 黄念欣，毕飞宇. 简单、丰盈，清澈、深邃 [J]. 复印报刊资料（中国现代、当代文学研究），2012（3）：146.

(一)"第二"人称叙述视角的发现

小说叙述视角的问题不是简单的文学创作的问题,它是一个涉及哲学与思想的问题,是一代人或一个阶层抑或一个人的世界观与价值观的问题。因此,毕飞宇在回顾自己的创作历程时发现了一个耐人寻味的现象:"为什么在我早期的创作中,叙事者都用的是'我',而到了中年以后多用叙述者的名字写作?这是因为我年轻时,正处于改革开放前后,我们中国人有了一次真正的觉醒,民族、祖国、阶级这些大词被部分消解了,作为主体的'我'则被凸显了出来。而当'我'逐渐失去了原有解放的意义变得泛滥以后,对我来说,只有离开'我',写作才能进行下去。"① 毕飞宇凭借着作家的敏锐与敏感发现了叙述视角与思想观念的关系,这不仅仅是文学问题,它也是时代精神与社会思潮在个体身上、在文字中的集中呈现。毕飞宇对于第一人称的超越是一种精神的超越,是对文学理想的尊重。如果说"我"叙述视角的选取传达的是一种主体意识的觉醒,带有着强烈的革命性,是 1980 年代摆脱政治压抑的知识分子的一次自觉觉醒,那么随着它的滥用,主体意识的泛滥必然会导致新的社会问题的出现。人们对个体的过分关注为利己主义、消费主义、物质主义打下了良好的社会基础,因此对这一现象的纠错也是势在必行。因此,毕飞宇自觉地放弃了第一人称叙述,这是一种文学的选择与社会的责任感。

毕飞宇认为第三人称虽然客观了,但是却在情感上有些"隔",无法与作品中的人物真正地实现在心灵上的沟通。作家以无所不知的"上帝"姿态俯视作品中的人物,权力欲望的表现过于浓郁,操控意识强,缺乏人文精神。同时,在毕飞宇看来,第一人称与第三人称还存在着一个重要问题,那就是"我总觉得第一人称过于狭隘,在许多时候,你拉不开空间,虽然第一人称在时间的处理上更自由一些。第三人称的空间感要好很多,在时间的处理上却又难了。说得绝对一点,小说的技术问题就是时空问题,我选择特殊的'第

---

① 傅小平,金莹,陈竞. 中德作家一对一对话:以文学为桥抵达心灵 [N]. 文学报,2007 - 9 - 6 (1).

第四章 毕飞宇小说的叙事策略

二人称'，无非是想在时空关系上让自己更自由，这也是长期实践的一个结果，它更适合我的气质特征，自然而然地就形成了。"① 这里说到的"第二人称"，不是传统叙事学中的"第二人称"，它拥有了毕飞宇自己的色彩。

毕飞宇通过自己的创作实践与艺术思考，逐渐形成了自己独特的带有标签性的叙事视角，这就是毕飞宇式的"第二"人称叙述视角。毕飞宇在《玉米》的创作中曾总结过自己的叙事视角问题，他认为：第一人称叙述视角"多少带有点神经质，撒娇，草率，边走边唱，见到风就是雨。"毕竟主体意识太强，主观性超越了客观性；第二人称叙述视角显得"锋芒毕露，凌厉，有些得寸进尺。"因为这一视角具有较强的对话感，是将作者和读者直接与叙事者置于对立位置；第三人称叙述视角则"隔岸观火，有点没心没肺的样子。"这是为了保证客观性的一种旁观者姿态。② 毕飞宇认为这三种文学常见的叙事视角，都存在自己难以克服的缺陷，使创作总是处于一种不满意的状态，因此需要作家重新去寻找一条新视角，以期避免它们的缺陷，达到更好的叙事效果。基于此，毕飞宇在创作中不断地摸索，实验性地在部分作品中做出了叙事视角的革新性尝试，由此形成了自己的所谓"第二"人称叙述视角，"这个'第二'人称却不是'第二人称'。简单地说，是'第一'与'第三'的平均值，换言之，是'我'与'他'的平均值。"③ "第二"人称叙述视角与"第二人称"叙述视角，不仅仅是引号囊括范围的区别，它是对"你"的超越，是对第一人称与第三人称叙述视角的一次综合性地提升。

毕飞宇"第二"人称叙述视角的一个重要案例就是他的长篇小说《玉米》。毕飞宇认为："我想强调的是，《玉米》、《玉秀》、《玉秧》当然都是用第三人称进行叙述的，然而，第一人称，也就是说，'我'一直在场，一天都没有离开。至少，在我的创作心态上，确实是这样。"④ 毕飞宇极为谨慎地谈论自己的作品与叙述视角问题，他告诉我们，在创作的预设上他力图实现

---

① 黄念欣，毕飞宇. 简单、丰盈，清澈、深邃[J]. 复印报刊资料（中国现代、当代文学研究），2012（3）：149.
② 毕飞宇. 玉米[M]. 南京：江苏文艺出版社，2003. 269.
③ 毕飞宇. 玉米[M]. 南京：江苏文艺出版社，2003. 268.
④ 毕飞宇. 玉米[M]. 南京：江苏文艺出版社，2003. 269.

"他"与"我"视角的一次融合性使用,在二者的视角转换使用与交叉出现过程中,表现出的是一种不同于惯常的"第一人称"或"第三人称"的叙事视角,而是两种叙事视角的折中——"第二人称"叙事视角。毕飞宇以此将第三人称叙述视角的"距离感"、"客观性"与第一人称叙述视角的"亲切感"、"主观性"互为渗透,即在保持文本相对客观的叙事同时,将叙事主体"我"置于文本之内,称为另一个叙事者。在保证两个叙事者同时存在之余,给"我"以极大的叙事自由度,可以直接观察生活,表达情感,甚至可以进行价值判断。从而形成一种独特的"第二"人称叙述视角,在小说叙事效果上极大地提升了作品的艺术表现力与张力。

正如一些研究所述:"对于书写者来说,建立独立叙事模式,就是寻找一种个人化的价值准则,以及这种个人价值的充分宣叙,并在书写中建立起自身的知识谱系和话语伦理。这种独立叙事还将成为更精确的身份标志,也即在公共空间里保持着个人身份和个人话语特征。"[①] 毕飞宇在小说叙事学上的努力,尤其对于叙述视角的开拓性贡献,已经令其建构起自己独立的文学世界,为自己的文学打上了自己的标签。并且由此传递出了自己的价值观、伦理观、世界观,更是以此影响文学,影响读者,影响世界。

(二)"第二"人称叙述视角的文学实验

毕飞宇的很多重要作品都采用了"第二"人称叙述视角,这些小说以"第二"人称叙述视角来看世界,介入文学,保证了叙述者、主人公的在场性特征,使叙事话语、审美距离、社会干预程度、价值的隐含判断以及情感传递程度等都产生了巨大的变化,具有了更为丰富的表现方式与更为深刻的表现力。在毕飞宇的"第二"人称叙述作品中,一般都会存在一个会讲故事的叙述者,这种独特的小说介入方式使得小说的"讲述"性特征增强,对话交流的距离感与急迫感更为明显,小说表现出来的层次感亦愈加鲜明。这在小说《玉米》中表现的比较突出。

小说以第三人称贯穿全文,但是第一人称总会介入其中,可以说文本中

[①] 朱大可,张闳主编. 21世纪中国文化地图 [M]. 南宁:广西师范大学出版社,2004. 6.

的"第二"人称叙述方式在主客观的互融、价值判断与情感表露的交叉中,拉近了读者、叙述者和人物之间的距离,将读者带进了小说场景。叙述者好似一位亲切的乡里人带你游逛于王家庄的各个角落,为你指点着身边经过的每一个人,讲述他们身上曾经发生的故事,玉米、玉秀一干姐妹如走马灯般与你擦肩而过,真实而又亲切,使小说叙事效果产生了极为真实的感觉。

"彭国梁来信了,他信里只有一句话:'告诉我,你是不是被人睡了?!'虽然远隔千里,玉米还是感受到了彭国梁失控的体气,空气在晃动。玉米差不多被这句话击倒了,全身透凉,没有了力气。玉米无端地恐惧了。玉米看到了一只手,这只手绕过了玉秀还有玉叶,慢慢地伸向她玉米了。阳光普照,但那只手却伸手不见五指。玉米知道了,村子里的人不仅替玉米看彭国梁的信,还在替玉米给彭国梁写信。玉米该怎么回答彭国梁呢?这样的问题玉米又如何说得出口呢?玉米实在不知道该怎样回答这个问题。人都想呆了。彭国梁现在是玉米和玉米家最后的一根支柱,他这架飞机要是飞远了,玉米的天空真是塌下来了。"①

这段话主体采用的是第三人称叙述视角,我们可以自由地进入玉米的内心,发现他与彭国梁之间的私人空间里所发生的故事。同时,它又融入了"第二"人称叙述视角,产生了一种对话性,叙事者似乎就在现场观察着玉米对于信件内容的反应,但同时似乎又能相对客观地置身事外地冷静旁观,从而使整体的文字呈现出了强烈的现场感与超越性。这里的"第二"人称叙述并未落在玉米身上,而是叙述者与读者之间的一次直接沟通,他在对"你"讲故事,并在讲述中渗透着自己的价值判断和情感倾向。我们看到了作家对玉米的同情,以及对她权力欲望的批判,她无端被村里人出卖,被未婚夫冤枉,但是她又紧紧地抓住了未婚夫这个最后的稻草,她只是为了维护家族下滑的地位。而彭国栋的愤怒又令我们看到了中国男人的褊狭的"处女情结"与占有欲,同时他的愤怒越强,就越让我们看到他被愚昧的村里人欺骗的可

---

① 毕飞宇. 玉米 [M]. 北京:人民文学出版社,2013. 62.

悲与可怜。

小说《推拿》同样采用的是运用"第二"人称的叙述方式去理解社会这一特殊群体——盲人，令读者正视他们的尊严问题。比如：

"从打工的第一天起，沙复明就不是冲着'自食其力'去的，他在为原始积累而努力。'自食其力'，这是一个多么荒谬、多么傲慢、多么自以为是的说法。可健全人就是对残疾人这样说的。在残疾人的这一头，他们对健全人还有一个称呼，'正常人'。正常人其实是不正常的，无论是当了教师还是做了官员，他们永远都会对残疾人说，你们要'自食其力'。自我感觉好极了。就好像只有残疾人才需要'自食其力'，而他们则不需要，他们都有现成的，只等着他们去动筷子；就好像残疾人只要'自食其力'就行了，都没饿死，都没冻死，很了不起了。去你妈的'自食其力'。健全人永远也不知道盲人的心脏会具有怎样彪悍的马力。"①

就"自食其力"问题小说进行了一次简短的讨论，讨论过程中出现了叙述视角的转换，令整个叙事出现了不同的声部。在第三人称叙述中，我们看到了沙复明超越"自食其力"的行为目的。他要的是资本的"原始积累"，是为了更高追求的初级阶段的努力，"自食其力"不是盲人的生存目标，这是正常人对盲人的一种歧视。但在叙事中，"第二"人称叙述开始突显，叙述者的情绪开始激动，对"你"这位正常人表现出了强烈不满，似乎是你这位读者正站在他的面前，接受着他对你的启蒙与宣泄。由此我们看到了盲人的敏感心理，触摸到了他们内心深处更为敏感的自尊心，以及更为坚强、坚韧与执着的意志力。

再比如《推拿》中王大夫硬着头皮顶下弟弟赌债的情节：

"王大夫第一次恨起了自己。他为什么是做哥哥的？他为什么那么喜欢做冤大头？凭什么他要抢着站出来？真是用不着的。没有他，地球一

---

① 毕飞宇. 推拿 [M]. 北京：人民文学出版社，2013. 31.

样转。这毛病得改。下一次一定得改。这一次当然不行。他承诺了。他是用舌头承诺的。再怎么说,一个人的舌头永远都不能瞎。舌头要是瞎了,这个世界就全瞎了。欠债还钱,这是天理。从来就是。……"

"怎么会这样的?怎么就这样了?王大夫本来已经决定了,把弟弟的赌债还给人家的。可是,也就是一念之差,他没有。他都做了什么?这个荒谬的举动是他王大夫做的么?他怎么会做出这种事来的?他今天的举动和一个流氓有什么区别?没有。可耻了。在今天,他是一个十足的地痞,一个不折不扣的人渣。太龌龊了。他王大夫再也不是一个'体面'的人了。他的舌头终于说了一次瞎话。"

"在内心的最深处,王大夫一直要求自己做一个'体面人'。只有这样王大夫才能报答'父母'的哺育。他要'对得起''父母'。"

"可今天他都做了什么?为了钱,他撒泼了。他的舌头当着'父母'的面说了瞎话。他丧失了他的全部体面。他丧失了他的全部尊严。就在'父母'的面前。"①

借助"第二"人称叙述,王大夫"讲信誉、重体面"的形象被刻画出来。这位本来准备还债的盲人面对逼债人、面对父母亲人,他以地痞流氓的方式用刀一下一下地划过身体并以此捍卫尊严。但是当事情过去了,逼债人被迫屈服了,王大夫胜利之后,却没有胜利的喜悦,相反更多的是对自己行为的自责反省。在这段自责中,第三人称与第一人称交叉使用,使王大夫的形象得以迅速、立体的呈现。这就是毕飞宇式"第二"人称叙述的叙事效果。

这种"第二"人称叙述视角最大的叙事优势在于它的全方位性与自由度,它可以根据需要来自由地转换叙述视角,将外视角的"显"与内视角的"隐"紧密地相结合,令读者能够彻底且全面地观察对象、理解对象。因此,我们能够看到人与人间的私人秘密与私密情感,比如《哺乳期的女人》中旺旺偷看惠嫂喂奶,惠嫂假装不知,且主动给旺旺喂奶,这是两个人的情感默契与温暖的隐秘;《玉秀》中玉秀对玉米有着复杂的情感,感激中夹杂着难言

---

① 毕飞宇. 推拿 [M]. 北京:人民文学出版社,2013. 234,240,241.

的恨;《马家父子》中蜗居北京离了婚的老马对儿子的情感寄托与苛求,希望儿子能够喜欢四川话、热爱四川足球队;《雨天里的棉花糖》中红豆在"文革"时代独具个性的张扬与不被理解;《彩虹》中的老年人和儿童对亲情与交流的渴望;《大雨如注》和《家事》中高中生们的困境……可以说,毕飞宇以"第二"人称叙述视角建构起了人们彼此理解的可能性,并以此化解人与人之间的隔阂、误解、矛盾甚至仇恨,建构起了一个温暖、和谐、重伦理的文学世界。

第三节 细节:日常风俗画

对日常生活细节的叙述与描写,是毕飞宇小说叙事的一个重要特征。毕飞宇细致入微的细节描写一直以来为读者与评论者津津乐道。毕飞宇"能够将生活中的每一个细节通过一定语言形式的排列与组合,出神入化地表现出来,达到一种形神兼备的状态,这是许多现实主义作家无法与之比肩的。毕飞宇从各个方面对所述对象进行观照,以求精致深入地刻画人物、刻画人物的日常生活,从而形成了一种特立独行的细节描写方式。"[①] 毕飞宇为我们提供了一个更为丰富、细腻、真实、可感的日常生活,这是一种现实的存在,更是一种审美的存在。因为所谓细节的微小之处,恰恰是一位作家对日常生活经验的熟悉程度、感受力度与体验深度,是作品真实性的判断基点。但是遗憾的是,很多中国的当代作家在创作过程中习惯性地"向外看",习惯以西方的现代小说作为参照系,一味地在宏大的叙事空间中寻找价值与意义的立足点,却没有真正做到"向里看",没有从中国的日常生活出发、从微观生活入手去发现自己的小说。但是毕飞宇做到了,他"遵守了传统小说的家法:

---

① 王春林. 从心灵出发的日常化叙事——对毕飞宇小说文体的一种理解[J]. 天津师范大学学报(社会科学版),2009,203(2):53.

第四章　毕飞宇小说的叙事策略

浅处见才，细致入微。"①

一、以细节展现日常风俗

就文学作品而言，细节起到关键性作用，它往往能够决定一部作品的气质，最能显现出作家的才华、智慧，以及对于生活的感悟力，对于文字的把握力，同时还包括对于生活的了解程度与理解程度，这是考察一位作家与生活的深层关系。《平原》中毕飞宇深入到生活之中，描绘了大量的生活细节，比如对老渔叉自杀部分的描写：

> "上房之后，老渔叉把梯子也拽了上去。他爬到了最高处，在屋脊上，站立起来。他放开眼，王家庄就在他的眼底了。他把王家庄打量了一遍，是一个又一个屋脊。不同的是，那是茅草的屋脊，丑陋而又低矮。老渔叉居高临下了。居高临下的滋味很好，真是很好。好极了。老渔叉退下来一步，对着正北的方向，跪下了。他像变戏法那样从口袋里掏出了三根香，点着了，插在了瓦缝里。老渔叉磕了三个头。这个举动特别了，而他的头磕得又过于努力，在额头和瓦片之间发出了金属般的音响。一阵风把哀乐的声音吹了过来，是一阵猛烈的悲伤。兴隆在天井里喊：'爹，干吗呢，下来吧。'其实兴隆已经有了非常不好的预感了，只是没有办法，他只能在天井里转圈。兴隆看着老渔叉磕完了头，伸出手去，抚摸着那些瓦。一遍又一遍地抚摸，是无比珍惜的样子。摸过了，老渔叉在屋顶上站起了身子，沿着屋脊，再往西走。一直走到头。兴隆看见自己的父亲挺起了肚子，大声地喊道：'干净了！干净了！干净了！'这是老渔叉的这一生最后的三句话，就九个字。兴隆没有听懂。但兴隆从父亲剧烈地晃动当中看到了灾难种种。兴隆还没有来得及说话，就发现父亲直挺挺的，脑袋朝下，一头栽了下来。"②

---

① 杨扬. 21世纪可能会有一些新的文学传统——《推拿》引发的一点感想[J]. 扬子江评论，2011(5)：4.

② 毕飞宇. 平原[M]. 上海：上海锦绣文章出版社，2009. 175.

老渔叉的自杀在毕飞宇的笔下多了一种仪式感：先修好房子、换好瓦，这是在整理祭坛，这使自杀具有了一种沐浴更衣般的神圣感；站在屋顶的高处俯瞰整个王家庄，这是对于自己生活空间的一次巡礼回顾，是对现实生活的一次整体归纳；插香磕头，头与瓦之间碰撞所发出的哀乐是仪式的重要部分，它表达了人与世界最后的诀别信号，是切断与世界联系的一种方式；最后是自杀的完成行为，最后的纵身一跃是行动上最为简单但心理上最为艰难的一个环节。在这个仪式中需要见证者，小说中选取了他的儿子兴隆。兴隆对父亲反常行为的提前感应、语言阻止以及束手无策的慌乱，直到最后在惊恐中见证父亲的死亡，都为老渔叉的死亡镀上了悲壮的气氛色彩。老渔叉在整个过程中的每一个细节都被作家精准地捕捉到，尤其是上房后拉梯子、变戏法式地拿出三支香等细节，让我们看到了老渔叉对于整件事的提前准备与深思熟虑，从而更加昭示出了它发生的计划性、执行的坚决性，使老渔叉的形象在死亡过程中被具体化、立体化、细致化。

在民间富有迷信色彩的风俗中，同样的仪式在孔素贞等人身上也发生过，只是她们不是老渔叉式的自杀活动，而是为了悼念辞世的毛主席而虔诚地在船上做佛事，小说对此给予了很细致的描述。

"他们上了一条船，划出去四五里的水路，就在船上，他们摆开了水陆道场。到底是秋夜的水，有一种凝稠的、厚实的黑，在无声地流。他们没有木鱼，没有磬，但他们是有创造性的，最关键的是，一颗心虔诚了。他们就敲船。咚咚咚咚的，声音传得相当的远。不过没事的，安全。他们跪在船舱里，面对着天上的北斗星，磕头，烧纸，焚香。他们要为毛主席化钱，不能让主席在那边受穷。毛主席一定能收到他们的这一番心意的，只要在北京中转一下，就收到了。他们在颂经。他们相信，在他们的祈祷声里，毛主席赤着脚，踩着莲花，正在向极乐世界去。二十年之后，他老人家一定还会回来，回到中国，回到北京，回到王家庄，领导人民过上天女散花的日子。一想到这里他们就难过了，但是，是那

◈ 第四章 毕飞宇小说的叙事策略

种满怀着希望的难过。一个个的痛痛快快地哭出了声来。"①

老渔叉的插香磕头带有个体化色彩，这是告别世界的仪式，而孔素贞等人同样的迷信活动却具有了意识形态性质。小说详细地描写了她们的祭奠过程与简化仪式，没有木鱼和磬就敲船，担心被他人发现引发事端但又虔诚地纪念毛主席，她们"对着天上的北斗星，磕头，烧纸，焚香"，他们为毛主席化钱。这些在"文革"中被政府禁止的民间封建迷信以极为荒唐的面目出现，人们以虔诚地心理采用被政府禁止的封建迷信方式去纪念政治领袖，这本身就构成了一幅感人又矛盾的画面。乡村的民风民俗除却封建迷信就是男女关系，小说还详细地描写了麦地里乡村男女调情解乏的粗俗游戏：

"在广礼家的嘴里，队长就是三月里的一条公猫，再不就是三月里的一只公狗，声嘶力竭的不说，还上跳下跳，就好像队长'办事'的时候她广礼家的就站在床边，全听见了，全看见了。队长沉着得很，并不慌张，嘴巴自然是不吃素了，反过来拿广礼家的开心。队长把广礼家的身板子说得嘎嵫嘎嵫响，把广礼家的身子骨说得特别的骚。说完了广礼家的，队长总结说：'女人哪，就这样，厉害。三十如狼，四十如虎，站着吸风，坐着吸土。广礼家的，风和土都让你弄走了，你不简单呢你！'大伙儿一阵狂笑。广礼家的被别人笑话过了，并不生气，并不着急，慢悠悠地站起来了，走了。绕了一个大圈子，绕到了队长的身后，乘队长不备，从身后扳倒了队长。广礼家的一定先用眼睛和女将们联络过了，建立了临时的、秘密的统一战线。所以就有了统一的意志和统一的行动。统一战线具有无坚不摧的力量，可以说无往而不胜。四五个女将一起扑上去，拽住队长的手脚，给了队长一个五马分尸。"②

无论从人物行动、语言还是情感表达、信息传递都深深折射出民间生存

---

① 毕飞宇. 平原[M]. 上海：上海锦绣文章出版社，2009. 179.
② 毕飞宇. 平原[M]. 上海：上海锦绣文章出版社，2009. 11-12.

的信息,广礼家的这位泼辣的女人形象被作者表现得淋漓尽致。她不避粗、爱挑事,在言语攻击失败后,直接采取了暴力手段。从她与其他女干将间统一战线建立的速度与力度来看,人们之间的此类游戏应该是一种普遍现象,这就是细节传递的力量。在将乡村原生态进行细节展现的同时,也传递出了背后的大量信息。因此,通过这些延展的细节,使读者透过历史的缝隙看到了王家庄以及中国社会的人生百态。

二、细节中的人性挖掘

外貌体态与行动可以通过文字进行直接描写,优秀的文学作品不会直接用文字呈现人物性格,它往往通过细节描写等方式去发掘与呈现人物性格,有时更需要读者通过参与性思考去发现人物各自的性格特征,大部分人物性格往往通过具体的日常生活细节予以呈现。

对人物性格的细节刻画在《玉米》中的玉米身上表现得最为明显。作品从日常生活细节出发发掘玉米身上的人性弱点,发现她身上"出人头地"、"人上人"的权力欲望与精神诉求。玉米虚荣、妒忌、好强,"绝对不能答应谁家比自家过得强",甚至连父亲有没有儿子都是比较的对象,母亲生了七个女儿后她似乎也脸上无光,在人前矮了半截。终于有了一个弟弟后,"好像生下小八子的不是母亲,而是玉米自己",她经常抱着弟弟往人堆里钻,极尽能事显示弟弟的与众不同和特殊地位。为了打击父亲的情人柳粉香就以"生不出孩子"来刺激她。她也不能容忍妹妹玉秀的聪明漂亮,坚决要在饭桌上打倒玉秀确定家庭权威地位。当未婚夫彭国梁提出分手后,玉米担心村里人截信发现秘密令自己丢面子,家庭失去地位,就亲自到桥头等候,当看到邮包里是自己写给彭国梁的信和照片之后,"太难为情了,就想一头撞死"。从这些生活细节与戏剧性的场面中,一方面我们看到了一个形象生动的玉米,同时也看到了毕飞宇对日常生活的把握能力、对人物形象的发掘能力、对人物性格塑造的表现能力。可以说,正是在细节中,才更让我们看到了一个完整的、深刻、形象饱满的玉米。

毕飞宇在细节方面表现得较多的是关于"性"的描写,在他的小说中,性描写被日常化。毕飞宇通过人们最为隐秘与禁忌的行为,发现背后的人物特征、社会伦理,而不是性本身的色彩,正如其言"性有时候包含的意义真是出乎我们的想象"。比如:筱燕秋"为艺术献身"的坦然与理所应当感、顾先生对性的恐惧、玉米对性的憧憬、端方对性的懵懂、玉秀对性的挫败感等,毕飞宇将性的描写诗意化、哲理化,同时却又充满着现实感与悲剧性。

在《相爱的日子》中毕飞宇描写的是两位大学生毕业相爱的故事。他们毕业后居无定所,漂泊无依,偶然的一次机会使得二人相遇、相爱。他们同居生活、彼此温暖,"完美"的性爱成为了他们彼此慰藉与互相温暖的手段。在他们的世界里,"性"既是生理的需要,更是一种心理的需要,是对生命、情感、精神的一种寄托。他们用性去共同抵御现实困境,消解内心的痛苦。令读者感动与唏嘘的是,他们之间的性与爱似乎是天定之缘,在那个冰冷的城市温暖了每一个人的心房,但是遗憾的是,毕飞宇又似乎并不想如此去表现性与爱。在一场痛快淋漓的性爱之后,她说:"这会儿我什么压力也没有了,真轻松啊——你呢?"他说:"我也轻松多了。"她又说:"相信我,哥,只要能轻松下来,日子就好打发了——我们怎么都能抗得过去!"[①] 性中无爱的本质被彰显,表面温馨的爱情背后是残酷的现实,他们同居只是为了彼此暂时的慰藉,为了摆脱生活的压力,而并非是真正的爱情。所以,当她要在两个富有的结婚对象中做出选择时,他能够理智地帮她分析、选择,然后二人分手。一切都在平淡中表现出了城市的冷漠,人性的真实。

三、细节与叙事空间的开拓

对于文学空间的开拓与重视是中国当代小说的重要使命之一,"在许多小说,尤其是现代小说中,空间元素具有重要的叙事功能。小说家们不仅仅把空间看作故事发生的地点和叙事必不可少的场景,更是利用空间来推动整个叙事进程。因此,在现代小说中,'空间叙事'已成为一种重要的技巧。"[②] 对于空间的认识是一个关涉哲学的文学问题,对于文学空间的处理是作家哲学理念与文学思想的一种体现。尤其在大量西方现代文学思想的涌入之后,

---

[①] 毕飞宇. 相爱的日子 [C]. 见: 相爱的日子. 重庆: 重庆大学出版社, 2011. 34.
[②] 龙迪勇. 叙事学研究的空间转向 [J]. 江西社会科学, 2006 (10): 69.

中国当代作家在借鉴与实践的过程中不断磨合，努力去开拓属于自己的文学空间。对于文学时空问题，毕飞宇曾说过："现代主义小说在时空的关系上和古典主义小说有很大的区别，现代主义不那么在意时空的线性，也就是物理性。在时空的处理上，我站在现代主义这一边。……我不是一个古典主义的现实主义者，原因就在这里。我的时空有很大的主观性。"① 以现代主义思想脱离传统时空的线性关系来处理时空关系，以个体主观性参与文学时空的建构是毕飞宇的一种文学追求。在具体文本的处理过程中，毕飞宇对于文学空间的处理别出心裁，他着力于细节书写，力图在横向上延展时间，放慢叙事的节奏，有时甚至会让时间凝固，一切处于停滞状态，而在纵向上又努力放大细节拓展、丰富小说空间。

在小说中，支撑讲故事的叙事活动往往会推动着小说在时间线条中快速前进，以此展开故事情节。而小说中的细节描写则会不断地融入其中，延宕小说的叙事进度，拉伸小说空间范围，进入空间画面的展示。因为小说毕竟不仅仅是讲故事，它还有自己其他的审美需求，因为"小说不可以全是时间，一路狂奔，它必须时不时的停下来。对于小说来讲，它的时间是有限的，真正使它丰满的是空间，是空间里生动的细节描写，正是在这一点上，显出作家的趣味、力量、经验资源与想像的本领。"② 汪政对毕飞宇关于文学空间的开拓与细节描写的评价是非常贴切的。以毕飞宇的作品《彩虹》为例。小说的故事情节很简单，集中于日常生活中的一个片断：铁树和虞积藻都是高校退休教师，他们住在二十九层公寓里，因为妻子卧床，老夫妻俩大部分时间窝在家里向外看，于是，他们的生活同邻家男孩——一个从小被父母一个人留在家里的孩子产生了交集。小说的叙事主体可谓非常简单，因而支撑起整部小说的就是细节，细节描写在很大程度上决定了故事的主题思想。

《彩虹》中铁树和虞积藻这对大学教师将三个孩子都培养成才，帮助他们出国留学并定居那里，这在当代中国来说不可不谓成功，但是对于退休后的

---

① 张莉，毕飞宇. 理解力比想象力更重要——对话《推拿》[J]. 当代作家评论，2009（2）：35 - 36.

② 晓华，汪政.《彩虹》与毕飞宇的短篇小说 [J]. 名作欣赏，2005（11）：52.

老夫妻而言则是空虚和寂寞。亲情的不在场令他们产生了强烈的挫败感。于是铁树买来四只石英钟,"把时间分别拨到了北京、旧金山、温哥华和慕尼黑,依照地理次序挂在了墙上","夜深人静的,虞积藻盯着那些时钟,动不动就要说'吃午饭了'、'下班了'、'又吃午饭了'。她说的当然不是自己,而是时差里的孩子。"在百无聊赖中老铁便趴在阳台四处观望,"老铁有时候就想,这个世界和他已经没有什么关系了,真的没什么关系了。他唯一能做的事情就是看着,站得高高的,远远的,看着。"于是偶然间老铁看到了邻居家的小男孩。小男孩一个人在家用舌尖舔玻璃,不停地舔,仔细地舔,一直舔了一上午,舔完后开始用头磕玻璃。孩子在无聊地舔与磕玻璃,老铁也无聊看与数。直到有一天老铁忍不住去拜访男孩,孤独而警惕的小男孩堵着门缝,"小男孩很小,可样子有些滑稽,头发是三七开的,梳得一丝不苟,白衬衫,吊带裤,皮鞋,像一个小小的进口绅士。"孤独寂寞与留守,加之父母对于孩子过度的安全教育,令孩子的少年老成都通过穿着体现了出来,这就是细节的力量。一条门缝是人与人之间关系的象征,同时也是交流的渴望。后来小男孩来到了老铁家,小男孩的到来带来了欢乐,甚至连卧床的虞积藻也"笑了,十分开心地笑了。……满脸的皱纹像一朵砰然绽放的菊花,全部挂在了脸上。……虽然躺在床上,可虞积藻觉得自己的两条腿已经站立起来了。虞积藻一把把小男孩搂了过来,抱在了怀里,怀里实实在在的。实实在在的。……虞积藻手忙脚乱了起来,她寻找吃的,她寻找玩的,她要把这个小家伙留在这里,她要看着他,她要听见他说话。"① 在到访孩子面前,同样孤独的老夫妻表现得极为谄媚,他们努力地想让孩子留在身边多陪他们一会,以此填补生活中的无聊与空缺,这同样是缺少亲情关怀的空缺。小说结尾处的一个小细节同样极为重要,小男孩面对时针指向不一的钟表,他说老铁家的时间坏了。当然坏的不仅仅是时间,也不仅仅是老铁家的时间,这是一种普遍性的生存与孤独的隐喻,是关于人与人之间的关系,人与家庭之间关系的一次思考——究竟我们的社会哪里"坏"了,制造出这么多物质充盈下的孤独者。于是,小说便有了深度与感悟度。

---

① 毕飞宇. 彩虹[C]. 见:相爱的日子. 重庆:重庆大学出版社,2011. 47.

毕飞宇通过对日常生活细节的细致描写，使生活变得充盈丰满，使文学具备了直指当下的现实意义，更为接近生存的真实与人性的真实。正如一些学者认为的那样："面对庸常的俗世生活，小说家们采用了一种将生活还原化的'客观'叙述方式，突出地呈现生活的琐碎、凡庸、惰性和皮相。毕飞宇的写作无疑是契合了这种文学企图。"① 以此观之，毕飞宇小说对细节的关注不仅开拓了文学空间，也必将引领新世纪文学的发展方向。

---

① 李前刚. 破碎：叙事的向度和强度——评毕飞宇长篇小说《平原》[J]. 中南大学学报（社会科学版），2007（4）：463.

第五章　毕飞宇小说的语言风格与审美特征

新世纪以来，文学语言问题越来越引起人们的关注，它不仅仅是一个关涉文学形式的问题，它也会影响到文学内容、主题与意义等方面的建构。黑格尔曾说过："艺术的内容就是理念，艺术的形式就是诉诸感官的形象。艺术要把这两方面调和成一种自由统一的整体。"[①] 黑格尔采用的仍然是内容/形式二分法，但是他着重强调了二者间有机结合的重要性，提升了形式在文学中的地位，改变了重内容轻形式的文学传统。所谓的形成"自由统一的整体"主要是对文学形式而言，在语言结构等方面与内容主题等方面形成互构关系。独特的语言风格能够增强作品的艺术感染力从而能够更好地表现作品的主题思想、审美理想与感情色彩，实现与读者的良好交流沟通，产生积极的艺术共鸣。就毕飞宇小说创作而言，他对世界形而上的思考，对于作品主题思想的深度把握，这些都是毋庸置疑的优势，但是能够代表他的艺术力量与艺术特色的并不仅仅局限于此。他的文学语言与修辞艺术同样令人惊叹，他所营造的审美意境更是令人叹为观止，从而形成自己独特的审美风格。

第一节　语言艺术

语言之于一个民族具有极为特殊的意义，因此征服一个民族往往需要先

---

① 〔德〕黑格尔. 美学 [M]：第1卷. 商务印书馆，1979. 83.

征服他们的语言,这也是阿尔封斯·都德创作《最后一课》的现实依据。洪堡特认为语言体现了一个民族的精神力量,承载着民间精神的基本内核。对于汉语,汪曾祺曾表达过:"一个民族文化的最基本点是语言,汉语和汉字不是一回事。中国识字的人,与其说是用汉语思维,不如说是用汉字思维。"①汪曾祺看到了语言与思维的内在关联,确定了语言之于文学思维的影响,这也是汪曾祺对文学语言精心锤炼的重要原因。由此汪曾祺超越了语言工具论的偏狭认知,从文学本体论角度认识语言,他说"语言不只是一种形式,一种手段,应该提到内容的高度来认识……语言不是外部的东西。它是和内容(思想)同时存在,不可剥离的。语言不能像桔子皮一样,可以剥下来,扔掉。世界上没有没有语言的思想,也没有没有思想的语言。……语言是小说的本体,不是附加,可有可无的。"② 对于语言在文学作品中的工具论与本体论之争,是传统小说与现代小说在文学理念上表现出的一个重要分野。

在文学语言这个问题上,毕飞宇显然接受了汪曾祺的语言本体论,以现代小说理念进入文学语言问题的思考。他说:"在语言上我确实花了很多的功夫,伴随着每部作品的写作,我对语言也在不断地进行探索。从根本上说,小说的语言不是一种建筑材料,而是建筑本身。表面上看语言是一种工具,其实不是那么回事。小说是什么?汪曾祺曾经说过一句很好的话:小说就是写语言。但我想说,小说就是被叙述,它首先是一种语言的美学功能,它表现为一种语言的自信和自立。没有叙述,就没有小说的语言,它充其量只是一个故事。如果一个作家不对自己的母语有一种敏感,那么当他运用自己的母语进行创作的时候他就不是这个民族的作家。语言一旦降格为工具,那么我们还要小说干吗?"③ 毕飞宇立场鲜明地表明了自己对于文学与语言关系的认识,他反对语言工具论,他认为对语言的尊重就是对民族文化的尊重,所

---

① 汪曾祺. 认识到的和没有认识的自己 [C]. 见:汪曾祺全集(第四卷). 北京:北京师范大学,1998. 301.
② 汪曾祺. 中国文学的语言问题 [C]. 见:汪曾祺全集(第四卷). 北京:北京师范大学,1998. 217.
③ 张均,毕飞宇. 历史缅怀与城市感伤——毕飞宇访谈录 [C]. 见:小说的立场——新生代作家访谈录. 桂林:广西师范大学出版社,2001. 140-141.

第五章 毕飞宇小说的语言风格与审美特征

谓语言是"建筑本身",则直接提出语言在作品中的意义生成作用,从本体论上肯定了语言的价值。正是基于这种文学语言观,毕飞宇坚持语言的实验,创造出自己独特的语言风格,使语言的表达自由、舒缓,生成一种独特的审美愉悦,自然引导读者进入文本。

一、语言风格的衍变

毕飞宇的语言风格不是一蹴而就的,是经过长期创作与实验中不断摸索逐渐养成的。最初凭借中篇小说《孤岛》进入文学界的毕飞宇崇尚先锋文学,积极参与文学实验,在叙事、语言与结构等方面努力翻出新花样。在语言上则追求精致优美与哲学思辨的味道,表面上显得很有深度,很有思想,且极具审美内涵,实则流于浮躁、肤浅,带有明显西方中产阶级把玩生活的审美趣味。比如:"几片游云轻抹淡写漫不经心,对天空的主宰有一种毋须过问的自信。"[①] 诸如此类的语句遍布《孤岛》文中,看起来仿佛略有诗意,但是总给人以炫技之嫌,如同中学生作文显得很美很深刻的样子,但欠缺思想深度和由此打动人心的力量。

小说《叙事》可以看作是毕飞宇语言风格的一次转型,作家进行了一次写作实验,当然也可以说是一次写作的总结。毕飞宇在谈到《叙事》时曾说过:"我想对我整个1994年以前的作品进行一番总结。也就说,我在进行这个家族史研究的时候,我就想,这篇小说是我这一批小说里面的最后的一个,这篇小说写完了以后,这类的东西我就不打算再写了,我打算好好告别一下。"[②]《叙事》这篇对前期作品进行总结的小说,坚持了毕飞宇以文学语言反抗权力话语的努力。这里所谓的权力话语就是汉语写作过程中长期养成的语言习惯,以及中国长期政治渗透下对于几代人养成的语言言说方式,毕飞宇语言实验的目的就是"如何坚持让我的语言'不像'汉语。"毕飞宇认为他们这代在"文革"中成长起来的60后作家,已经养成了"文革"思维,习

---

① 毕飞宇. 孤岛 [C]. 见:上海往事. 上海:上海锦绣文章出版社,2009. 1.
② 张均,毕飞宇. 历史缅怀与城市感伤——毕飞宇访谈录 [C]. 见:小说的立场——新生代作家访谈录. 桂林:广西师范大学出版社,2001. 128.

惯使用"文革"语言。因此如果想摆脱"文革"语言必须重新寻找语言资源，这个时候"就得另外找一种汉语，这个汉语只能从翻译小说里去寻找。朦胧诗是这样，先锋小说也是这样。翻译小说虽然是汉语，但是，它在语法结构和字词的搭配上和当时的汉语有很大的距离，这么说吧，如何让我的语言'不像汉语'，那是我的大事。"①

因为语言结构的特征，西方文学作品中的语言通常都是长句，各类定语的修饰极为繁复。也正是借鉴了西方此类的语言习惯，我们可以在《叙事》里发现大量长句，比如："我面对无限空间与浩瀚海面对人类的历史产生了前所未有的厌倦。"等等，可以说毕飞宇的这部作品就总结性质而言是成功的，但是就文学语言的改进而言并未取得任何突破。毕飞宇过于关注语言的革命性功用，过于沉醉于自己的思想，因此难免将个体审美趣味上升为人们普遍审美要求，以此强制性覆盖他者的审美兴趣。时常发表议论，思辨式说教遍布全文，令小说的主题思想与文学意义被无端阻隔，给人以想说的太多摸不着边际之感，令读者产生阅读障碍。很多学者普遍认为，对于这种晦涩、深奥语言的拨乱反正始于短篇小说《雨天的棉花糖》，毕飞宇在1998年的一次访谈中表示大家都不约而同地说"到目前为止我最好的作品就是《雨天的棉花糖》。"在毕飞宇看来，它之所以好是因为这部小说在操作上更为成熟，这种操作上的成熟包括了语言。

张均认为："《叙事》给人的感觉过于凝重，而《雨天的棉花糖》则是举重若轻，尤其在语言的质感上。"所谓语言在质感上的举重若轻，主要表现为对语言操控力的增强，对自己语言使用的自信，这种自信表现在语言的返璞归真，而不再纠结于语言的魅影与繁杂。《雨天的棉花糖》中的很多语言，比如：

"夜里下起了小雨。夏夜的小雨有一种与生俱来的感伤调子，像短暂的偷情，来也匆匆去也匆匆。""他走出山洞，扶着枪，耐心地在感觉里寻找脚与腿，困难地蠕动。血液开始倒流，他的腿胀得有锅那粗，长满

---

① 毕飞宇，张莉. 这个时代需要想象，也需要思考 [J]. 花城，2014 (4)：189.

◈ 第五章 毕飞宇小说的语言风格与审美特征

针尖与麦芒。""雾在树干与树枝之间伸出鬼舌头，懒洋洋地舔。"①

这些语言同样优美，比喻贴切，但却更接近生活而非哲思，句子间的节奏感鲜明，短句的叠加增强了语言的艺术感染力，艺术效果十分明显。毕飞宇这种风格等到《哺乳期的女人》的时候，则渐趋稳定，开启了作家叙述语风的新起点。其后在《马家父子》、《地球上的王家庄》、《白夜》、《怀念妹妹小青》、《阿木的婚事》等一大批短篇小说中，毕飞宇终于摆脱了说教式与哲思式文学表述倾向，语言不再晦涩、艰深、绚丽。虽然仍保持着自己形而上的思考特质，亦然充满思想与理性的哲学味道，但在语言上则趋于直白、淡雅。

王长国认为："从这时期的《哺乳期的女人》我们还可以欣赏到他用白描手法，用通俗易懂、清新自然的语言进行叙事所达到的朴实优美的美学意境。他的不露痕迹、举重若轻的文本语言的锤炼愈发美仑美奂了。"② 我们看到，这种举重若轻的语言风格在《青衣》中发生了明显变化，语言开始转向带有浓郁口语色彩的粗实豪放，摆脱了知识分子式的叙事姿态，不断接近民间与底层，使语言表现出强烈的弹性特质，一本正经与插科打诨，温文尔雅与夹枪带棒式的语言色彩令小说语言节奏变得跌宕起伏。"如果说前期小说中的叙述者像一个严肃的教师，总用一种规范而考究的语言说话，那从《青衣》开始，叙述者变成了一个高明的说书艺人，他的语言随着叙述对象的变化而变化着，说曹操不同于说刘备，说关公不同于说张飞。"③ 可以说从《青衣》开始，毕飞宇真正实现了从内容到形式整体上的文学日常生活化的关注，使自己的语言真正贴上了自己的标签。诚如毕飞宇所言："从九十年代中期以后，我开始让我和所认识的文学，建立起良好的伙伴关系。这时候就会发现，文学没有所谓的文学语言，真正好的文学作品的表达方式只有一个标准，就是

---

① 毕飞宇. 雨天的棉花糖 [C]. 见：雨天的棉花糖. 南京：江苏文艺出版社，2013. 156，159.
② 王长国. 从权力语言中突围———毕飞宇作品语言风格流变论 [J]，理论与创作，2007（5）：78.
③ 王彬彬. 毕飞宇小说修辞艺术片论 [J]，文学评论，2006（6）：81.

要让作家和读者之间，用极为迅速的方式彼此明白。"① 作者与读者间的这种连接，需要的就是作者从内心深处对主题、内容、语言的日常生活化，而不再是纯粹的沉湎于个人思辨。

小说《玉米》标志着毕飞宇在语言上走向了真正意义上的成熟，他的语言摆脱了"绕"与"翻译语言"的纠缠。正如毕飞宇自己所说："这个问题我到写《玉米》的时候才算解决，写《玉米》的时候我36岁了，可以说是顿悟，主要是不怕了。我不怕什么呢？我不怕写汉语了，……我只有到了36岁才算知道'汉语'是怎么回事。我想说，这里头有很复杂的历史内容。一个作家的改变有可能是一件小事，但是，在它的内部，有可能潜伏着十分巨大的历史变迁。"② 可以说直到《玉米》，毕飞宇终于回归到审美意义上的文学语言，拥有了汉语本身真正的审美价值，不再将其作为反抗权力话语的一种工具。这表面上看来是一位作家的语言变迁，实则潜伏着一段历史的变迁。我们从《孤岛》——《叙事》——《雨天的棉花糖》——《青衣》——《玉米》——《推拿》，一系列作品的语言变化看到的不仅仅是一位作家的语言风格问题，同时也是作者创作观念的变迁，是作者对文学与现实关系的重新认知。"首先是作为小说家的毕飞宇大幅度地调整了自身与现实的关系，然后是大幅度地调整了小说的叙述语言，而叙述语言的大幅度调整，便使得毕飞宇与读者的关系也被大幅度地调整了。"③ 这种调整的结果是毕飞宇语言风格正式转向了下层边缘化群体，表现出对日常生活的犀利透视与饱含情感的人文关怀。

二、语言的基本特征

毕飞宇小说的语言风格虽然历经几次蜕变，但最终还是形成了自己相对稳定的语言风格。准确、简洁、凝练之外，毕飞宇的语言也充满了智性与诗性色彩，丰富了中国文学的语言风格，从某种程度上体现了汉语写作广度与

---

① 江筱湖. 毕飞宇 我是性格主义[N]. 中国图书商报，2005-10-14(A03).
② 毕飞宇，张莉. 这个时代需要想象，也需要思考[J]. 花城，2014(4)：190.
③ 王彬彬. 毕飞宇小说修辞艺术片论[J]，文学评论，2006(6)：81.

※ 第五章　毕飞宇小说的语言风格与审美特征

可能性。

（一）准确与恰切

卡尔维诺认为文学语言的"确切"，是"在造词和表现思想和想象力的微妙时，尽可能使用确切的语言。"① 所谓语言的确切就是能够根据文学语境的变化使用准确、确切的语言去跟踪表述，即用清晰、明确的语言表现自己对生活的观察。对此汪曾祺深有感触，他对语言问题处理的恰如其分主要源于老师沈从文的教诲，汪曾祺曾回忆起："沈先生对我们说过语言的唯一标准是准确，契诃夫也说过类似的意思。"② 因为"语言的目的是使人一看就明白，一听就记住。语言的唯一标准，是准确。"③

对于语言使用问题，毕飞宇说："语言不是什么玄奥的东西，布封早就说了，恰当的词用在恰当的地方。关键是恰当。恰当到你反而看不见语言，噢，事情原来就是这样的。我们要做的是还原而不是写。谁还原得好，谁就是好的小说家。"④ 毕飞宇认为好的文学语言是那种恰当到似乎是直接从生活中获取的语言，把握这种语言的准确性方法就是回归日常生活，表现日常生活。毕飞宇总是能够抓住日常生活的具体场景，以极为准确的语言表现出来，令读者不断产生"到位的叙述"的感叹。令读者感受到很多语言对小说中人物行为、场景、心理等描写极为准确，准确到不能随意挪动其中任何一个字。比如《青衣》中描写筱燕秋减肥的细节：

"筱燕秋不是在'减肥'，说得准确一些，是抠。筱燕秋热切而又痛楚地用自己的指甲一点一点地把体重往外抠，往外挖。这是一场战争，一场隐蔽的、没有硝烟的、只有杀伤的战争"。"减肥的日子里头筱燕秋不仅仅是一架轰炸机，还是一个出色的狙击手。筱燕秋端着她的狙击步

---

① 〔意〕卡尔维诺. 未来千年文学备忘录 [M]. 杨德友译. 沈阳：辽宁教育出版社，1997. 40.
② 汪曾祺. 沈从文和他的《边城》[C]. 见：汪曾祺全集（第三卷）. 北京：北京师范大学出版社，1998. 160.
③ 汪曾祺. 小说笔谈 [C]. 见：汪曾祺全集（第三卷）. 北京：北京师范大学出版社，1998. 204.
④ 姜广平. 我们是一条船上的——毕飞宇访谈 [N]. 中国艺术报，2003-12-26（3）.

枪,全神贯注,密切注视着自己的身体。身体现在成了她的终极标靶,一有风吹草动筱燕秋就会毫不犹豫地扣动她的扳机。筱燕秋每天晚上都要站到磅秤上去,她对每一天的要求都是具体而又严格的:好好减肥,天天向下。"①

这段文字形象生动地描写了筱燕秋的"减肥"大战,形象的比喻将筱燕秋的减肥活动表现的极为悲壮,"抠"字用得极狠,令读者清晰地感觉到筱燕秋减肥的迫切与痛苦,可以说是将痛苦具体化的一个字。同时让读者感受到筱燕秋重返舞台的强烈渴望,自虐式减肥背后是筱燕秋对于艺术的热切,对于青衣对于嫦娥角色的执著。

毕飞宇擅长将无形的感觉给具体化、形象化,比如:

"酒精被挤出来了,滴在了伤口上。端方弓着腰,倒吸了一口凉气,拼了命地张大嘴巴。小腿的伤口上着火了,火烧火燎。端方没有看见火苗,但是,烈火熊熊。"②

在这段描写中,毕飞宇用"火"把酒精消毒伤口的痛感具体化、形象化,使读者完全能够想像到端方当时疼痛的程度。

再比如:

"队长的蘑菇软塌塌的,嘴上却加倍地硬。广礼家的拿起一根麦穗,撩拨队长。什么样的蘑菇能经得起麦穗的开导?除非你是木头,除非你是铁打的。麦穗上头有麦芒呢。没几下,队长的蘑菇来了人来疯,生气了,也可以说高兴了。硬硬地越来越粗,越来越长;一副愣头愣脑的样子,同时又是一副酩酊大醉的样子。真是缺心眼。队长拿它一点办法也没有,它不听话,队长硬是做不了它的主。队长这个同志真的很有意思,

---

① 毕飞宇. 青衣 [C]. 见: 雨天的棉花糖. 南京: 江苏文艺出版社, 2013. 105-106.
② 毕飞宇. 平原 [M]. 上海: 上海锦绣文章出版社, 2009. 11.

蘑菇软的时候嘴硬,现在好了,蘑菇硬了,嘴软了。开始求饶。晚了。"①

本来是民间底层最为粗俗的打闹场景,但是却能被毕飞宇以极为形象隐晦的词语形诸文字,产生强烈的审美效果。文本中"硬"、"软"的交替更换,把无奈又尴尬的队长描写得非常生动、准确。

(二) 简洁与炼达

中国古代文学留下了简洁炼达的文学传统,也许是因为当时文字数量有限、印刷技术落后、文字载体局限等问题,古人需要运用较少的文字表达极为复杂的事件与情感,由此形成文学语言简练的传统。毕飞宇承袭这一传统,他对小说语言的自觉追求,主要表现在简洁、炼达方面。应该说简洁不仅仅是一种风格,更是一种能力,是作家语言掌控能力的直接表现。毕飞宇的语言掌控能力在当代作家中是极为出色的,往往寥寥几笔便传神、传意,既能表现思想精神,又包孕极为丰富的内容。毕飞宇新世纪以来的作品更为热衷于使用干净利落的短句,绝不含糊,从而增强了叙述的速度与内在的力度,使文字生出金属般峭利的质感。

毕飞宇曾对自己的语言有过总结,他认为:"我觉得我的语言还是比较诗意的。……语言一方面与创作有关,一方面与经历有关。我是一个顽固的古典主义者,在精神上恰恰追求非常现代的。落实到语言上用最简单、最中国化的语言,很质朴。"② 这种语言追求最后在《玉米》中得以完整实现,毕飞宇曾说过:"《玉米》的说话方式就是直接而意味深长。"小说在叙述玉米与柳粉香的第一次交手时,语言简练生动而富有张力,真正实现了言有尽而意无穷的艺术效果。

"有庆家的认为,王红兵的嘴巴主要还是像施桂芳,如果像王连方反而更好。"

---

① 毕飞宇. 平原 [M]. 上海:上海锦绣文章出版社,2009. 12.
② 毕飞宇,周文慧. 内心的表情——毕飞宇访谈录 [J]. 长江文艺,2003 (12): 66 - 67.

"玉米侧过身,看着她,毫不客气地对着她的脸说:'也不照照!'"

"有庆家的说:'玉米这样漂亮的女孩子,就是嘴巴不饶人。''我要是玉米我也是这个样子。'"

"有庆家的最后说:'还是玉米大方。玉米耐看。'口气是一锤子定音的。"

"玉米最不能接受的还是这个女人说话的语气……玉米'哼'了一声,挖苦说:'漂亮!'"①

柳粉香是玉米最恨最嫉妒的女人,她是父亲的情人中最受"宠爱"的一个,是对玉米母亲、家庭以及玉米在村里地位威胁最大的一个人,她们之间的第一次交手很滑稽,二人甚至没有直接对话。但是寥寥几笔就将玉米与柳粉香的形象与心理完整刻画出来。

再比如:

"麻子大叔用指头上的饭粒把信重新封好,递到玉米的面前,说:'玉米,这下好了。'玉米说:'他们看过了!'麻子大叔笑了,说:'你兴旺大哥也在部队上,他来信了我还请人念呢。'玉米说不出话了,只是抖。麻子大叔说,'再好的衣裳,上了身还是给人看。'"②

村里人偷看了玉米未婚夫的来信,获知了玉米被未婚夫抛弃的事实,玉米的愤怒与羞愧仅仅用一个"抖"字,形象而深刻,无奈与无助跃然纸上。麻子大叔间断的一句话"再好的衣裳,上了身还是给人看。"既是对偷看信件的解释,也是对玉米悲伤的安慰,一语多义。

再比如:

"端方停下来了。猛然停下来了。停止了咀嚼,停止了说话。连眼睛

---

① 毕飞宇. 玉米 [M]. 北京: 人民文学出版社, 2013. 37.
② 毕飞宇. 玉米 [M]. 北京: 人民文学出版社, 2013. 28.

都停止了眨巴。端方的胃一下子收紧了，提了上来，仿佛被两只手握住了，挤了一下。一下子冲到了嗓子眼，在那里磨蹭。眼见得就要胃出来，有了喷薄的危险性。端方收了一口气，立即稳住自己，把持住了，憋足了力气，一点一点地往下把。如此反复了三四回，端方取得了最后的胜利。他把嗓子眼里的东西原封不动地送回了肚子。"①

这段是写端方在懵懂无知的情况下吃进鼠肉后的反应，毕飞宇将端方的心理反应以人物动作的方式表现出来，连续的短句加之端方一连串的停顿动作，将端方的惊恐之心表现得极具震撼力。

又比如：

"'一起到南京去'这六个字拥有不可抗拒的魔力，它蛊惑人心，散发出妖冶的召唤。它们像丝，把小孔捆起来了，把小孔绕起来了，把小孔缠起来了，它还把小孔缝起来了。小孔自己都知道了，是她自己在吐丝。她在作茧自缚。"②

毕飞宇用"作茧自缚"这个成语来形容小孔对爱情的向往与执著，其中"捆"、"绕"、"缠"，最传神的是"缝"字，把小孔当时纠结于背叛父母之意、沉迷于王大夫的爱情表达得十分逼真。

（三）智性与原创

毕飞宇善于从日常生活中发掘哲理，并以极具张力的语言去表达自己的发现，这是他进入文坛之后一直以来的写作习惯。在小说中毕飞宇往往以作者身份直接介入其中表达思想，抑或借作品中人物之口来表达自己的观点，时常附会于日常生活中的某一现象引发一议论。这种原创性的哲思表达，体现出毕飞宇独特的个性与深刻的思辨能力，且能够以巧妙、幽默的形象化语

---

① 毕飞宇. 平原 [M]. 上海：上海锦绣文章出版社，2009. 220.
② 毕飞宇. 推拿 [M]. 北京：人民文学出版社，2013. 87.

言表现抽象的思辨,既给人以审美享受,也能够从中获取生活哲学。毕飞宇对于生活的观察与思考是极为独特而深刻的,他往往能够把我们熟悉的事物通过自己的思辨进行有机结合,产生强烈的超越于生活的艺术效果。比如他以味道比喻爱情:

> "滋味也可以结婚。最为般配的有两样,甜与酸,麻与辣。甜是一个女人,也有男人的一面,酸是一个男人,也有女人的一面,它们的婚礼无疑是糖醋排骨。又酸又甜,酸酸甜甜……麻是一个不讲理的男人,辣却是一个胡搅蛮缠的女人。它们是冤家,前世的对头,从道理上来说它们是走不到一起去的,没有人看好它们。可生活的乐趣和丰富性就在这里,麻和辣有缘……"①

他自然地将味道中的甜、酸、麻、辣比喻成爱情中的男女关系,巧妙运用了它们自身的味道特征,将其与生活中人物性格与姻缘际遇结合起来,可谓妙不可言。同时在小说中毕飞宇还习惯一种植入性议论,即在描写日常景与物的过程中,经常有意或无意地穿插一些具有哲理、思辨的语句,尽管延宕了小说叙事节奏,但是却产生了景与理交织的独特艺术效果。

> "知音相遇作为一种尴尬成了历史的必然结局,卖琴人站在这个历史垛口,看见了万公岩云涌。历史全是石头,历史最常见的表情是石头与石头之间的互补性裂痕。"②

毕飞宇将历史比作石头,解构了钟子期、俞伯牙知音相遇产生的千古佳话,看到了历史的坚硬与现实,看到了人在历史中的渺小与无奈,所谓知音的落魄与困窘成为了历史的一种遗憾。毕飞宇极为热衷于这种插入式议论,既增强了小说的深度,也能突显人物形象,甚至能够暗示故事发展方向。比

---

① 毕飞宇. 推拿 [M]. 北京:人民文学出版社,2013. 177-178.
② 毕飞宇. 拉胡琴的乡下人 [C]. 见:唱西皮二黄的一朵. 上海:上海文艺出版社,2012. 37.

◈ 第五章 毕飞宇小说的语言风格与审美特征

如对玉米的"恋爱"进行了专家式点评：

"玉米的那个人在千里之外，这一来玉米的'恋爱'里头就有了千山万水，不同寻常了。这是玉米的恋爱特别感人至深的地方。他们开始通信。信件的来往和面对面的接触到底不同，既是深入细致的，同时又还是授受不亲的。一来一去使他们的关系笼罩了雅致和文化的色彩。不管怎么说，他们的恋爱是白纸黑字，一竖一横，一撇一捺的，这就更令人神往了。"①

这段带有明显分析色彩的语言，如同玉米村里人正在议论与分析玉米爱情的模式，对话的痕迹较重，同时将玉米的恋爱过程给神圣化、神秘化，增强了村里人对于玉米家族的尊重力度。毕飞宇是一位敏感而又具有较强艺术发现能力的作家，他能够从我们习以为常的日常事物中发现深刻的哲理，且能够以警句的方式表达出来，这样的语句在毕飞宇的小说中俯拾即是。

"黄昏是现代都市的冷面杀手，成了你的影子，在你的脚下放大自己的阴影部分。黄昏这个农业时代的抒情诗人，就这样被商业买通，在城市的每一个落日时分走街串巷，从事心智谋杀。"②

"衣服是女人，要有一张好面，而书是男人，首先得有一块好背，这样一来，书就免不了杂，尽是各类学科的经典，压了膜，烫了金，码得归归整整，一副人类文明的持重派头。"③

"谎言是一种强迫性的行走，只要你迈出左腿，就必然会迈出右腿，然后，又是左脚，又是右腿。可谎言终究是不可靠的，它经不起重复。重复到一定的时候，谎言的力量不仅没有得到加强，而是削弱，直至暴

---

① 毕飞宇. 玉米 [M]. 北京：人民文学出版社，2013. 24.
② 毕飞宇. 生活边缘 [C]. 见：雨天的棉花糖. 南京：江苏文艺出版社，2013. 249.
③ 毕飞宇. 哥俩好 [C]. 见：好的故事. 济南：山东文艺出版社，2004. 94.

露出它本来的面目。"①

以哲思评点生活、历史、社会、文化等各个方面、各个层面，表现出的不仅仅是一种智慧，而且还有对于生活的理解与诠释。这是最能体现毕飞宇个体思想的一部分语言。

（四）诗性与意象

毕飞宇的语言最终在作品中要呈现出一种诗意化的存在，这是文学语言的一个基本特质，对此毕飞宇有着自己的理解："诗性的语言有它的特征，那就是有一种模糊的精确，开阔的精微，飞动的静穆，斑斓的单纯，一句话，诗性的语言在主流语言的侧面，是似是而非的、似非而是的。当它们组合起来的时候，一加一不是小于二就是大于二，它偏偏就不等于二。这一来它不是多出一点什么就是少了一点什么，有了特殊的氛围，有了独特的笼罩，韵致就有了。"② 这种诗性的语言必须有所依附，否则就会显得单薄与炫技，失去了自己的厚重与深度，产生乏味之感。因此毕飞宇在作品中往往会寻找或借用一些自然意象，以此承载与表现诗意化的语言，在意象化的世界里诗意性语言往往具有更强大的艺术张力。

比如他以冰的意象表现世界：

> "所有的水在一夜之间全都握起了拳头，它们结成了冰。""手电筒的光是白色的，冰是白色的，而夜晚却一片漆黑，这是一部活生生的黑白电影，光柱把黑夜捅烂了，到处都是白色的窟窿。""半个太阳摇摇晃晃，光芒无比鲜嫩，它们涂抹在冰面上，巨大的冰面一片酡红，整个世界一片酡红，分外妖娆。"③

---

① 毕飞宇. 推拿 [M]. 北京：人民文学出版社，2013. 90.
② 汪政，毕飞宇. 语言的宿命 [J]. 南方文坛，2002（4）：32－33.
③ 毕飞宇. 青衣 [C]. 见：雨天的棉花糖. 南京：江苏文艺出版社，2013. 206，209，211.

他借烧枯叶的日常生活细节比喻疲惫:

> 一到家筱燕秋的疲惫就全上来了。那种疲惫像秋雨之后马路两侧被点燃的落叶,弥散出的呛人的浓烟,缭绕着,纠缠着,盘旋在筱燕秋的体内。①

这种意象的运用与人物的情绪极为恰切地对接起来,表现出毕飞宇对事物超常的感觉能力,以及语言表达的天赋。

毕飞宇对于诗化语言的应用有时表现出一种难以理喻的狂躁、直白与欧化的色彩,有时我们甚至怀疑他如何用这种与含蓄、隽永式诗意特征相悖的表现手法塑造出诗意化世界。比如:

> "惠嫂的儿子吃奶时总要有一只手扶住妈妈的乳房,那只手又干净又娇嫩,抚在乳房的外侧,在阳光下面不像是被照耀,而是乳房和手自己就会放射出阳光来,有一种半透明的晶莹效果,近乎圣洁,近乎妖娆。"②

直白的语言将日常景观表现的温馨而神圣,这就是语言的力量。

第二节　毕飞宇小说修辞的艺术特色

无论是中国还是西方从很早就已经开始关注修辞问题。许慎的《说文解字》对其定义为:"修,饰也","辞,说也",所谓修辞即是修饰言论,也就是运用多种表现手法与语言艺术实现信息传递的效果。古希腊时期亚里士多

---

① 毕飞宇.青衣[C].见:雨天的棉花糖.南京:江苏文艺出版社,2013.117.
② 毕飞宇.哺乳期的女人[C].见:相爱的日子.重庆:重庆大学出版社,2011.179-180.

德认为修辞术是:"在每一事例上发现可行的说服方式的能力。"① 在亚里士多德看来修辞的目的是为了征服对方。今天对修辞的定义主要分为狭义与广义,狭义的修辞通常指比喻、象征、借代等文学修辞。广义的修辞则包括文章的布局谋篇与遣词造句等,同时也包含文学修辞。

现代修辞学起源于西方,阿诺德认为修辞是:"通过对符号手段的运用来达到争取自己或别人对某物的信奉的目的的这一过程,而这对于认知过程本身是必不可少的。"② 伊格尔顿甚至用"修辞学"直接指称"文学批评",他认为修辞学:"并不把说话、和写作仅仅视为进行美学沉思或无限解构的文本对象,而是把它们视为与种种作者或读者、种种讲者或听众之间的种种更宽广的社会关系密不可分的种种形式的活动,并且认为,它们如果脱离了它们被嵌入其中的那些社会目的和状况,就基本是不可理解的了。"③ 文学以修辞的方式实现了作者与读者间的交流,而批评家则可以以修辞学来介入作家的文学创作,发现他的修辞法与文学思想。毕飞宇是一位较为关注小说修辞的作家,因此从修辞学角度研究他的创作是进入他的作品一个比较好的切入点。

一、隐喻:人与动物世界的隐性言说

所谓隐喻一般是指以此物暗示彼物的修辞方法,它主要通过联想的方式去感知、理解相关事物,它在塑造形象、深化主题等方面具有较强的艺术优势。隐喻在文学作品中的应用是一个极为普遍的现象,毕飞宇在小说创作中也善于运用繁复的象征与隐喻,以期建构出丰富的文学世界。而毕飞宇敏锐的观察力与感悟力,深刻的思考能力都支撑起他对日常生活的诗意发现,捕捉意象形成独特的隐喻效果。以毕飞宇短篇小说《蛐蛐 蛐蛐》为例,我们会发现毕飞宇在作品中建构出一个黯淡幽深的隐喻世界。

---

① 〔古希腊〕亚里士多德. 修辞术·亚历山大修辞学·论诗 [M]. 颜一、崔延强译. 北京:中国人民大学出版社,2003. 8.

② 〔美〕肯尼斯·博克等. 当代西方修辞学演讲与话语批评 [M]. 常昌富等译. 北京:中国社会科学出版社,1998. 172.

③ 〔英〕特雷·伊格尔顿. 二十世纪西方文学理论 [M]. 伍晓明译. 北京:北京大学出版社,2007. 207.

◈ 第五章　毕飞宇小说的语言风格与审美特征

　　《蛐蛐 蛐蛐》这篇小说，通过主人公二呆寻找蛐蛐的过程，讲述了三个人死亡的故事：生产队长"九次"纵欲过度而死、幺妹溺水而亡、小老头神秘死亡。毕飞宇十分巧妙地将这些普通事件与蛐蛐联系起来，以虫喻人，借蛐蛐好斗的特性，暗指人性的残恶，从而揭示了特殊年代下人性的扭曲与变异。关于蛐蛐与人类之间的隐喻关系早在蒲松龄《促织》中就已出现，只不过那是一个以悲剧开篇以喜剧收尾的温暖寓言，同《蛐蛐 蛐蛐》相比，它们具有同样混乱的时代背景，同样由灵魂幻化成蛐蛐的民间想象。然而两者最大的不同是《蛐蛐 蛐蛐》在人、蛐蛐与时代之间穿插进了一个关键性因素——底层群体，尤其是底层群体的集群特征与集体认知推动整篇小说走向阴暗、血腥、恐怖的氛围。

　　《蛐蛐 蛐蛐》小说的开篇便将蛐蛐与亡灵相连，并将蛐蛐集中为灵魂中的怨毒，如此一来蛐蛐的战斗力完全取决于亡灵怨毒的厚与薄，那么捉蛐蛐活动就变成了人与亡灵的沟通，斗蛐蛐活动则变成了前世恩怨的现世争斗，进而对蛐蛐的尊崇则意味着对怨毒、暴力、复仇与强力的认同。而围绕蛐蛐所产生的此类观念都与底层民间紧密相连，正如文中所言城里人将蛐蛐作为现世娱乐的赌具，他们根本听不出蛐蛐吟唱的意味，而在底层乡村则不然，乡村人与蛐蛐在夜晚的墓地间建立起一种天然的灵魂式联系。这种联系使我们看到，蛐蛐的世界与人的世界完全雷同，同样分为嘹亮吟唱的个体与群体沉默的小蛐蛐。由此可见，底层群体的民间认知方式使蛐蛐拥有了非凡的意义，同样也使蛐蛐的世界与人的世界在艺术变形中具备了相通的可能性。

　　文化大革命是《蛐蛐 蛐蛐》的社会时代背景，这段生活曾是高度政治化的时代，人与人关系中的政治因素被调动了。在这种关系中，人性中的政治因素——斗争面、倾轧面在其中得到了最充分的表现。为了展示那个时代，"毕飞宇选取了最能表现它的东西，而这种东西之所以会被选择，是来源于作者的一种艺术直觉或艺术冲动……棺材、手电、枸杞子……"[①] "这种东西"在《蛐蛐 蛐蛐》里首先体现的是变形艺术。毕飞宇在叙事上采用变形艺术是

---

① 姜广平. 瞬间而永恒的极致演绎——毕飞宇《蛐蛐 蛐蛐》论 [J]. 盐城师范学院学报（人文社会科学版），2008（3）：38.

一种艺术自觉和审美追求。因为这个"形式"能够恰当有力地表现他对文革那个特殊时期的感受与理解,同时也表明变形艺术与现实的变形有密切关联。从西方文学艺术在二十世纪的产生和演变来看,"唯有巨大而荒谬的'现实变形',才能导致巨大而无奈的精神恐慌和心灵困惑,也才会使卡夫卡、萨特、加缪、艾略特、尤奈斯库这些极度敏感也相当深刻的作家和哲人,采用超乎常规异于传统的方式来表达痛苦和迷惘。欧美现代主义艺术家大量采用荒诞、怪诞、象征和隐喻等形式的变形艺术,和现实的变形实为因果关系。"① 事实上,《蛐蛐 蛐蛐》的时代背景并不陌生,"如果我们对那个畸形年代把许多'人'变成'牛鬼蛇神'的污秽和屈辱仍储存记忆,我们一定能够理解这种变形的艺术形式。艺术变形正是生活变形的一种特殊再现,是那个颠三倒四的疯狂生活的变形与写照。"② 艺术变形的最终目的是为了深刻地表现现实生活,对蛐蛐的世界的关注,同样是为了表现现实世界人与人之间被异化了的关系。

隐喻在《蛐蛐 蛐蛐》中是比较常见的艺术手法。蛐蛐作为"艺术符号",是对现实的人的"怪诞"和"疯狂"行为的变异,而隐喻亦由此生出。隐喻的意义就是以此示彼、以甲代乙。小说以"蛐蛐"来暗示"人",同时将"人"变形为"蛐蛐"。也就是说,在变形艺术中,隐喻的"两极":"蛐蛐"既是喻体,同时也是"人"的"变形体"。由此可以总结出蛐蛐的隐喻意义有两层:

一是以虫喻人,借蛐蛐的好斗暗指特殊年代的人际关系。小说在开头的第一段,就把人和蛐蛐的关系建立起来了:"人一死所有的怨毒就顺着灵魂飘出来了。这时候人就成了蛐蛐,谁都不能见谁,一见面就咬,要么留下翅膀,要么留下大腿。蛐蛐就是人们的来世,在牙齿与牙齿之间,一个都不宽恕。"③ 因为人和蛐蛐的这种"前世"和"来世"的关系,现在的蛐蛐"叫出来的声音全都透出一股杀气。""现在的蛐蛐怎么就有那么毒的怨仇,那么急于厮咬,

---

① 李运抟. 新时期小说的变形艺术 [J]. 文学评论,1996(4):104.
② 陈素淡. 论宗璞 [J]. 文学评论,1984(3):60.
③ 毕飞宇. 蛐蛐 蛐蛐 [C]. 见:相爱的日子. 重庆:重庆大学出版社,2011. 103.

那么急于刺刀见红。"① 前世结下的怨毒,在人的亡灵变成蛐蛐后依然要继续斗争、嘶咬。特别是那些前世有权有势、威风八面的人物,他们的亡灵变成的蛐蛐也格外厉害。比如屠夫阿三、赤脚医生、村支书迫击炮、大队会计无声手枪、九次等,他们死后变成的蛐蛐也是凶狠善斗的蛐蛐。"然而,孤寂的亡灵有可能成为最凶恶的蛐蛐。伸冤在我,有冤必报。一生的怨恨最终变成的只能是锋利的牙。"② 敲钟的小老头孤寂、神秘地死去,基于此,二呆判断小老头死后"变成"的蛐蛐是"其他蛐蛐的夺命鬼、丧门星。"上好的蛐蛐是很难捕到的,那是因为亡灵惧怕活人,蛐蛐也躲避活人。"活人与亡灵之间依旧存在一种捕捉与防范的关系。否则蛐蛐不会那么躲避活人,蛐蛐对活人的风吹草动不会那样地分外警觉。"③ 毕飞宇又十分形象地借助蛐蛐的形态特征来揭示在那个特殊年代里人们相互仇视,人人自危的生活和精神状态。蛐蛐的头部有一对触角,腹端也有一对尾毛。在文本中,作者把这四根触须比喻为"四个雷达","对前、后、左、右保持着高度的警惕。这种状况只能说明一个问题,人们对自己的死后有一种深切的忧虑,人在变成蛐蛐的刹那始终不忘告诫自己:提高警惕,保卫自己。"④ 小说的名子是两个"蛐蛐",它们既不是重叠,也不是反复,而是两只蛐蛐在罐里准备开始作战的状态,这无疑是作者表达主题的画龙点睛之笔。

二是以人们对蛐蛐格斗场面的喜爱来暗示人性的残忍。作为一种民俗活动,斗蛐蛐在中国已有一千多年的历史,它不仅是上层社会,也是下层大众消愁解闷的游戏和工具。人们的消遣和娱乐建立在两只蛐蛐相互格斗、生死捕杀之上,人们可以在方寸之地欣赏到两只蛐蛐拼搏厮杀的场面,进而体味到战场上两军对垒征战杀伐的豪壮气势,得到精神上的享受,这显然是其他游戏所难以替代的。人们在轻松无忧的情况下看两雄的生死搏斗,再细细鉴赏它们的争斗技巧,品评它们的优劣胜败,这的确很刺激,令人兴奋。这不仅

---

① 毕飞宇. 蛐蛐 蛐蛐 [C]. 见:相爱的日子. 重庆:重庆大学出版社,2011. 111.
② 毕飞宇. 蛐蛐 蛐蛐 [C]. 见:相爱的日子. 重庆:重庆大学出版社,2011. 114.
③ 毕飞宇. 蛐蛐 蛐蛐 [C]. 见:相爱的日子. 重庆:重庆大学出版社,2011. 111.
④ 毕飞宇. 蛐蛐 蛐蛐 [C]. 见:相爱的日子. 重庆:重庆大学出版社,2011. 111.

让人想起鲁迅笔下的"看客",小说里围观的村民,又足以让人想起前人关于"国民性"的忧虑和思考。通过作者描述二呆和冯国庆煞费苦心捉蛐蛐的情景,蛐蛐"你死我活"的格斗场面,使读者仿佛亲身经历了那个时代的荒诞和凶残,感受到了那个时代给人们心灵上留下的阴影。

二、反讽:通往荒诞世界的修辞策略

反讽对于作家的智慧、观察力与幽默度要求极高,是文学讽刺中的一种高水平修辞手段。格非非常重视反讽的使用,他认为反讽作为一种叙事方式,从本质上看既是作者与读者的一种秘密交流,也是作者与读者共谋的结果。作家总是根据个人的气质修养和艺术旨趣选择不同的生存体验和作品。反讽需要作者与读者的共同参与完成,是双向的交流活动。毕飞宇的语言质朴且时常闪烁着智慧甚至狡黠的灵光,这种狡黠的智慧恰恰构成了反讽修辞的基本色调,形成了毕飞宇独特的与众不同的反讽艺术。

毕飞宇认为:"时代的特征首先是语言的特征。……人类总是微笑着向自己的过去告别的。'过去'总带有喜剧色彩,同样,'过去'了的往往荒谬。加缪的伟大在于他用不着等到'过去',他在'现在'就可以呈现荒谬。'文革'语言的可笑是由一些特点构成的,架子大,逻辑乱,假正经,燃点低,攻击性强,动不动就炸,充满了DNA的气味。它的主要功能就是让你恐慌、惊悚、心惊肉跳。"[①] 正是怀着这种认知,毕飞宇在以"文革"为主题的作品中大量使用了反讽修辞。比如端方和混世魔王得知征兵消息之后,他们在黑洞洞的大仓库里开始冥想:

"合肥也行。"混世魔王说。

"贵阳也行!"商议说。

"厦门也行!"

"银川也行!"

[①] 黄念欣,毕飞宇. 简单、丰盈,清澈、深邃 [J]. 复印报刊资料(中国现代、当代文学研究),2012 (3): 148.

※ 第五章　毕飞宇小说的语言风格与审美特征

……
"乌鲁木齐也行！"
"哈尔滨也行！"
……

"信马由缰，虎跃龙腾。五岭逶迤腾细浪，乌蒙磅礴走泥丸。风萧萧兮易水寒，壮士一去兮不复还。"①

他们俩人你一言我一语，好像是对台词，又好像是说相声，这一会儿功夫就走遍了中国。两个人越严肃的想象，就产生越为强烈的喜剧效果，这就是反讽的艺术效果。《平原》中大量使用"文革"话语，在使用过程中有意消解了原有意义，产生新的艺术效果，这是一种民间的反讽智慧。《平原》中写端方和佩全在电影放映结束后指挥一群小混混打群架的过程，以及他们的言语和行为，使用了大量的"文革"时期的权力话语。比如写佩全的好战与凶狠：

"佩全用他的巴掌在空中切了一刀，是斩钉截铁的架势，说：'先把他们的退路堵死。''这不是游击战，是阵地战。他们不行。他们堵不住。'佩全的这个电影看得受罪了。战斗即将来临，他哪里还坐得住……只要电影一结束，他的拳头就成了榴弹炮的炮弹，一股脑儿砸向了敌人的阵地。"②

还有以佩全为首的这群小混混在群架结束后，他们去找端方的情景：

"所有的人都在门口停住了脚，不说话了。端方说'进来。'大伙儿沉默着，鱼贯而入，一起站在了端方的床前。端方起来了，趿拉着松紧口的布鞋，站在了地上。端方开始和佩全握手，一个一个地，和大伙儿握手。现场的气氛突然庄重起来，有点像接见了。跟电影上的一模一样。

---

① 毕飞宇. 平原 [M]. 上海：上海锦绣文章出版社，2009. 219.
② 毕飞宇. 平原 [M]. 上海：上海锦绣文章出版社，2009. 212.

电影里头每打完了一个胜仗首长都要亲自接见的,这一来他们就不像在养猪场,而是到了电影上。是经风雨、见世面的感觉,好极了。轮到和红旗握手的时候,端方看着红旗的腮帮,小声地问:'不疼了吧?'红旗不由自主地立正了,仰起了脖,说:'报告,不疼了!'端方说:'那就好。'端方说,'坐。'"①

毕飞宇将"文革"时期的权力话语、领导人说话的语气使用到日常生活之中,把村里小混混打群架置于政治权力话语中,产生了荒诞离奇的艺术效果,消解了语言本身原本具有的严肃性与权威性。

毕飞宇在《玉米》中大量使用通俗易懂、诙谐、反讽的语言,使《玉米》魅力尽显。

"王连方做过很周密的思考,他时常一手执烟,一手叉腰,站到《世界地图》和《中华人民共和国地图》的面前,把箍桶匠、杀猪匠、鞋匠、篾匠、铁匠、铜匠、锡匠、木匠、瓦匠放在一起,进行综合、比较、分析、研究,经过去粗取精、去伪存真、由里而外、由现象到本质,再联系上自己的身体、年纪、精力、威望等实际,决定做漆匠。漆匠有这样几个好处:一、不太费力气,自己还吃得消;二、技术上不算太难,只要大红大绿地涂抹上去,别露出木头,终究难不到哪里;三、成本低,就一把刷子,不像木匠,锯、刨、斧、凿、锤,一套一套的,办齐全了有几十件;四、学会了手艺,整天在外面讨生活,不用呆在王家庄,眼不见为净,心情上好对付一些;五、漆匠总归还算体面,像他这样的身份,做杀猪那样的脏事,老百姓看了也会寒心,漆匠到底不同,一刷子红,一刷子绿,远远地看上去很像从事宣传工作。"②

村书记王连生刻意模仿伟人的形象,如同漫画般的形象静态刻画,可谓

---

① 毕飞宇. 平原 [M]. 上海:上海锦绣文章出版社,2009. 214-215.
② 毕飞宇. 玉米 [M]. 北京:人民文学出版社,2013. 55.

讽刺意味入木三分。一系列的唯物辩证法词汇的运用可见当时人们的语言习惯与浮夸之风。

毕飞宇的反讽修辞改变了人们习惯性话语方式，令同样的话语产生不同的意义，这种打破常规的话语使用方式往往会产生新的内涵，需要重新解释的品质，具备了"陌生化"艺术效果，赋予小说陌生的新鲜气息，这是毕飞宇小说语言张力构成的一个极为关键的因素，这就是反讽的作用与意义。

"乐果忍受不了丈夫说话时那副漫不经心的样子，这样的时刻乐果往往只会回敬两句话，其一是'我瞎了眼了'，其二是'乡巴佬'。这是苟泉的致命伤，是沙家圩子苟家村村民苟泉的先天疤痕，一戳就要跳的。吵到这个份上，苟泉就会摔着门出去，以不说话这种方式与小市民进行斗争。当然，农民最终是要向小市民投降的。农村包围了城市，农民也只能靠拢市民。"①

"农村包围城市"等熟悉的政治话语用在了夫妻吵架中的实力角逐，移用产生的陌生效果令人在笑声中认知思考城乡关系与地位，以及夫妻间的权力与地位问题。

三、排比：华丽的铺陈与情感的层叠

排比是修辞中较为常见的一种表现手法，它能增强语言的节奏感和旋律美，带有层级式的一气呵成的流畅感，增强了语言的力量。而毕飞宇对排比修辞手法的运用也是十分独特的。尤其在《推拿》中排比句随处可见，用得又多又长，通常都是由八九个、十几个，甚至几十个句子构成的排比句，最长的排比句达到了三十多个，可谓是将排比句发挥到了极致之作。比如写金嫣对爱情的渴望和婚礼的畅想：

婚礼，还有死亡，这就是生活的全部了。说什么政治，说什么经济，

---

① 毕飞宇. 家里乱了 [C]. 见：轮子是圆的. 南京：江苏文艺出版社，2004. 147.

说什么军事,说什么外交,说什么性格,说什么命运,说什么文化,说什么民族,说什么时代,说什么风俗,说什么幸福,说什么悲伤,说什么饮食,说什么服装,说什么拟古,说什么时尚,别弄得那么玄乎,看一看婚礼吧,都在上头。

她(指金嫣)一直在结婚——有时候是在东北,有时候是在西南,有时候是在中国,有时候是在国外,有时候是在远古,有时候是在现代。①

再如:

"小马的幸福在一天一天地滋生。对嫂子的气味着迷了……这一来嫂子就无所不在了,仿佛攥着小马的手,走在了地板上,走在了箱子上,走在了椅子上,走在了墙壁上,走在了窗户上,走在了天花板上,甚至,走在了枕头上。"②

排比句的大量使用增强了《推拿》全书的节奏感与流畅感,给盲人安静的世界带来繁杂的多部调声音。

在《推拿》中,毕飞宇排比句的另一大创新是不厌其烦的反复,比如连续使用三十八个"王大夫说:……";五个"一个……洞";多个"金嫣说:……"等等。这种简单的反复使用一种排比句式本来会产生厌烦之感,但是毕飞宇想象力和创造性弥补了这种可能性缺憾,令人耳目一新,实现了语言上的创新。

同时排比的运用也能参与主题思想的建构,本身成为内容的一种。比如《青衣》中筱燕秋重返舞台两个小时的表演后,对筱燕秋有一个排比句式的描写:

---

① 毕飞宇. 推拿 [M]. 北京:人民文学出版社,2013. 106.
② 毕飞宇. 推拿 [M]. 北京:人民文学出版社,2013. 55.

◈ 第五章 毕飞宇小说的语言风格与审美特征

"这是喜悦的两个小时，哭泣的两个小时，五味俱全的两个小时，缤纷飞扬的两个小时，酣畅的两个小时，凄艳的两个小时，恣意的两个小时，迷乱的两个小时，这还是类似于床笫之欢的两个小时。筱燕秋的身体连同她的心窍，一起全都打开了，舒张了，延展了，润滑了，柔软了，自在了，饱满了，接近于透明，接近于自溢，处在了亢奋的临界点。"①

筱燕秋对青衣角色、对嫦娥的痴迷的爱，百感交集，喜极而泣，使一次演出带有了仪式的色彩。毕飞宇首先用了九句排比表现筱燕秋表演时的复杂情感，用七个短语式排比表达筱燕秋复演成功的满足与兴奋，用三句排比表现筱燕秋艺术境界的提升，可谓用心良苦。

第三节 轻盈而凝重的写作风格

优秀的作家除了要有深刻的思想、自成一体的艺术特色，还要拥有属于自己的独特风格。对于毕飞宇而言，他的创作已经形成自己独特的风格，用他自己的话说，他的写作风格即是"轻盈而凝重，是我对小说的理解，是我的小说理想。在根子上，我偏爱重，偏爱那种内心深处的扯扯拽拽。但一进入操作，我希望这种'重'只是一块底盘，一种背景颜色。同时我又希望我的叙述层面上能像花朵的绽放一样一瓣一瓣的，就那样，舒缓，带有点疼痛。我是个乐观的人，不过有时候又悲观得要命，这种矛盾决定了我小说的调子。"② 这种所谓轻盈而凝重的写作风格，首先表现在凝重上，这是他作品的基调与底色。毕飞宇在《历史缅怀与城市感伤》的访谈录中论及，作家应该突破集体困围，去关注个体的人，关注作为个体的诗意生存状态，之后由个

---

① 毕飞宇. 青衣 [C]. 见：雨天的棉花糖. 南京：江苏文艺出版社，2013. 129.
② 张均，毕飞宇. 历史缅怀与城市感伤——毕飞宇访谈录 [C]. 见：小说的立场——新生代作家访谈录. 桂林：广西师范大学出版社，2001. 120.

体这个点推出'类'的可能性。人的诗意生存往往会与现实产生冲突,这就是人的一种悲剧性存在。人的悲剧性表现往往蕴含着对人生命运的思考与反思,在毁灭面前表现沉重的人生。

毕飞宇写作风格中的轻盈往往表现在"小"上,具体表现为对日常生活琐事的小处着眼,对于小说细节的精心把握,以及体现主题思想的所谓"小念头","这些小念头小到像针尖一样,可以让你感受到那一刹那的刺痛。人在痛的时候,会尖叫或者跳起来。只有在那一刹那,我才能进入一种有效的创作,而这种创作不在计划之内。"① 用学者洪治纲的概括则是:"毕飞宇的小说始终洋溢着极为灵动的曼妙气质。无论是对叙事内蕴的巧妙处理,还是对潜在人性的冷静逼视;无论是对叙述节奏的有效控制,还是对叙事细节的精致化临摹,都体现出一种轻盈而又舒缓、丰沛而又沉郁的审美内涵,呈现出卡尔维诺所推崇备至的那种'以轻取重'的叙事智慧,也体现了毕飞宇作为一个南方作家特有的艺术智性。"② 毫无疑问,"轻盈而凝重"已经成为毕飞宇的小说创作风格与审美追求,他立足于日常生活,抓住平凡人生中的小人物形象,以此传达某种沉重与深刻的精神内涵与意义,使小说在温暖与灵动中蕴籍着沉重与深刻的悲剧氛围。

一、以小人物写出命运之重

毕飞宇小说中人物几乎都是来自社会底层的普通人,是生活中的小人物,他们平凡、普通、渺小,一生没有什么丰功伟绩,他们就好似生活在我们周围一般,总给人以似曾相识的亲切感。毕飞宇对他们的表现亦未设置大事件,更未采用宏大叙事,他们都是默默无闻的小人物。然而就是这些小人物成为了毕飞宇小说中的悲剧主角,他们沉浸于日常生活的悲剧性往往更能够打动读者,仿佛就发生在身边,甚至他们的悲剧随时会出现在你的生活中,感同身受的阅读体验往往更能拉近读者与小说的距离。《唱西皮二黄的一朵》中的乡下女孩一朵、《青衣》中的筱燕秋、《拉胡琴的乡下人》中的乡下人、《哺

---

① 吴敏. 一个作家过分依赖想象是可耻的 [N]. 南方日报,2011 - 12 - 6(A19).
② 洪治纲. 谈毕飞宇小说 [J]. 南方文坛,2004(4):57.

◆ 第五章 毕飞宇小说的语言风格与审美特征

乳期的女人》中的儿童旺旺、《雨天的棉花糖》中的红豆、《林红的假日》中的白领林红、《家里乱了》中出卖灵魂的乐果、"三玉"系列中强势的玉米和凄惨的玉秀等,这些小人物就消隐在我们的生活中,甚至就是读者自己。毕飞宇曾自省:"在我的身边,在我的骨子里头,在生活的隐蔽处,筱燕秋无所不在……我惟一能做的是面对筱燕秋。我面对,不是我勇敢,是他们就在我的身边,甚至,弄不好,筱燕秋就是我自己。"①

对小人物悲剧性命运的书写,在毕飞宇的小说创作中是一以贯之的。毕飞宇小说的一个重要母题是"伤害",这一主题源于毕飞宇对于生活的悲观态度与对生命悲剧本质的哲学认知,他坦言:"我对人,或者说对生活,有一个基本认识,那就是生活在那里的人谁也别想过得好。"②这种他人即地狱式的悲观主义认识决定了毕飞宇小说的基调,所有他的"作品读了以后,给人的感觉是不愉快的,压抑的。我的美学趣味是喜欢悲剧。"③当然悲剧并非仅仅产生负面情绪,它也具有积极的一面,尤其在作品中,"悲剧在向我们展示人类伟大的美妙幻境的时候,为我们带来了一种安慰。"④这种心灵的慰藉源于对生活的深度认知与情感把握,让我们对生活的理解提升了一个层次。

毕飞宇的悲剧观同古希腊的悲剧观有着本质的区别,毕飞宇关注的是小人物而非英雄人物的悲剧命运,平凡的小人物不仅仅是作家表述与观照的对象,而且更多体现出来的是人文精神与关怀指向性问题。毕飞宇将小说悲剧视野转向日常生活中的小人物,发觉他们在生存层面的悲剧性,这种小人物的琐事悲剧与底层心理畸变悲剧往往更具震撼力与感染力。但是毕飞宇在对这种小人物悲剧描写时并未增强其凝重之感,相反却时常以幽默、反讽、调侃等方式淡化悲剧氛围,消解悲剧的沉重与崇高感。正如毕飞宇在一次访谈中说的那样:"我写的悲剧不是英雄史诗式的,基本上是家长里短的,一般讲

---

① 毕飞宇. 我描写过的女人们 [C]. 见:沿途的秘密. 北京:昆仑出版社,2013. 32.
② 姜广平,毕飞宇. 我们是一条船上的——毕飞宇访谈录 [J]. 花城,2001(4):181.
③ 毕飞宇,周文慧. 内心的表情——毕飞宇访谈录 [J]. 长江文艺,2003(12):67.
④ 〔捷〕米兰昆德拉. 小说的艺术 [M]. 董强译. 上海:上海译文出版社,2004. 179.

不喜欢悲壮的，大场面的，巨大冲突的。我喜欢的悲剧是发生在内心，不声不响，外人看不见的。比如筱燕秋、玉米、玉秀都是静悄悄的。我特别渴望真正地写实，把生活的本来面貌展现出来。当一个人遇到不幸时，承受痛苦都是安静的、沉静的、自我消化的。我希望我的小说在这一点上切合我们的生活、心理的写实，写肉眼看不到的悲剧。"①

《玉米》中专注于权势的玉米，在父亲出事下台之后，面对家族在村里地位的一落千丈，忧心忡忡的玉米把希望寄托到未婚夫彭国梁身上，但是彭国梁也抛弃了她，最后稳住家族地位的救命稻草也失去了，我们可以想见当玉米突然接到退婚通知时她的痛苦与绝望，但是倔强的玉米怕村里人知道使家族雪上加霜，她将痛苦、绝望都藏到了心底。同样因为父亲下台遭受更大厄运的是妹妹玉秀，玉秀在放电影的夜晚被村里的男人报复性地轮奸了，这已经是一出大悲剧，但是紧接着她还要承受孩子们歌谣的侮辱，二次侮辱对于玉秀心灵的伤害要更为沉重。但是这些对于一位乡村失势的未婚女子而言都只能坚忍，是没有反抗与发泄途径的坚忍。可以说在无声中，毕飞宇给我们展示了最为惊心动魄的女人的悲剧。

与玉米相比，《青衣》中筱燕秋的悲剧似乎在常人看来更是小得可怜。舞台上筱燕秋是绝对的主角，占据了所有的演出机会，但是仅仅因为师傅与徒弟出演了其中的一场，便不惜翻脸惹出事端。可以说她对青衣角色、对嫦娥已经到了痴迷的程度，她应该是一位生活在艺术中的人，但却被现实所捆绑。当她因为流产而耽误演出，赶到剧场时徒弟春来已经换装登台，面对这一既定事实，筱燕秋再次表现出一种决绝：

"筱燕秋穿着一身薄薄的戏装走进了风雪，她来到剧场的大门口，站在路灯的下面，自己给自己数起板眼，同时舞动起手中的竹笛，她开始了唱，她唱的依旧是二黄慢板转原板转流水转高腔。雪花在飞舞，剧场的门口突然围上来许多人，突然堵住了许多车。人越来越多，车越来越挤，但没有一点声音。围上来的人和车就像是被风吹来的，就像是雪花

---

① 毕飞宇，周文慧. 内心的表情——毕飞宇访谈录 [J]. 长江文艺，2003（12）：67.

那样无声地降落下来的。筱燕秋旁若无人。剧场内爆发出又一阵喝彩声。筱燕秋边舞边唱,这时候有人发现了一些异样,他们从筱燕秋的裤管上看到了液滴在往下淌,液滴在灯光下面是黑色的,它们落在了雪地上,变成一个又一个黑色窟窿。"①

将青衣角色表现出一种商业化、媚俗化的色彩,这在筱燕秋看来,绝对是一种艺术偏颇。然而这样的不伦不类的转变却同样能迎来观众的喝彩,说明观众的口味已然发生了变化,正如烟厂老板曾经崇拜过她却对现在的她的身体不感兴趣一样,人们喜欢京剧喜欢青衣,但是却不喜欢关于传统陈旧的表现方式。这才是对筱燕秋最大的打击与伤害,一种被艺术背叛的悲剧。面对这种使自己无法妥协的变化,筱燕秋却表现出了相当的冷静,只是以癫狂状态的表演来表现自己的悲愤。同样作者也设置了一个安静的世界,人们都在静默中见证一个艺术生命的毁灭过程,悲惨在静默中引起读者无限的悲伤与凄凉。

西方传统中的英雄人物悲剧表现出的是悲壮与崇高,毕飞宇文学作品中的小人物的悲剧而是哀怜与悲悯。这是来自心灵的悲剧,尤其是作为女性的悲剧群体,她们因为自身人格缺陷等问题,在社会的重压下成为了悲剧的制造者与牺牲品。在作者平静的文字中,她们的悲剧别具风格,淡淡地忧伤与静默的悲愤在日常时光中流逝,让我们看到了生活的艰辛与消磨力。

二、以日常生活呈现时代之重

鲁迅在《几乎无事的悲剧》中说:"这些极平常的,或者简直近于没有事情的悲剧,正如无声的言语一样,非由诗人画出它的形象来,是很不容易觉察的。然而人们灭亡于英雄的特别的悲剧者少,消磨于极平常的,或者简直近于没有事情的悲剧者多。"② 鲁迅所说"几乎无事的悲剧"正是毕飞宇持续书写的日常生活中小人物的悲剧。毕飞宇通过日常生活中的小事件表现出对

---

① 毕飞宇. 青衣 [C]. 见:雨天的棉花糖. 南京:江苏文艺出版社,2013. 132.
② 鲁迅. 几乎无事的悲剧 [C]. 见:鲁迅全集(第一卷). 北京:人民文学出版社,1981. 371.

整个社会的认知，小事件没有宏大叙事的压力，它们透出的小格局往往更能打动人心。正如毕飞宇所言："相当长的时间里，长篇小说是作为宏大叙事的代名词出现的，我对宏大叙事一点都不反感，甚至有一天我也会宏大叙事，这个我可以预见得到。但是从目前这个阶段，我只想看看长篇小说撇开宏大叙事的可能性是怎样的，包括《平原》，时空关系很简单，故事开阖很简单，到了《推拿》，在这种小格局里面我又推进了一步，格局更小。"① 毕飞宇此类"几乎无事的悲剧"的小格局的现实主义作品中，没有宏大理念，也没有宏大叙事，关注的是平凡人生与生活琐事，正应和了"文学反映生活"的基本法则，贴近现实深入现实。如其所言："睁开眼睛，低下头来，从最基本的生活写起。"②

无论是现实中还是小说中的人物都应该是生活在具体历史场景中的，都不可避免地留下时代的痕迹。毕飞宇对日常生活中悲剧的发掘都会置于一个具体的历史背景，只有在具体的时代很多悲剧才具有发生的土壤与可能性。但是对时代的沉重性、悲剧性批评在毕飞宇笔下并未直接呈现，他在"几乎无事的悲剧"理念支撑下，往往将笔墨作用于邻里间、家庭里、村镇上的日常生活琐事上，在平淡中体现人在具体时代背景中的悲剧。这一点具体主要表现在以下几个方面：

1. 对"文革"的反思与批判

毕飞宇小说对于"文革"有着格外的关注，这在他的整个创作中是比重最大的一部分。如《孤岛》、《蛐蛐 蛐蛐》、《怀念妹妹小青》、《地球上的王家庄》、《写字》、《枸杞子》、《受伤的猫头鹰》、《玉米》、《玉秀》、《玉秧》、《平原》等。在对"文革"的反思与批判中，毕飞宇努力摆脱知识分子的启蒙主义立场与人文精神立场，他以文化反思精神进行主体介入，批判者同时也是历史的介入者，没有所谓的反观历史的超脱，有的是深入历史的情感。即"从最普通的当事人入手，让读者看到'文革'不再只是一段历史，一个背景，它早已变成了一种根深蒂固的思维方式，这种思维的核心是：互相伤

---

① 岳巍. 毕飞宇说《推拿》：我们一起走进没有光的世界 [N]. 华夏时报, 2008-11-01 (39).
② 姜广平, 毕飞宇. "我们是一条船上的"——毕飞宇访谈录 [J]. 花城, 2001 (4)：182.

害和权力斗争,结果则是历史的荒诞和人性的悲剧。"① 毕飞宇小说中的人物,如二呆、小青、玉米、玉秧、端方等,无论是被伤害者还是伤害者,他们都在无意中被"文革"裹挟进历史的洪流,都在有意无意间沾染了"文革"思维,甚至深陷其中难以自拔。他们的悲剧既是时代的烙印,也是个体"文革"思维的反作用。

2. 与传统决裂的阵痛和迷惘

"文革"的政治高压渗透进生活的各个层面,因此摆脱压抑一时间成为很多人的时代追求。但是并不是每一个人都有摆脱生活压抑的必要需求,不是能力不够就是机遇不到,甚至方法不对,当然往往有时候也是时代并未给予他们应有的土壤。毕飞宇对于时代的症候与困境有着比较清晰的认识,即使那些没有经历"文革",没有直接受到极左思维影响的"80"后,却从父辈那里继承来了滞后的时代压抑。在他的作品中表现了很多"80后"一代人,他们虽然没有直接受到"文革"压抑,但是他们在"文革"中成长的父辈们,却以"文革"思维给予了他们滞后的时代压抑。《哥俩好》、《那个夏季,那个冬天》中的图南、图北和耿东亮的个人遭际,表现了"80后"一代人在与传统决裂后留下的阵痛和迷惘。

《那个夏季,那个冬天》中的耿东亮最为典型。耿东亮在母亲强势的母爱面前没有任何自由可言,生活被紧紧束缚,因此为了摆脱沉重的母爱,他把希望寄托到离家后的大学生活。远离母亲的自由自在,自己决定自己生活的主宰感,在想象中耿东亮对大学充满期望,终于他进入了大学。但是压抑并未就此摆脱,老师炳璋以父亲般的爱关心着他,关心的方式就是干预,耿东亮陷入了另一种沉重的爱。绝望中的耿东亮开始了自己的反抗,他再次将希望寄托在工作上,希望以此摆脱压抑,但是在公司里限制更多。如果说母亲与老师的压抑源于爱,还是充满了温情,那么公司的压抑则源于利益,赤裸裸的金钱关系。耿东亮的反抗已经失去了最后的希望与阵地,无路可退的他于是开始了堕落与放纵,他被酒鬼"启蒙"、被"干妈"强

---

① 付艳霞. 冰与火的缠绵——毕飞宇论 [J]. 石家庄师范专科学校学报,2004,6(4):38.

奸，从肉体与精神上彻底陷入困窘。他们的悲剧在于认真对待生活，想要寻找属于自己的天空，但是每一次都落入窠臼，陷入新的困境，这是一代人的悲剧。

3. 现代性与乡村伦理的冲突

在现代化进程中，知识分子面对的最大的"困惑"也许就是现代性与乡村伦理的冲突。毕飞宇对此曾说过："所谓发展，是中国的发展，所谓现代化，也是中国的现代化。这一来，事情似乎就简单一点儿了。中国的发展是好事，中国的现代化也是好事，但是，但是问题来了，我是写小说的，我的立场很简单，那就是批判和怀疑。……小说家的气质与心智决定了他们只能这么干。一个小说最大的困惑也许就在这里：即使他认为路必须是这么走的，他也要质疑，他也要批判的。"① 在毕飞宇看来现代化的方向是对的，但是在它的发展过程中不可避免存在一些问题，这些衍生性的问题如果不解决好必然影响现代化的整体方向。因此《哺乳期的女人》、《家事》、《彩虹》、《相爱的日子》等小说，毕飞宇集中表现了人际伦理与现代化之间的关系，这是我们正在经历的时代困惑。

鲁迅曾说："悲剧将人生的有价值的东西毁灭给人看。"② 在毕飞宇的小说中现代化毁掉的是人与人之间的亲情、爱情等美好事物。《哺乳期的女人》探讨了现代化对乡村的冲击，"空巢"现象带给乡村的伦理危机，留守儿童旺旺对父母的思念破坏了田园乡村的天伦之乐，令人唏嘘不已。同时被破坏的还有人与人之间的信任，整个乡镇的人竟然没有一个理解旺旺的思念之情，都以成年人的心态与标准揣度孩童，丑化孩童。直到最后把旺旺折磨成孤僻的孩子，这不仅仅是旺旺的个人悲剧，更是整个乡村的阵痛。《彩虹》中的小男孩也是一位人伦亲情无法保证的孩子，他被长期独留家中，养成了早熟、敏感、警惕的性格。《家事》则深入挖掘人们内心的冷漠，毕飞宇曾评价这部

---

① 毕飞宇，张莉. 人与人之间的温度在降低——毕飞宇访谈录 [J]. 文化纵横，2010（1）：78.
② 鲁迅. 再论雷峰塔的倒掉 [C]. 见：鲁迅全集（第一卷）. 北京：人民文学出版社，1981. 192-193.

小说是"一个关系'凭吊'的故事。"① 他以孩子的视角观察世界,在孩子们的眼里,学校是他们的工作"单位",同学根据职位与角色分配,分别成为了夫妻、母子、父女、妯娌、叔侄、姑嫂、子舅等关系,孩子们的上学活动就如同家庭生活一般。《大雨如注》通过一个高中生患病后"失语"的故事,揭示了现代社会巨大的生活压力,轻易间便会毁灭一个家庭,家庭在这种压力下随时都有被毁灭的可能性。

---

① 毕飞宇,张莉. 人与人之间的温度在降低——毕飞宇访谈录 [J]. 文化纵横,2010,(1): 77.

结　语

一

　　通过以上论述,我们可以发现毕飞宇的小说主要集中于对当下人们日常生活、生存困境的文学书写,这是基于中国经验的中国问题思考,也是作品能够同读者产生情感共鸣的重要基础和前提。毕飞宇曾说过他的创作要回到"海拔零度","我比以往任何时候都渴望做一个'现实主义'作家——不是'典型'的那种,而是最朴素的,'是这样'的那种"[①]。"九十年代以后,中国作家尤其是那批好的作家,全部回到中国的本土经验上来了。我们现在写的都是地道的中国小说。这是非常非常了不起的一件大事!"[②]以中国经验去表现国人的日常生活与困境这就是毕飞宇的"现实主义",它不同于二十世纪中国文学中的现实主义,是打上毕飞宇标签的现实主义。然而无论是哪种主义,文学创作都离不开两个问题:写什么和怎么写。这是任何一个作家,甚至是评论者、理论家不可回避的问题。关于"写什么"的问题,毕飞宇以自己"地道的中国小说"予以了正面、充分的回应。张均先生对此予以很高评价,他认为毕飞宇的王家庄系列小说正是基于中国自我经验的表达,因此它们的艺术成就在中国现当代文学史中占有一席之地。可以说毕飞宇所谓的

---

① 毕飞宇.《青衣》问答[C].见:沿途的秘密.北京:昆仑出版社,2013. 49.
② 张均,毕飞宇. 通向"中国"的写作道路——毕飞宇访谈录[J]. 小说评论,2006(2):47.

"地道的中国小说"正是对"中国经验"的一种表达,这种经验既不来自西方也不来自书本,而是作家直接从生活中得到的各种感觉、经验与体验。

"中国经验"应该是来自于中国人的日常生活,来自于"世态人情",只有这样的写作,才能激活读者灵敏柔韧的感知神经,才能在读者那里生成饱满丰盈、富有弹性的内心世界。"在一般读者的阅读中,他们需要被唤起的是一种触手可及的感性的经验,需要在共同关心的事件、细节的纽结下寻找到自我的认同,所以阅读的兴趣点在于那些凝聚了这一代人经历的事件、细节是否能以符合他们记忆的'真实'方式被忠实地记录下来。"[①]《平原》、"三玉系列"小说、《地球上的王家庄》、《怀念妹妹小青》等作品都以"文革"为背景,虽然在文本中从未直接写出"文革"的历史背景,但是我们从作品中人物的言行、思维方式等可以直接感知到一个时代的存在,可以说这与毕飞宇对"文革"时期中国农村日常生活的了解与还原能力有关。他如同一个地道、负责的导游,同时更如同一个正生活在王家庄的乡里人,拉着你的手把你领入王家庄,带你里里外外、方方面面尽情看遍,令读者仿佛置身于王家庄,端方、玉米、吴蔓玲等人就是我们的邻居家兄弟姐妹,同呼吸、同患难的感觉油然而生。毕飞宇曾说过《玉米》的巨大成功是很意外的,我认为这又是必然的,因为我们都生活在这个拥有农耕经验的国度里,王家庄的日常生活也是读者的一部分生活经验。

毕飞宇小说的成功最根本的原因在与对中国本土、日常生活和人的生存状态的自觉书写,并在写作过程中自觉地运用西方有效文学经验与思想资源,将它们同时合理地植入中国土地,实现西方文学资源的本土化、当下化转向,立足于中国本土,利用西方的肥料开出中国自己的花朵。毕飞宇最为难得的是从不停留于写作成功的起点,避免成名作即是代表作的文学尴尬,努力突破写作瓶颈,在不断观察生活的过程中,反思生活,发现生活的变化,不断实现文学的创新。尤其是当下的社会生活,"已完全不同于30年前的中国生活,它突显了物质、经济、技术、欲望与日常日用的基础性和首要性,加深了精神对物质的依附性和一体性,因此在承继过往高扬主体精神的传统的同

---

① 董丽敏. 当代文学生产中的《兄弟》[J]. 文学评论,2007(2):84.

时，以更大的精力和客观的态度去研究过去被我们曾经极大地在人文社会科学领域加以忽略的诸如物质、日常生活、媒介、身体欲望等，是十分重要的。"① 毕飞宇把日常生活作为一种新感知力的源泉，加以思考和创作，将人们日常生活中习以为常或可意会不可言传的那部分情感、事件以文学方式表现出来。正是基于这种日常表现，毕飞宇强调文学要回归常识，这个常识就是人、人与他人之间的日常行为的常识。毕飞宇总是能从最基本的日常生活和体验中捕捉到一些有意味的话题和细节，并如朋友聊天般地娓娓道来。比如表现留守儿童的《哺乳期的女人》、表现空巢老人的《彩虹》、表现大学生就业与情感的《相爱的故事》、表现中学生心灵困境的《家事》、表现盲人的《推拿》等等，这些作品所描写的人物与事件可能我们每天都会碰到，这些事情也许就发生在身边，对此没有留心而已。但是毕飞宇把这些人和这些人的生活呈现在小说的世界里，他讲得生动且精彩，使我们对他们有了新的、更多的认识和理解，更会记住小说中的人物和故事情节。

毕飞宇是一个有思想且有思想深度的作家，从他很多作品中都可以看到哲学思考的痕迹。对于小说哲理化的热衷，毕飞宇在一次座谈会上举了一个非常贴切、经典的例子来说明这一观点，他说："昆德拉对陀斯妥耶夫斯基有一个很著名的评论：'如果陀斯妥耶夫斯基不是一个小说家，那他就不再是一个哲学家'。昆德拉认为陀斯妥耶夫斯基是一个了不起的思想家、哲学家，可是这种哲学毕竟不是从概念上来的，陀斯妥耶夫斯基的深刻的思想还是体现在他对人、对人物关系、对婚丧嫁娶、对酒席及对茶杯的仔细描摹当中呈现出来的。"② 由此可见，毕飞宇崇尚的哲思是从对日常生活以及"世态人情"的关注和重视中升华出来的，是基于生活本身的哲学思考，不是凭空的妄想。而如何从日常生活的平凡中发现深刻的哲理才是对作家最大的考验，毕飞宇面对新的更为复杂的社会景观，也需要更大的智慧来完成文学的哲学化。

---

① 张未民. 回家的路 生活的心——新世纪中国文艺学美学的"生活论转向"[J]. 文艺争鸣, 2010(21): 50.

② 杨庆祥. 文学：回到思想的前沿——第八届青年作家批评家论坛纪要[J], 南方文坛, 2010(1): 43.

❖ 结　语

　　作为"60后"作家，毕飞宇经历了当代中国最为剧烈的历史变动，以及由此引发的各种思潮的爆炸式出现，这种思想的狂飙突进对于毕飞宇思考能力的提升具有极大帮助甚至是刺激。对此毕飞宇曾说过："我们这一代人有点累，世界变得太快，最大的累是不停地调整我们的世界观。"① 现实环境裂变式的演进给了毕飞宇强烈的冲击，世界观的经常调整对于一个人思想的冲击可以想见，对于麻木的人不会产生影响，对于敏感的人会使哀伤压抑理性，只有那些有思想、有判断、有担当的人才能面对变幻的世界保持理性的思考姿态，进入深刻的哲思层面。正如洪治纲所论述的那样："'60后'作家虽然也是诞生于集体主义的文化语境，并在成长过程中或多或少经受了集体意志的洗礼，但在进入青春期之后，他们开始迎来了改革开放的时代。人本主义的启蒙与现代意识的觉醒，使他们对那些宏大的历史使命和高蹈的政治理想保持着高度的警惕，也对那些扭曲人性的历史记忆有了自觉的反思。因此，他们对生活的认识，主要是立足于对个体生命的认识和人性的体察。无论生活方式如何变幻，无论价值观念如何更替，无论日常生活如何变得纷乱和芜杂，在他们的眼里，最终都化为人性的变化——理性的意愿与非理性的本能、无望的现实与强烈的理想之间的无穷无尽的纠缠。这种理性化的启蒙主义精神，构成了这一代作家的主体意识。"② 从集体主义到人本主义，从集体记忆到个体认知的转变，最终使"60后"很多作家步入理性化的启蒙主义立场，对历史与现实的哲学思考是他们认识世界的通用方式。

　　毕飞宇作为"60后"作家的中坚力量，对日常生活对人性都饱有理性的认知，他以想象力、理解力以及作家特有的关怀与热情关注世态人情，关注被历史笼罩的独立精神个体，探寻他们的人生轨迹和命运遭际，关注人的内心与精神，记录时代中真实的人性。毕飞宇在历史怀疑中发现权力的运行机制，发掘人性的弱点与丑恶。同时，我们也可以透过个体的人生与命运去发现历史的真相，以及权力对于人性的践踏、伤害。无论对于历史还是权力的

---

① 毕飞宇. 沿途的秘密 [M]. 北京：昆仑出版社，2002. 50.
② 洪治纲. 短篇小说·生活图谱·代际差异——新世纪文学十年观察之三 [J]. 文艺争鸣，2011 (7)：31.

叙述，毕飞宇最终的落脚点都在于对人性的反思上。所以他"对人、人性的认知和探究，既不是如以往读者所习见的那样正面揭示丰富的人情和人性形态，也不是在真善美与假恶丑、正义与邪恶的对比中肯定人、人性的正面因素的积极意义，甚至也不是要展现什么所谓'一半是野兽，一半是天使'的人的本质，而是集中展现人、人性的负面因素"。[①] 这种对人性的反思，是通过对人物内心活动加以细致刻画实现的。"文学的任务在于从社会的角度观察个人的现象，从个人的角度观察社会现象，文学表现情况各异的生活，展示与外部现实相互作用的生活，展示诸多人的诸多现象；它们之所以生动活泼，栩栩如生，不仅仅因为有许多真凭实据的确切细节，还因为它们表现了人们的内心生活，表现了人们对生活的全部希望、恐惧、矛盾、痛楚和胜利"。[②] 这应该是对毕飞宇小说创作的最恰当的解读。

二

文学对于现实干预的独特性在于文学性与审美性的深度介入，避免直笔书写带来的粗糙与乏味。换而言之，无论表现对象的美与丑文学都要实现对它的审美呈现，从而减缓作品与现实社会的直接冲突。正如某些研究者说的那样，"文学原本存在的理由与价值，就在于它经常察觉、预见到其他意识形态领域难于获取的一个时代最初的信息，它能凭借个人的生活经验与想象，进入现实与历史发展的症结处、缝隙间，去敏锐地谛听社会内部无声的骚动，捕捉现实的初生状态，把握一种思想、道德或意志情感的形成与迷误，从想象艺术中折射出现实隐蔽的世界。"[③] 对于"时代最初信息"的敏锐把握与审美表现被视为文学存在的理由与价值，所谓"时代最初信息"往往就是对于

---

① 吴培显. 当代小说叙事话语范式初探 [M]. 湖南师范大学出版社，2003. 289.
② 〔美〕锡芬克斯坦. 社会期望作家什么 [C]. 见塞贝克特等著. 普鲁斯特论. 沈睿，黄伟译. 北京：社会科学文献出版社，1999. 174.
③ 朱水涌. 从现实"症结"介入现实——以王安忆、毕飞宇、阎连科近年创作为例 [J]. 文学评论，2007（6）：54.

❖ 结　语

　　一个时代的直接经验，对于时代最为基础与本源的认识，不被他人观念捕获，不被现实繁华复杂迷乱双眼，这是一位作家的极为重要的观察社会的能力。而毕飞宇正是一位能够对"时代最初信息"进行敏锐性把握的作家，《哺乳期的女人》就是一个最好的例子。他曾解释小说当时是在病床上写的，所以整个风格与同年代创作的其他小说有很大差别。同时又是他反思现代性的一个例证。不管他个人怎么去解读，但这篇在20年前创作，而今被誉为较早表现"留守儿童"的小说，恰恰证明了毕飞宇对于所谓"时代最初信息"的把握度与预见能力，他敏锐地抓住了当时人们尚未关注的一个中国问题。毕飞宇的很多作品都具有这种"当代性"的问题意识，无论是亲情、爱情等人伦关系的缺失，还是尊严感缺失给社会带来的冷漠、隔膜与疏离，以及对生命的践踏，毕飞宇都能敏锐地把握住社会的脉搏，为时代把脉，给读者与社会以警醒。特别是《推拿》这篇小说，作者以他独有的现实感和理解力真切揭示了我们这个时代的精神隐疾。

　　"小说中的思想深度表现为作家对生活的艺术敏感，它是有趣味的发现和有滋味的叙述，单单是感觉到问题存在，对小说家而言，还是远远不够的，……艺术的敏感是属于美学范畴的东西，它是思想，但不是抽象的思想，是在小说形式控制之下的思想情感有序表现，它不是宣泄，不是情感失控，而是审美净化和升华，用汪曾祺的话说，就是'浅处显才'（见汪曾祺《晚翠文谈新编》），这是小说区别于其他思想类型的存在方式。"[①] 可以说发现问题只能表明你作为作家对世界感受与发现的能力，是作家思想的见证，但同时还需要我们拥有审美表现发现的能力，思想不能以抽象的科学话语在文学作品中呈现，它需要被审美化。也就是说小说的意义和当下性取决于小说的思想深度如何，而这个思想深度不是依靠题材和道德宣讲来"虚张声势"，应该是由文本文字所触发的更为丰富的阅读感受和思想联系。

　　毕飞宇是一个执著于意义的作家，他喜欢通过呈现生存的特殊环境和日常的本色来建构作品的意义。也就是说把创作主体的理性思考和意义隐藏在人物或事件的内部，这是毕飞宇的叙事智慧，也是区别于那些强化"百年意

---

① 杨扬. 中国当代长篇小说的问题［J］. 南方文坛，2011（6）：55.

识"，强化知识分子道德立场小说的一个重要特点。正如李敬泽在2000年的一篇评论中写到："毕飞宇的要点之一是'真理'，他和他的人物一直在意义世界中探险，他们疼痛、焦虑、怀疑、深思，他们在困境中挣扎，这完全是因为他们相信，在不可知的地方，'真理'放射着幽光，也许是在南瓜中酣眠？"① 毕飞宇借助自己深刻的思想与对现实敏锐的把握能力生成了作品的意义，因此他才有能力去追求意义。但是以文学追求意义最需要注意的是审美性与文学性问题，即作品表现形式如何能够更好地表现意义。

毕飞宇对于小说形式的追求最为明显地表现在短篇小说创作上，虽然最终为毕飞宇赢得文学地位的是中长篇小说，但普遍认为最能体现他文学风格与创作个性的还是短篇小说。毕飞宇短篇小说创作的成就很早就已引起学界的关注，在不断的研究与讨论过程中，学界给予他短篇小说越来越多的肯定，同时对毕飞宇在短篇小说创作方面的贡献以较高的评价。吴义勤认为："毕飞宇是一个才华出众的短篇小说高手，在营构短篇小说时其显示出的那种从容与大气令人羡慕。……他的小说没有雕琢做作之痕，总给人一种水到渠成、自然而为的感觉，这与他优雅的叙述感觉和大智若愚的'敏慧'是密不可分的。"② 汪政认为毕飞宇"用尽短篇的所有资源榨取几乎极致的审美利润。他是我见到的当代作家中杰出的短篇成本管理高手之一。"③ 洪治纲也认为"毕飞宇的短篇饱含智性，常常声东击西，传达特定人群中隐秘而又意味无穷的生命景象。"④ 从这些评价中，我们可以概括出毕飞宇独具特色的短篇小说源于他在表现形式的"智性"追求，这也是他的短篇小说能够在短小的篇幅内表现超大容量内涵的重要保障。

在毕飞宇的短篇小说里，他不但借鉴了现代叙事理论与方法，同时也承袭了中国传统小说的修辞艺术，并且在二者融合的基础之上不断创新和尝试新的写作技艺。毕飞宇小说对于事、人、物的细节描写一直被大家所称道。

---

① 李敬泽. 从"写字"开始——读《谁在深夜里谈话》[J]. 小说评论, 2000 (4): 79.
② 吴义勤. 感性的形而上主义者——毕飞宇论 [J]. 当代作家评论, 2002 (6): 57.
③ 晓华, 汪政. 《彩虹》与毕飞宇的短篇小说 [J]. 名作欣赏, 2005 (21): 51.
④ 洪治纲. 短篇小说·生活图谱·代际差异——新世纪文学十年观察之三 [J]. 文艺争鸣, 2011 (7): 28.

结 语

在细节描写中他主要采用了日常语言,在通俗浅白易懂的口语基础之上,经过简单而又精心的提炼、加工形成独具特色的属于自己的文学语言。它很贴近生活,没有书面语的隔膜,但又超越日常生活,饱有别样的滋味与意蕴。而在细节叙事中则突出了对"第二"人称叙述视角的探索与尝试,这种叙述视角可以有效避免第一人称叙述和第三人称叙述的不足,它可以根据叙事的需要多视角、自由地转换叙述视角,使文本不仅"贴着人物"叙述,而且减少了与普通读者之间的"障碍"和距离。毕飞宇的叙事节奏把握得非常到位,特别是在他表达情感之时,他很少采用直抒胸臆的方式表达情感。他将情感细心地隐藏在平淡自然的语言之下,没有激昂矫情的文字,没有悲愤与谴责的话语,只是以隽永、清新的文字引导读者进入文本,进入作者渗透在文本中的情感。这正是毕飞宇小说最打动人心的美与情感的表达方式。

就作品数量而言,毕飞宇确实是一位低产的小说家,从他发表第一篇小说《孤岛》以来,四部长篇和若干中短篇加起来也不超过两百万字。这与他对写作的严谨甚至苛求态度有关,"他是一个态度非常认真的写作者,他从来不愿随便把一个作品出手,他总是要让每一部作品放在身边'磨'上很久,其对文本各个'枝节'的重视和认真有时近乎'苛刻',这也是他的作品数量很低的一个原因。"[①] 毕飞宇没有以自己的名声进行灌水式写作,更没有被物质主义吞噬进行利润丰厚的商业化写作,这本身就是一位作家应该有的文学立场。因此我们不能以作品的量去定义一位作家,我们应该看到他的作品对于中国当下、对于当代文学的意义与价值。

同时毕飞宇也是一位"不跟风"的作家,不轻易抛弃自己的文学立场与信念,不跟着社会热点甚至政治主张去创作,虽然时常显得不合时宜,很多作品也因此难以畅销,更谈不上影视改编了。但是毕飞宇却一直坚持自己的文学写作姿态,当然他也曾有过困惑,在中篇小说《玉米》未发表前他曾感到不自信,发表后又没有把握,他说:"那时候,中国当代文学的热点不在这里,一、不在乡村题材;二、不在写实风格;三、时髦'身体写作'。一句

---

① 吴义勤. 感性的形而上主义者——毕飞宇论[J]. 当代作家评论,2002(6):57.

话，文学的审美场已经彻底不一样了。"① 可以说毕飞宇清醒地把握着当下文学写作态势，也知道如何应和读者需求，但是他并没有因此放弃，随波逐流，而是仍然顽强地坚持自己的写作。作为坚持的回报，作为纯文学的社会认可，《玉米》发表后受到广泛欢迎和一致好评。这也给了毕飞宇极大鼓舞，让他看到了文学的希望，他不无激动地说："这件事给了我极大的教育，不要跟风，跟风毫无疑义。"② 正是这种艺术追求使毕飞宇创作了《推拿》，毕飞宇在茅盾文学奖的答谢辞中说："我清晰地感受到，通过这本书的写作，我和生活的关系扣得更紧凑一些了，我对'人'的认识更宽阔一些了。这是我很真实的感受。基于此，我想说，即使《推拿》是一部失败的作品，在我个人，也是一次小小的进步。我找到了我的新方向。我又可以走下去了。"在坚持中毕飞宇不断提升与完善自己与文学创作，他以独立的创作姿态打开了一个新的文学领域。同时毕飞宇也是一位很难被划归流派的作家，虽然毕飞宇曾说过："有人曾给过我建议，要把自己的写作纳入到一种流派里去，这样才能成活。性格决定命运，这个命运就是作品，我的性格和神经类型不允许自己那么做，我情愿孤独地、小心地、尝试性地做自己。我同样不允许自己的写作出现惯性，惯性是可怕的，如果有一天，我在惯性里无法急停、启动，我情愿不写。"③ 毕飞宇的独立超然的写作姿态令人叹服，流派的归类只能是作品创作的自然结晶，不应该成为一位作家的追求，更不应该成为一位作家的束缚，尤其是写作惯性的养成，它是对写作最大的危害，保守导致一位作家精神资源的枯竭，很难再有创新之作。

毕飞宇的小说创作一直在不断变化与发展，很多评论者认为他的艺术创作存在多面性，对他的小说创作进行归纳与概括存在很大困难，甚至是徒劳的。本书之所以以毕飞宇小说为研究对象，不是急于评估文学史上毕飞宇及其文学作品的地位和价值，而是总结、提炼毕飞宇小说创作的特点，突显其学习和借鉴的意义与价值。纵观毕飞宇创作的二十余年，他始终"遵守的是

---

① 毕飞宇，张莉. 这个时代需要想象，也需要思考 [J]. 花城，2014 (4)：196.
② 毕飞宇，张莉. 这个时代需要想象，也需要思考 [J]. 花城，2014 (4)：196.
③ 毕飞宇，张莉. 这个时代需要想象，也需要思考 [J]. 花城，2014 (4)：196-197.

◈ 结　语

一种文学写作最传统的行业操守，也就是以人物为中心，将人物、故事、细节写深写透。所谓写深写透，就是作品的人物、故事、情节，要有一种作家自己的体会和发现，就像是手工作坊中的一件件作品，带有手工作业者自己清晰的风格烙印，而不像机器制品，创作者个人风格是消失在制品中的。"①

"文如其人"，毕飞宇的人生信守与其艺术追求是一致的，在可查、可见的文本记录里，无论是评论者、记者还是读者，都认为毕飞宇率性且随和，求真且立诚，最突出的性格特点是他沉稳且执著。其中黄毓璜的评论最为贴切恰当。在黄毓璜设置的"作家动物园"里，黄先生从毕飞宇那里生发"蛇"的联想，主要缘自"纠缠"这一特性，"纠缠不放是蛇的做派，也是执著、韧毅的表征。飞宇是苦吟派，不会率尔动笔，也不是一个善于轻描淡写的作家，我想，正襟盘坐、久久凝眸对象该是他通常的写作姿态。虽说未见得去把一个思想想到底，总必得弄出点子丑寅卯来；虽说不一定会把对象看个透，总是想要握住些要点要领及要害然后'张口'"。② 正是毕飞宇这种执著和韧毅的表现，使他的文学创作与众不同，每部作品都赢得关注和好评。

---

① 杨扬.《推拿》：常态的文学创作 [N]. 光明日报，2011 - 9 - 6.
② 黄毓璜. 感受毕飞宇 [J]. 太湖，2007 (1)：62.

参考文献

(以出版、发表时间先后为序)

著作:

[1] 朱光潜. 西方美学史 [M]. 北京: 人民文学出版社, 1979.

[2] 鲁迅. 鲁迅全集 [M]. 北京: 人民文学出版社, 1981.

[3] 杨义. 中国现代小说史 [M]. 北京: 人民文学出版社, 1986.

[4] 梁漱溟. 中国文化要义 [M]. 上海: 学林出版社, 1987.

[5] 陈平原. 中国小说叙事模式的转变 [M]. 上海: 上海人民出版社, 1988.

[6] 王一川. 意义的瞬间生成 [M]. 济南: 山东文艺出版社, 1988.

[7] 孟悦、戴锦华. 浮出历史地表——现代妇女文学研究 [M]. 河南人民出版社, 1989.

[8] 孟繁华. 叙事的艺术 [M]. 北京: 中国文联出版社, 1989.

[9] 严家炎. 中国现代小说流派史 [M]. 人民文学出版社, 1989.

[10] 刘大基. 人类文化及生命形式 [M]. 北京: 中国社会科学出版社, 1990.

[11] 徐岱. 小说叙事学 [M]. 北京: 中国社会科学出版社, 1992.

[12] 易中天. 艺术人类学 [M]. 上海: 上海文艺出版社, 1992.

[13] 蔡翔. 日常生活的诗性化消解 [M]. 上海: 学林出版社, 1994.

[14] 陈晓明. 解构的踪迹: 历史话语与主体 [M]. 北京: 中国社会科

学出版社，1994.

［15］罗钢. 叙事学导论［M］. 昆明：云南人民出版社，1994.

［16］王岳川. 后现代主义文化与美学［M］北京：中国社会科学出版社，1994.

［17］汪曾祺. 汪曾祺文集文论集［M］. 南京：江苏文艺出版社，1994.

［18］陈继会. 20世纪中国乡土小说史［M］. 郑州：中原农民出版社，1995.

［19］格非. 小说艺术面面观［M］. 南京：江苏文艺出版社，1995.

［20］应锦襄. 跨世纪与跨文化［M］. 福建：厦门大学出版社 1996.

［21］张炜. 融入野地［M］. 北京：作家出版社，1996.

［22］樊星. 当代文学与地域文化［M］. 上海：华中师范大学出版社，1997.

［23］王克俭. 文学创作心理学［M］. 北京：中央民族大学出版社，1997.

［24］王晓明. 二十世纪中国文学史论［M］. 上海：东方出版中心，1997.

［25］杨义. 中国叙事学［M］. 北京：人民出版社，1997.

［26］庄汉新，邵明波. 中国21世纪中国乡土小说论评［M］. 北京：学苑出版社，1997.

［27］周宪. 中国当代审美文化研究［M］. 北京：北京大学出版社，1997.

［28］朱寨、张炯主编. 当代文学新潮［M］. 北京：人民文学出版社，1997.

［29］程金城. 原型批判与重释［M］. 北京：东方出版社，1998.

［30］陈学明、吴松、远东. 让日常生活成为艺术品——列菲伏尔、赫勒论日常生活［M］. 昆明：云南人民出版社，1998.

［31］童庆炳. 文学理论教程［M］. 北京：高等教育出版社，1998.

［32］汪曾祺. 汪曾祺全集［M］. 北京：北京师范大学，1998.

［33］南帆. 文学的维度［M］. 上海：上海三联书店，1998.

［34］钱理群等. 中国现代文学三十年［M］. 北京：北京大学出版社，1998.

［35］王德威. 想象中国的方法［M］. 北京：三联书店，1998.

［36］杨义. 中国现代文学流派［M］. 北京：人民出版社，1998.

［37］於可训. 中国当代文学概论［M］. 武汉：武汉大学出版社，1999.

［38］洪子诚. 中国当代文学史［M］. 北京：北京大学出版社，1999.

［39］王晓明. 在新意识形态的笼罩下——90年代的文化和文学分析［M］. 南京：江苏人民出版社，2000.

［40］费振钟. 重读大时代系列——堕落时代［M］. 上海：东方出版中心，2000.

［41］吴士余. 中国文化与小说思维［M］. 上海：上海三联书店，2000.

［42］逄增玉. 现代性与中国现代文学［M］. 长春：东北师范大学出版社，2001. 78.

［43］申丹. 叙述学与小说文体学研究［M］. 北京：北京大学出版社，2001.

［44］曹文轩. 20世纪末中国文学现象研究［M］. 北京：北京大学出版社，2002.

［45］丁帆，许志英. 中国新时期小说主潮［M］. 北京：人民文学出版社，2002.

［46］高秀芹. 文学的中国城乡［M］. 西安：陕西人民教育出版社，2002.

［47］洪子诚，孟繁华主编. 当代文学关键词.［M］. 桂林：广西师范大学出版社，2002.

［48］林建法，傅任. 中国当代作家面面观［M］. 上海：华东师范大学出版社，2002.

［49］温儒敏. 中国现当代文学专题研究［M］. 北京：北京大学出版社，2002.

［50］徐岱. 边缘叙事：20世纪中国女性小说个案批评［M］. 上海：学林出版社，2002.

［51］陈平原. 中国小说叙事模式的转变［M］. 北京：北京大学出版

[52] 陈思和. 中国现当代文学名篇十五讲 [M]. 北京：北京大学出版社，2003.

[53] 曹文轩. 二十世纪末文学现象研究 [M]. 北京：作家出版社，2003.

[54] 胡近. 女性与情感 [M]. 上海：上海教育出版社，2003.

[55] 林丹娅. 当代中国女性文学史论 [M]. 厦门：厦门大学出版社，2003.

[56] 刘雨. 多元矛盾中的个性选择：中国现代作家的生命体验与创作 [M]. 长春：吉林教育出版社，2003.

[57] 乔以钢. 多彩的旋律：中国女性文学主题研究 [M]. 天津：南开大学出版社，2003.

[58] 张永清. 新时期文学思潮 [M]. 北京：中国人民大学出版社，2003.

[59] 布衣依旧，毕飞宇. 生于六十年代 [M]. 上海：汉语大词典出版社，2004.

[60] 陈果安. 小说创作的艺术与智慧 [M]. 长沙：中南大学出版社，2004.

[61] 陈晓明. 无边的挑战——中国先锋文学的后现代性 [M]. 桂林：广西师范大学出版社，2004.

[62] 黄伟林. 中国当代小说家群论 [M]. 北京：中央编译出版社，2004.

[63] 孟悦，戴锦华. 浮出历史地表——现代妇女文学研究 [M]. 北京：中国人民大学出版社，2004.

[64] 朱大可，张闳. 21世纪中国文化地图 [M]. 桂林：广西师范大学出版社，2004.

[65] 周水涛. 论新时期乡村小说的文化意蕴 [M]. 武汉：华中师范大学出版社，2004.

[66] 费孝通. 乡土中国 [M]. 北京：北京出版社，2005.

[67] 沈奕斐. 被建构的女性——当代社会性别理论 [M]. 上海：上海人

民出版社，2005．

[68] 王乾坤．文学的承诺［M］．北京：生活·读书·新知三联书店，2005．

[69] 王安忆．小说家的十三堂课［M］．上海：上海文艺出版社 文汇出版社，2005．

[70] 夏志清．中国现代小说史［M］．上海：复旦大学出版社，2005．

[71] 朱立元．当代西方文艺理论［M］．上海：华东师范大学出版社，2005．

[72] 朱志荣．中国审美理论［M］．北京：北京大学出版社，2005．

[73] 白烨主编．2005 中国文坛纪事——日常生活中的悲剧更苍凉［M］．北京：文化艺术出版社，2006．

[74] 陈平原．现代中国［M］．北京：生活．读书．新知三联书店，2006．

[75] 陈思和．中国当代文学史教程［M］．上海：复旦大学出版社，2006．

[76] 蔡翔．何谓文学本身［M］．辽宁：春风文艺出版社，2006．

[77] 余昌谷．当代小说家群体描述［M］．合肥：安徽大学出版社，2006．

[78] 朱光潜．悲剧心理学［M］．合肥：安徽教育出版社，2006．

[79] 陈顺馨．中国当代文学的叙事与性别［M］．北京：北京大学出版社，2007．

[80] 丁帆．中国乡土小说史［M］．北京：北京大学出版社，2007．

[81] 王一川．新编美学教程［M］．上海：复旦大学出版社，2007．

[82] 贺仲明．一种文学与一个阶层：中国新文学与农民关系研究［M］．北京：人民文学出版社，2008．

[83] 李新宇．突围与蜕变——20 世纪 80 年代中国文学的观念形态［M］．天津：南开大学出版社，2008．

[84] 王嘉良．现代中国文学思潮史论［M］．北京：中国社会科学出版社，2008．

[85] 王岳川. 当代西方最新文论教程 [M]. 上海：复旦大学出版社，2008.

[86] 吴波. 文学与语言问题研究 [M]. 北京：世界图书北京出版公司，2009.

[87] 滕翠钦. 被忽略的繁荣：当下"底层文学"讨论的文化研究 [M]. 上海：上海三联书店，2009.

[88] 叶朗. 美学原理 [M]. 北京：北京大学出版社，2009.

[89] 戴锦华. 涉渡之舟——新时期中国女性写作与女性文化 [M]. 北京：北京大学出版社 2010.

[90] 温儒敏，陈晓明等. 现代文学新传统及其当代阐释 [M]. 北京大学出版社，2010.

[91] 徐岱. 小说叙事学 [M]. 北京：商务印书馆，2010.

[92] 陈国栋. 经济视角下的中国现代小说 [M]. 北京：经济科学出版社，2011.

[93] 余华，王侃主编. 文学：想象、记忆与经验 [M]. 上海：复旦大学出版社，2011.

[94] 杨彬. 新时期小说发展论 [M]. 北京：人民出版社，2011.

[95] 陈伯海. 生命体验与审美超越 [M]. 北京：生活·读书·新知三联书店，2012.

[96] 郭亚明. 新时期小说的文学建构与嬗变 [M]. 北京：中国社科出版社，2012.

[97] 杨剑龙. 新世纪初的文化语境与文学现象 [M]. 北京：中央编译出版社，2012.

[98] 余秋雨. 何谓文化 [M]. 武汉：长江文艺出版社 2012.

[99]《新周刊》主编. 世界观 2011 [M]. 上海：文汇出版社，2012.

[100] 王春林. 新世纪长篇小说风景 [M]. 北京：作家出版社，2013.

[101]〔德〕马克思，恩格斯. 马克思恩格斯选集 [M]：第三卷. 北京：人民出版社，1972.

[102]〔德〕爱克曼辑录. 歌德谈话录 [M]. 朱光潜译. 北京：人民文

学出版社，1978.

[103]〔德〕黑格尔. 美学［M］：第一卷. 朱光潜译. 北京：商务印书馆，1979.

[104]〔美〕韦勒克，沃伦.《文学理论》［M］. 刘象愚等译. 北京：三联书店有限公司，1984.

[105]〔美〕艾·弗罗姆. 爱的艺术［M］. 李健鸣译. 北京：商务印书馆，1987.

[106]〔瑞〕荣格. 心理学与文学［M］. 冯川，苏克译. 北京：三联书店有限公司，1987.

[107]〔美〕韦恩·布斯. 小说修辞学［M］. 华明，胡晓苏，周宪译. 北京：北京大学出版社，1987.

[108]〔美〕马丁. 当代叙事学［M］. 伍晓明译. 北京：北京大学出版社，1990.

[109]（意）卡尔维诺. 未来千年文学备忘录［M］. 杨德友译. 沈阳：辽宁教育出版社，1997.

[110]〔德〕洪堡特. 论人类语言结构的差异及其对人类精神发展的影响［M］. 姚小平译. 北京：商务书馆，1997.

[111]〔美〕肯尼斯·博克等. 当代西方修辞学演讲与话语批评［M］. 常昌富，顾宝桐译. 北京：中国社会科学出版社，1998.

[112]〔爱尔兰〕塞·贝克特等著. 普鲁斯特论［M］. 沈睿，黄伟译. 北京：社会科学文献出版社，1999.

[113]〔德〕霍克海默，阿道尔诺. 启蒙辩证法［M］. 曹卫东等译. 上海：上海人民出版社，2003.

[114]〔美〕波利·扬－艾森卓. 性别与欲望——不受诅咒的潘多拉［M］. 杨广学译. 北京：中国社会科学出版社，2003.

[115]〔法〕加缪. 西西弗的神话：加谬荒谬与反抗文集［M］. 杜小真译. 西安：陕西师范大学出版社，2003.

[116]〔古希腊〕亚里士多德. 修辞术·亚历山大修辞学·论诗［M］. 颜一、崔延强译. 北京：中国人民大学出版社，2003.

[117]〔法〕塞奇·莫斯科维奇. 群氓的时代［M］. 许列民, 薛丹云, 李继红译. 南京: 江苏人民出版, 2003.

[118]〔捷〕米兰·昆德拉. 小说的艺术［M］. 董强译. 上海: 上海译文出版社, 2004.

[119]〔美〕迈克尔·莱恩. 文学作品的多重解读［M］. 赵炎秋译. 北京: 北京大学出版社, 2006.

[120]〔英〕弗雷泽. 金枝（上）［M］. 徐育新, 汪培基, 张泽石译. 北京: 新世界出版社, 2006.

[121]〔英〕特雷·伊格尔顿. 二十世纪西方文学理论［M］. 伍晓明译. 北京: 北京大学出版社, 2007.

[122]〔英〕卡尔. 历史是什么［M］. 陈恒译. 北京: 商务印书馆, 2007.

[123]〔奥〕弗洛伊德. 精神分析引论［M］. 谢敏敏, 王春涛译. 北京: 中央编译出版社, 2008.

[124]〔美〕卡勒. 文学理论入门（牛津通识读本）［M］. 李平译. 南京: 译林出版社, 2008.

[125]〔法〕托多罗夫. 散文诗学——叙事研究论文选［M］. 侯应花译. 天津: 百花文艺出版社, 2011.

期刊、报纸等：

[1] 陈素淡. 论宗璞［J］. 文学评论, 1984（3）: 54-61

[2] 黄毓璜. 春意阑珊半山腰——略谈毕飞宇小说［J］. 钟山, 1993（6）: 137-142.

[3] 葛红兵. 文化乌托邦与拟历史——毕飞宇小说论［J］. 当代文坛, 1995（2）: 43-45.

[4] 陈晓明. 晚生代与90年代的文学流向［J］. 复印报刊资料（文艺理论）, 1995（4）: 144-147.

[5] 李运抟. 新时期小说的变形艺术［J］. 文学评论, 1996（4）:

102-109.

[6] 刘文良. 深化小说文本的审美内涵——兼论小说的叙述策略 [J]. 湛江师范学院学报（哲学社会科学版），2000，21（1）：51-55.

[7] 李敬泽. 从"写字"开始——读《谁在深夜里谈话》[J]. 小说评论，2000（4）：77-79.

[8] 吴义勤. 感性的形而上主义者——毕飞宇论 [J]. 当代作家评论，2000（6）：49-57.

[9] 吴义勤. 一个人、一出戏、一部小说——评毕飞宇的中篇新作《青衣》[J]. 南方文坛，2001（1）：56.

[10] 徐安辉. "鬼文化"的人性学解构——毕飞宇《玉米》的一种解读 [J]. 固原师专学报（社会科学版），2001，23（4）：16-18.

[11] 汪政. 《玉秧》[J]. 当代作家评论，2002（5）：150-151.

[12] 齐红. 《玉秀》[J]. 当代作家评论，2002（1）：115.

[13] 吴义勤. 《玉秧》[J]. 当代作家评论，2002（5）：151.

[14] 李秋菊. 从《玉米》看女人的生存处境——毕飞宇的《玉米》解读 [J]. 理论与创作，2002（5）：68-70.

[15] 徐安辉. 生存的精神状态及其悲剧——毕飞宇小说《青衣》解读 [J]. 当代文坛，2002（2）：45-46.

[16] 宗元. 无望的挣扎 人性的扭曲——论毕飞宇近作中的女性世界 [J]. 小说评论，2002（4）：83-88.

[17] 李子云. 叶汁饱满的《玉米》[J]. 当代作家评论，2002（5）：94-96.

[18] 余玲. 潮流外的写作——毕飞宇小说论 [J]. 小说评论，2002（2）：53-58.

[19] 钟琴. "鬼"的纠缠与挣脱的可能——毕飞宇"玉米"系列解读 [J]. 当代文坛，2003（3）：31.

[20] 凤群. 评飞宇长篇小说《玉米》[J]. 文艺争鸣，2003（6）：48-50.

[21] 袁圆. 历史话语的弥散及现实话语的文本操作——试析毕飞宇小说

话语的滑变轨迹［J］. 当代文坛，2003（2）：30-32.

［22］张晓晶. 论《青衣》《玉米》的叙述形态［J］. 山东社会科学，2003（2）：106-108.

［23］汪政."热闹"的毕飞宇［J］. 南方文坛，2004（4）：58.

［24］梁涛. 习得与背叛：人物命运的双重悲剧——解读《玉米》中的女性形象［J］. 山西青年管理干部学院学报，2004，17（3）：60-62.

［25］付艳霞. 冰与火的缠绵——毕飞宇论［J］. 石家庄师范专科学校学报，2004，6（4）：34-40.

［26］赵学勇，樊晓哲. 高处不胜寒，何似在人间——毕飞宇创作道路兼及九十年代小说的流变［J］. 理论与创作，2004（6）：74-76，113.

［27］李生滨. 毕飞宇《玉米》系列小说的多重悲剧意蕴［J］. 北方论丛，2004，183（1）：32-35.

［28］董之林."身上的鬼"和"日常的梦"——关于毕飞宇的小说［J］. 文艺争鸣，2004（2）：25-30.

［29］刘绪义. 性政治：成长中的生态符号——解读毕飞宇的《玉米》［J］. 理论与创作，2004（3）：91-93.

［30］许永强. 论毕飞宇小说的自我拯救模式［J］. 沧桑，2005（5）：113-115.

［31］汤玲. 批判中的脉脉温情——毕飞宇小说论［J］. 当代文坛，2005（3）：57-59.

［32］侯芮文."自古红颜多薄命"的现代诠释——毕飞宇笔下的女性形象分析［J］. 中共郑州市委党校学报，2005（1）：86-88.

［33］汤玲. 批判中的脉脉温情——毕飞宇小说论［J］. 当代文坛，2005（3）：57-59.

［34］晓华，汪政.《彩虹》与毕飞宇的短篇小说［J］. 名作欣赏，2005（21）：51-59.

［35］简圣宇，李蓉. 一场伤情的女性悲歌——对毕飞宇小说《玉米》的女性主义解读［J］. 巢湖学院学报，2005（1）：11-115，133.

［36］刘蓓. 论苏童、毕飞宇小说中女性形象的塑造［J］. 泰州职业技术

学院学报, 2005, 5 (5): 16-18, 41.

[37] 洪治纲. 1976: 特殊历史中的乡村挽歌——论毕飞宇的长篇小说《平原》[J]. 南方文坛, 2005 (6): 43-48.

[38] 刘景荣. 命运的沉浮与人性的畸变——论毕飞宇《玉米》系列对玉米形象的塑造 [J]. 理论与创作, 2005 (1): 102-106.

[39] 汪政. 王家庄日常生活研究——毕飞宇《平原》生活札记 [J]. 南方文坛, 2005 (6): 40-43.

[40] 徐安辉. 生存挣扎中的人性异化——毕飞宇中篇小说《玉秧》的一种解读 [J]. 当代文坛, 2005 (3): 102-103.

[41] 王长国. 寻找"那个个人"——读毕飞宇《那个夏季，那个秋天》[J]. 当代文坛, 2005 (60): 79-81.

[42] 张富华. 存在的无奈与活着的疼痛——论毕飞宇小说中的"伤害"主题 [J]. 创作评谭, 2005 (10): 58-64.

[43] 谢有顺. 比权力更广大的是人心——我读范小青的《女同志》[J]. 当代作家评论, 2005 (6): 88.

[44] 罗宽海. 《平原》: 欲望书写与人性探索 [J]. 理论与创作, 2006 (1): 90-92.

[45] 夏文先. 毕飞宇小说研究述评 [J]. 淮南师范学院学报, 2006, 8 (2): 14-17.

[46] 王长国. 人为什么会如此不尽如意 [J]. 理论与创作, 2006 (2): 81-84.

[47] 祁春风. 文革记忆与后现代叙事——毕飞宇论 [J]. 江苏教育学院学报（社会科学版）, 2006, 22 (20): 94-96.

[48] 徐安辉. 文化批判视野下的人性解构 [J]. 宁夏社会科学, 2006 (5): 147-149.

[49] 张富华. 存在的无奈与活着的疼痛——毕飞宇作品中的"伤害"主题 [J]. 钦州师范高等专科学校学报, 2006, 21 (4): 22-27.

[50] 王彬彬. 毕飞宇小说修辞艺术片论 [J]. 文学评论, 2006 (6): 80-84.

[51] 张均. 现代之后我们往哪里去 [J]. 小说评论, 2006 (2): 50-56.

[52] 余慧、张云. 毕飞宇小说的历史意识 [J]. 宜宾学院学报, 2006 (1): 68-79.

[53] 龙迪勇. 叙事学研究的空间转向 [J]. 江西社会科学, 2006 (10): 69.

[54] 王彬彬. 毕飞宇小说修辞艺术片论 [J], 文学评论, 2006 (6): 80-84.

[55] 龚展. 女性命运的不同阐释——比较《玉米》和《麦穗》[J]. 长沙大学学报, 2006, 20 (1): 87-88.

[56] 孙建茵. 技术主义的祛魅与思想品格的复归 [N]. 文艺报, 2006-3-22.

[57] 李前刚. 破碎：叙事的向度和强度——评毕飞宇长篇小说《平原》[J]. 中南大学学报（社会科学版），2007 (4): 461-464.

[58] 王长国. 从权力语言中突围———毕飞宇作品语言风格流变论 [J], 理论与创作, 2007 (5): 77-80.

[59] 宋文坛. 现实主义："回避"的策略与"发现"的手段——毕飞宇小说解读 [J]. 当代文坛, 2007 (6): 72-74.

[60] 徐安辉. 回归生命本体的历史叙事——毕飞宇长篇小说《平原》意蕴解读 [J]. 宁夏师范大学院学报（社会科学），2007, 28 (4): 39-43.

[61] 黄毓璜. 感受毕飞宇 [J]. 太湖, 2007 (1): 59-61.

[62] 吴朝辉. 有意味的叙事时间设置——毕飞宇小说浅论 [J]. 中文自学指导, 2007, 193 (3): 56-59.

[63] 朱水涌. 从现实"症结"介入现实——以王安忆、毕飞宇、阎连科今年创作为例 [J]. 文学评论, 2007 (6): 49-54.

[64] 董丽敏. 当代文学生产中的《兄弟》[J]. 文学评论, 2007 (2): 84.

[65] 夏文先. 诗性生存的执著歌者 [J]. 名作欣赏, 2007 (5): 65-69.

[66] 吴朝晖. 毕飞宇小说的叙事视角论 [J]. 理论与创作, 2007 (2):

87-90.

[67] 王飞. 精神在绝望中挣扎,人格在堕落中升腾——解读毕飞宇的中篇小说《青衣》[J]. 小说评论,2007(S1):88-90.

[68] 汤振纲. 权力叙事·情爱悲歌·狡黠文本——论毕飞宇的《平原》[J]. 理论学刊,2007(7):115-120.

[69] 王永兵. 身体的驯顺与精神的异化——毕飞宇小说论[J]. 扬子江评论,2007(5):71-78.

[70] 薛胜男. 疼痛中的救赎——毕飞宇小说的疼痛题旨解读[J]. 湖南冶金职业技术学院学报,2007,7(3):179-180.

[71] 宋文坛. 启蒙与权力的黑色书写[J]. 渤海大学学报(哲学社会科学版),2007(1):52-53.

[72] 毕飞宇. 文学的拐杖[N]. 解放日报,2007-7-22(8).

[73] 傅小平,金莹,陈竞. 中德作家一对一对话:以文学为桥抵达心灵[N]. 文学报,2007-9-6(1).

[74] 沈婷. 永远的王家庄,永远的伤痛记忆——读毕飞宇的《平原》[J]. 安徽文学,2008(7):49-50.

[75] 王春林. "法心灵"的日常化叙事——读《推拿》兼及毕飞宇小说的文体特征[J]. 扬子江评论,2008(6):46-53.

[76] 高秀川. 毕飞宇小说的深度批判模式构建[J]. 文学教育,2008(4):68-69.

[77] 王彬彬. 毕飞宇小说中的"性话语"[J]. 当代作家评论,2008(1):102-106.

[78] 杨世宇. 解读毕飞宇的《哺乳期的女人》与《彩虹》[J]. 文学教育,2008(8):84-85.

[79] 孔力媛. 解读生存者悲剧的精神状态——读毕飞宇《青衣》[J]. 安徽文学,2008(11):38.

[80] 徐洪娓. 历史镜像与现实的空茫——对毕飞宇《青衣》的一种解读[J]. 安徽文学,2008(4):19-20.

[81] 田小凤,曾宏伟. 论毕飞宇儿童视角叙事文本的价值内涵[J]. 安

徽文学，2008（9）：1-2.

[82] 杨世宇. 满怀悲悯的人文关怀 [J]. 中国校外教育（理论），2008（8）：892.

[83] 贺绍俊. 盲人形象的正常性及其意义——读毕飞宇的《推拿》[J]. 文艺争鸣·新世纪文学研究，2008（12）：29-32.

[84] 雷雨. 清爽可口的碧螺春 [J]. 扬子江评论，2008（6）：54-55.

[85] 张莉. 日常的尊严——毕飞宇《推拿》的叙事伦理 [J]. 文艺争鸣·新世纪文学研究，2008（12）：34-38.

[86] 张莉. 一场灾难有多长？[J]. 读书，2008（7）：85-90.

[87] 段崇轩. 论毕飞宇短篇小说 [J]. 文艺争鸣·当代百论，2008（8）：154-159.

[88] 史言喜. 毕飞宇小说人物形象解读 [J]. 文学教育，2008（8）：64-65.

[89] 宫佩姗. 诗性的语言与飞扬之累——论毕飞宇小说的语言成就及其局限 [J]，科技信息，2008（13）：184-185.

[90] 姜珍婷. 毕飞宇作品的语言艺术 [J]. 湖南人文科学学院学报，2008（1）：83-87.

[91] 肖毅. 理想图景与现实素描——贾平凹和毕飞宇农村女性形象的比较 [J]. 长沙大学学报，2008，22（3）：89-91.

[92] 贺绍俊. 盲人形象的正常性及其意义——读毕飞宇的《推拿》[J]. 文艺争鸣，2008（12）：29-32.

[93] 张莉. 论毕飞宇兼及一种新现实主义写作的实践意义 [J]. 文艺争鸣，2008（12）：39-46.

[94] 姜广平. 瞬间而永恒的极致演绎——毕飞宇《蛐蛐 蛐蛐》论 [J]. 盐城师范学院学报（人文社会科学版），2008（3）：38-42.

[95] 翟业军. 论毕飞宇的平原世界 [J]. 扬子江评论，2009（3）：71-77.

[96] 赵艳红. 生命的悲歌——论毕飞宇笔下的"小人物" [D]. 东北师范大学，2009.

[97] 李娟. 试论毕飞宇小说中的女性形象 [J]. 安徽文学, 2009 (5): 64-65.

[98] 黄燕. 男权社会的别传——毕飞宇"女性叙事文学"的另类解读 [J]. 阿坝师范高等专科学校学报, 2009, 26 (3): 93-95.

[99] 王春林. 从心灵出发的日常化叙事——对毕飞宇小说文体的一种理解 [J]. 天津师范大学学报（社会科学版）, 2009, 203 (2): 51-54, 61.

[100] 毕飞宇. 情感是写作的最大诱因 [J]. 读写天地, 2009 (5): 7.

[101] 孙德喜. 毕飞宇小说: 历史·启蒙·叙事 [J]. 扬州大学学报（人文社会科学版）, 2009, 13 (5): 54-59.

[102] 金理.《平原》的虚和实 [J]. 当代作家评论, 2009 (6): 12-17.

[103] 王东波. 悖论语言的魅力——小说《玉米》中的悖论语言分析 [J]. 黑河学刊, 2009 (2): 48-49.

[104] 任相梅. 比红烧肉还要好看 [J]. 南方文坛, 2009 (4): 109-111.

[105] 董锋. 长篇小说《推拿》的现代叙述艺术 [J]. 小说评论, 2009 (S1): 27-30.

[106] 李斌. 荡气回肠的人格尊严——毕飞宇的小说《推拿》论析 [J]. 河北科技大学学报（社会科学版）, 2009, 9 (3): 60-64.

[107] 洪艳. 抚触生活的伤与痛——谈毕飞宇《哺乳期的女人》的美学向度 [J]. 理论与创作, 2009 (3): 83-86.

[108] 王向东. 父权阴影下的女性之痛——毕飞宇《玉米》系列小说论 [J]. 扬州大学学报（人文社会科学版）, 2009, 13 (3): 60-65.

[109] 沈光浩. 论毕飞宇《推拿》诗性伦理建构 [J]. 小说评论, 2009 (6): 132-134.

[110] 翟业军. 论毕飞宇的平原世界 [J]. 扬子江评论, 2009 (3): 71-77.

[111] 石兴泽, 石小寒. 书写盲人生活境况和心灵世界的力作——读毕飞宇长篇小说《推拿》[J]. 黑龙江社会科学, 2009 (2): 188-192.

[112] 俞佩淋. 探寻我们身边"熟悉的陌生人"——读毕飞宇的《推拿》兼谈底层文学创作 [J]. 西南交通大学学报（社会科学版）, 2009, 10 (5): 36-39.

[113] 梁鸿. 温暖有多暖——由《推拿》对一种写作美学的探讨 [J]. 当代作家评论, 2009 (3): 77-78.

[114] 田祝. 异乡生存之痛——毕飞宇小说"疼痛"母题解读 [J]. 山东师范大学学报 (人文社会科学版), 2009, 54 (6): 97-100.

[115] 洪治纲, 葛丽君. 用卑微的心灵照亮世界——论毕飞宇的长篇小说《推拿》[J]. 当代作家评论, 2009 (2): 37-42.

[116] 吴朝晖. 在黑夜里寻找光明——论毕飞宇的小说《推拿》[J]. 理论与创作, 2009 (5): 51-53.

[117] 李宏庆. 物欲狂欢背后的"疼痛"——以毕飞宇"城乡互望视角"小说为例 [J]. 贵州教育学院学报 (社会科学), 2009, 25 (11): 66-68.

[118] 刘旭. 关注现实生活中的"生存疼痛"——试析毕飞宇小说的艺术特点 [J]. 殷都学刊, 2009 (4): 83-87.

[119] 杨扬. "60年代生"及对应的文学气质——毕飞宇论 [J]. 扬子江评论, 2010 (1): 4-8.

[120] 刘必兰. 《推拿》: 毕飞宇的救赎与被救赎——从毕飞宇拒领第七届华语传媒大奖说起 [J]. 安徽文学, 2010 (6): 128-129.

[121] 迟子建. 毕飞宇的少年心 [J]. 扬子江评论, 2010 (1): 09-10.

[122] 茹巧凤. 解读毕飞宇《玉米》的新历史主义观 [J]. 安徽文学, 2010 (12): 27.

[123] 赵林云. 论毕飞宇的女性悲剧书写 [J]. 文艺争鸣·当代阅读, 2010 (4): 158-160.

[124] 高云兰. 生命不能承受之重——浅析《雨天的棉花糖》红豆之悲剧 [J]. 西安社会科学, 2010, 28 (2): 115-117.

[125] 李静, 吴小东. 特殊历史背景下个体生命的悲剧——毕飞宇长篇小说《平原》意蕴解读 [J]. 时代文学, 2010 (7): 58.

[126] 申鑫瑛. 毕飞宇小说中的女性形象 [J]. 文学教育, 2010, (1): 14-15.

[127] 张立群. 先锋的延续、叙事的演绎及其历史化——论毕飞宇笔下的"历史叙事" [J]. 河北科技大学学报 (社会科学版), 2010, 10 (3): 67-71.

[128] 曾阳,刘金先. 反讽:毕飞宇"小说理想"的实现方式[J]. 科技文汇,2010(9):65-66.

[129] 张未民. 回家的路 生活的心——新世纪中国文艺学美学的"生活论转向"[J]. 文艺争鸣,2010(21):48-55.

[130] 杨庆祥,文学:回到思想的前沿——第八届青年作家批评家论坛纪要[J],南方文坛,2010(1):42-47.

[131] 谈凤霞. 历史苦难的边缘性诠释——"文革"背景的童年叙事考察[J]. 南京社会科学,2010(2):124-130.

[132] 杨扬. 21世纪可能会有一些新的文学传统——《推拿》引发的一点感想[J]. 扬子江评论,2011(5):2-7.

[133] 田培. 毕飞宇笔下女性形象的救赎方式——母爱施救[J]. 群文天地,2011(3):94-96.

[134] 吴娱玉. 毕飞宇与王安忆、陈染女性书写比较论[J]. 扬州教育学院学报,2011,29(1):21-24.

[135] 张立群,王晓燕. 先锋的延续、转变及其历史认同——苏童、毕飞宇比较研究[J]. 青岛科技大学学报(社会科学版),2011,27(3):49-53.

[136] 姜珍婷.《玉米》的狂欢化语言风格[J]. 南华大学学报(社会科学版),2011,12(3):106-108.

[137] 柳应明. 错位青春的沉沦与凋零[J]. 重庆理工大学学报(社会科学),2011,25(12):97-100.

[138] 洪治纲. 短篇小说·生活图谱·代际差异[J]. 文艺争鸣·新世纪文学研究,2011(4):27-36.

[139] 张莉. 对新文学传统的继承与发扬——第八届茅盾文学奖的文学史意义[J]. 文学与文化,2011(4):15-20.

[140] 李新亮. 论毕飞宇的小说美学[J]. 北京工业大学学报(社会科学版),2011,11(6):66-70.

[141] 王文仁. 视觉时代的不可承受之"轻"——毕飞宇及其小说《推拿》[J]. 扬子江评论,2011(5):08-16.

[142] 杨扬. 中国当代长篇小说的问题 [J]. 南方文坛, 2011 (6): 52-55.

[143] 贾梦雨. 为自己高兴, 更为江苏文坛高兴 [N]. 新华日报, 2011-8-23 (B03).

[144] 茅盾文学奖获奖作家谈创作 [N]. 人民日报, 2011-9-16 (24).

[145] 吴敏. 一个作家, 过分依赖想象是可耻的 [N]. 南方日报, 2011-12-6 (A19).

[146] 毕飞宇. 写作——在理解生活中抵达人性深处 [N]. 新华日报, 2011-11-2 (B07).

[147] 杨扬.《推拿》: 常态的文学创作 [N]. 光明日报, 2011-9-6.

[148] 张莉. 毕飞宇: 作为"记忆"生产者的作家 [J]. 中国现代文学研究丛刊, 2012 (2): 162-171.

[149] 张晓燕. 简论毕飞宇笔下的两类女性形象 [J]. 齐鲁学刊, 2012 (2): 150-152.

[150] 赵丛浩. 浅析权力阴影下《玉米》中的女性形象 [J]. 文学界 (理论版), 2012 (6): 33-34.

[151] 李洪华. 穿越历史的"飞翔"——论毕飞宇的小说创作 [J]. 文艺评论, 2012 (9): 59-63.

[152] 贺仲明. 毕飞宇创作论 [J]. 小说评论, 2012 (1): 154-160.

[153] 耿聆. 传统文脉与今天的艺术 [J]. 艺术广角, 2012 (1): 10-11.

[154] 傅敏, 李坤玉.《推拿》的人格书写 [J]. 文学教育, 2012 (5): 23.

[155] 刘玉霞.《推拿》中的伦理书写意义 [J]. 当代文坛, 2012 (6): 156-160.

[156] 叶雯雯. 毕飞宇的"王家庄"世界 [J]. 传奇. 传记文学选刊 (教学研究), 2012 (1): 10-12.

[157] 程蕊. 纯美生命的消逝——论毕飞宇《怀念妹妹小青》[J]. 安徽文学 (下半月), 2012 (10): 24-25.

[158] 明飞龙. 从"奇观"到"日常"——毕飞宇《推拿》底层叙事的意义 [J]. 创作与评论, 2012 (2): 77-80.

[159] 吴雪丽. 论毕飞宇小说的叙事伦理及其文学史意义——以毕飞宇的"王家庄"系列小说为考察对象 [J]. 南方文坛, 2012 (3): 131-135.

[160] 梁平. 生活真相与普世价值——毕飞宇推拿的两个文学穴位 [J]. 小说评论, 2012 (1): 161-166.

[161] 刘俊. 执著·比喻·尊严——论毕飞宇的《推拿》兼及《青衣》、《玉米》等其他小说 [J]. 当代作家评论, 2012 (5): 128-134.

[162] 张谦芬. 先锋的内潜与传统的复归——毕飞宇《推拿》的意义 [J]. 时代文学（上半月）, 2012 (11): 221-224.

[163] 王彬彬. 第八届茅盾文学奖获奖作品研究 [J]. 中国现代研究丛刊, 2012 (2): 1-13.

[164] 张艳梅. 毕飞宇：打捞幽暗深处的中国记忆 [J]. 名作欣赏, 2013 (19): 140-143.

[165] 吴周文, 张王飞. 论毕飞宇命运叙事的独特性 [J]. 中国现代文学研究丛刊, 2013 (2): 118-128.

[166] 莫言. 超越故乡 [J]. 名作欣赏, 2013 (1): 55.

[167] 王杨. 中德作家共同畅谈——全球化与文学的乡土精神 [N]. 文艺报, 2013-9-13 (1).

[168] 孟黎.《推拿》：照亮心中的隐疾与善好 [N]. 金融时报, 2013-9-6 (9).

毕飞宇访谈：

[1] 贾梦玮, 毕飞宇. "睁开眼睛"与"保护嗓子"——毕飞宇访谈录 [J]. 语文教学与研究, 2000 (16).

[2] 毕飞宇.《青衣》问答 [J]. 小说月报, 2000 (7): 25.

[3] 李大卫, 毕飞宇. 立言还是立功：答李大卫 [J]. 文学报, 2000 (14): 3.

[4] 张均, 毕飞宇. 历史缅怀与城市感伤——毕飞宇访谈录 [C]. 见: 小说的立场——新生代作家访谈录. 桂林: 广西师范大学出版社, 2001 (2).

[5] 姜广平, 毕飞宇. "我们是一条船上的"——毕飞宇访谈录 [J]. 花城, 2001 (4): 180 - 190.

[6] 汪政, 毕飞宇. 语言的宿命 [J]. 南方文坛, 2002 (4):   .

[7] 周文慧, 毕飞宇. 内心的表情——毕飞宇访谈录 [J]. 长江文艺, 2003 (12): 65 - 67.

[8] 丁杨, 毕飞宇. 写作之乐无法言说 [N]. 中华读书报, 2004 - 03 - 24.

[9] 高晓春, 毕飞宇. 有理想就会有疼痛 [J]. 中国青年, 2004 (20): 24 - 28.

[10] 杜晗. 毕飞宇: 写作就是与人物相处 [N]. 半岛都市报, 2004 - 9 - 20.

[11] 任晶晶. 美好的人性保存在内心最柔软的地方 [N]. 文艺报, 2005 - 06 - 28 (4).

[12] 舒晋瑜. 毕飞宇: 《平原》是一个完美的旅行 [N]. 中华读书报, 2005 - 09 - 28 (13).

[13] 江筱湖. 毕飞宇 我是"性格主义" [N]. 中国图书商报, 2005 - 10 - 14A03.

[14] 刘萍. 等待被作品撞到的一刹那 [N]. 河北日报, 2005 - 12 - 02009.

[15] 张均, 毕飞宇. 通向"中国"的写作道路——毕飞宇访谈录 [J]. 小说评论, 2006 (2): 43 - 47.

[16] 贺仲明, 毕飞宇. 关于新时期文学现象以及创作的对话 [J]. 西湖, 2006 (7): 74 - 77.

[17] 张西, 毕飞宇. 康洪雷有一种浑然不觉的力量 [N]. 文艺报, 2008 - 3 - 4 (4).

[18] 岳巍, 毕飞宇. 毕飞宇说《推拿》: 我们一起走进没有光的世界 [N]. 华夏时报, 2008 - 11 - 1 (039).

[19] 邢虹, 毕飞宇. 尊严感是生活里必不可少的东西 [N]. 南京日报,

2008-11-6（B06）.

［20］黄庆,毕飞宇. 毕飞宇：转向传统,这是一个趋势［N］. 东方早报,2008-11-14.

［21］毕飞宇：我有一群盲人朋友［N］. 都市女报,2008-11-17.

［22］伊北,毕飞宇. 毕飞宇：我们是怀疑主义者居多［N］. 中国妇女报,2008-11-20.

［23］毕飞宇,胡殷红.《推拿》的体温［J］. 上海文学,2008（12）：86-91.

［24］胡玉萍,毕飞宇. 与小说中人物心贴心［N］. 人民日报海外版,2008-12-19（7）.

［25］毕飞宇. 好作品是永远有读者的：毕飞宇访谈［J］. 青春,2009（1）：24-25.

［26］毕飞宇.《推拿》的一点题外话［J］. 当代作家评论,2009（2）：24-26.

［27］张莉,毕飞宇. 理解力比想象力更重要：对话《推拿》［J］. 当代作家评论,2009（2）：27-36.

［28］杨雅莲. 毕飞宇：没有光也要好好活［N］. 中国新闻出版报,2009-4-3（8）.

［29］吴虹飞. 毕飞宇：我是一个疼痛的人［J］. 南方人物周刊,2009（19）：68-70.

［30］张英,毕飞宇. 我们每个人都活在自己的盲区里［N］. 南方周末,2009-5-6.

［31］毕飞宇,张莉. 人与人之间的温度在降低：毕飞宇访谈录［J］. 文化纵横,2010（1）：76-82.

［32］黄念欣,毕飞宇. 简单、丰盈,清澈、深邃［J］. 复印报刊资料（中国现代、当代文学研究）,2012（3）：168-174.

［33］毕飞宇,傅小平. 现代主义之后 人类内心已是千疮百孔［J］. 黄河文学,2011（6）.

［34］毕飞宇,张莉. 批评家和作家可以照亮对方［N］. 文艺报,2012-

9-3（2）.

［35］浦奕安，毕飞宇. 那个世界的精彩让我目瞪口呆［N］. 新华每日电讯，2012-5-11（13）.

［36］毕飞宇，杨辉. 我始终和这世界处在对话当中：毕飞宇先生访谈［J］. 美文（上半月），2014（7）：34-49.

［37］张莉. 我希望我的语言是面包：对话毕飞宇［J］. 江南，2014（4）：132-138.

［38］沈杏培，毕飞宇."介入的愿望会伴随我的一生"：与作家毕飞宇的文学访谈［J］. 文艺争鸣，2014（2）：44-52，28.

附录：毕飞宇小说作品

(以发表时间先后为序)

短篇：

[1] 那个男孩是我 [J]. 作家，1993（6）.

[2] 驾纸飞机飞行 [J]. 收获，1993（4）.

[3] 没有再见 [J]. 上海文学 1993（9）.

[4] 充满瓷器的时代 [J]. 钟山，1993（6）.

[5] 九层电梯 [J]. 钟山，1993（6）.

[6] 祖宗 [J]. 钟山，1993（6）.

[7] 五月九日或十日 [J]. 钟山，1993（6）.（《五月九日或十日》在后来入选作品集时多被改名为《五月九日和十日》。）

[8] 卖胡琴的乡下人 [J]. 花城，1994（4）.（《卖胡琴的乡下人》发表时署名"非雨"。）

[9] 枸杞子 [J]. 作家，1994（8）.

[10] 雪白的芭蕾 [J]. 青年作家，1995（3）.

[11] 因与果在风中 [J]. 作家，1995（5）.

[12] 8床 [J]. 作家，1995（5）.

[13] 武松打虎 [J]. 花城，1995（5）.

[14] 是谁在深夜说话 [J]. 人民文学，1995（6）.

[15] 受伤的猫头鹰 [J]. 山花，1995（11）.

[16] 美好如常 [J]. 钟山, 1995 (6).

[17] 婶娘的弥留之际 [J]. 钟山, 1995 (6).

[18] 哺乳期的女人 [J]. 作家, 1996 (8)

[19] 臭镇的1977 [J]. 芙蓉, 1996 (5).

[20] 写字 [J]. 山花, 1996 (9).

[21] 哭泣生涯 [J]. 作品, 1996 (10).

[22] 水晶烟缸 [J]. 小说家, 1997 (3).（此篇小说的结尾部分发表在《小说家》1997年第4期。）

[23] 马家父子 [J]. 作家, 1997 (5).

[24] 遥控 [J]. 作家, 1997 (5).

[25] 火车里的天堂 [J]. 人民文学, 1997 (6).

[26] 生活在天上 [J]. 花城, 1998 (4).

[27] 白夜 [J]. 钟山, 1998 (5).

[28] 男人还剩下什么 [J]. 漓江, 1998 (3).

[29] 故地 [J]. 江南, 1999 (1).

[30] 与阿来生活二十二天 [J]. 江南, 1999 (1).

[31] 元旦之夜 [J]. 天涯, 1999 (2).

[32] 离开家去看天 [J]. 东海, 1999 (5).

[33] 怀念妹妹小青 [J]. 作家, 1999 (5).

[34] 阿木的婚事 [J]. 人民文学, 1999 (10).

[35] 唱西皮二簧的一朵 [J]. 收获, 2000 (1).

[36] 蛐蛐，蛐蛐 [J]. 作家, 2000 (2).

[37] 与黄鳝的两次见面 [J]. 时代文学, 2000 (5).

[38] 地球上的王家庄 [J]. 上海文学, 2002 (1).

[39] 英雄 [J]. 新世纪文学选刊, 2003 (11).

[40] 彩虹 [J]. 北京文学, 2005 (5).

[41] 家事 [J]. 钟山, 2007 (5).

[42] 相爱的日子 [J]. 人民文学, 2007 (5).

[43] 睡觉 [J]. 人民文学, 2009 (10).

［44］大雨如注［J］．文学教育（上），2013（4）．

［45］虚拟［J］．文学教育（上），2014（3）．

中篇：

［1］孤岛［J］．花城，1991（1）．

［2］明天遥遥无期［J］．花城，1992（5）．

［3］彼此毫无关联［J］．雨花，1992（12）．

［4］叙事［J］．收获，1994（4）．

［5］大热天［J］．小说家，1994（4）．

［6］楚水［J］．花城，1994（4）．

［7］雨天的棉花糖［J］．青年文学，1994（9）．

［8］生活边缘［J］．小说家，1995（5）．

［9］爱照镜子的男人［J］．青春，1995（9）．

［10］家里乱了［J］．小说界，1996（5）．

［11］好的故事［J］．人民文学，1996（9）．

［12］林红的假日［J］．小说界，1997（3）．

［13］哥俩好［J］．钟山，1997（3）．

［14］飞翔像自由落体［J］．漓江，1997（4）．

［15］睁大眼睛睡觉［J］．钟山，1999（5）．

［16］青衣［J］．花城，2000（3）．

［17］玉米［J］．人民文学，2001（4）．

［18］玉秀［J］．钟山，2001（6）．

［19］玉秧［J］．十月，2002（4）．

长篇：

［1］上海往事［M］．北京：今日中国出版社，1995．

［2］那个夏季 那个秋天［J］．江南，1998（2）．

［3］平原［J］．收获，2005（4、5）．（同年由江苏文艺出版社出版。）

[4] 推拿［J］．人民文学，2008（9）．（同年由人民文学出版社出版。）

作品集：

[1] 慌乱的指头［C］．北京：华艺出版社，1995．

[2] 祖宗［C］．北京：中国华侨出版社，1996．

[3] 款款而行 毕飞宇短篇小说自选集［C］．天津：百花文艺出版社，2000．

[4] 睁大眼睛睡觉［C］．太原：北岳文艺出版社，2000．

[5] 青衣［C．武汉：长江文艺出版社，2001．

[6] 男人还剩下什么［C］．长春：时代文艺出版社，2001．

[7] 地球上的王家庄［C］．北京：新世界出版社，2002．

[8] 操场［C］．杭州：浙江文艺出版社，2002．

[9] 沿途的秘密回报者文丛［C］．北京：昆仑出版社，2002．

[10] 玉米［C］．南京：江苏文艺出版社，2003．

[11] 毕飞宇文集·这一半［C］．南京：江苏文艺出版社，2004．

[12] 毕飞宇文集·轮子是圆的［C］．南京：江苏文艺出版社，2004．

[13] 毕飞宇文集·冒失的脚印［C］．南京：江苏文艺出版社，2004．

[14] 毕飞宇文集·黑衣裳［C］．南京：江苏文艺出版社，2004．

[15] 好的故事［C］．济南：山东文艺出版社，2004．

[16] 玉米［C］．北京：作家出版社，2005．

[17] 毕飞宇小说［C］．长春：吉林文史出版社，2006．

[18] 青衣［C］．北京：人民文学出版社，2006．

[19] 毕飞宇小说［C］．北京：中国社会出版社，2006．

[20] 是谁在深夜说话［C］．沈阳：春风文艺出版社，2007．

[21] 玉米·插图本（毕飞宇作品集·壹）［C］．上海：上海锦绣文章出版社，2008．

[22] 青衣（毕飞宇作品集·贰）［C］．上海：上海锦绣文章出版社，2008．

［23］那个夏季 那个秋天（毕飞宇作品集·叁）［C］.上海：上海锦绣文章出版社，2009.

［24］上海往事（毕飞宇作品集·肆）［C］.上海：上海锦绣文章出版社，2009.

［25］雨天的棉花糖（毕飞宇作品集·伍）［C］.上海：上海锦绣文章出版社，2009.

［26］哺乳期的女人（毕飞宇作品集·陆）［C］.上海：上海锦绣文章出版社，2009.

［27］平原·插图本（毕飞宇作品集·柒）［M］.上海：上海锦绣文章出版社，2009.

［28］林红的假日［C］.北京：中国工人出版社，2010.

［29］毕飞宇文集［C］.北京：人民文学出版社，2015.

送于我。老师严谨治学的态度、耐心细致的教诲，使我迎难而上，不仅文学研究水准有明显提升，而且使我为人处事受益良多。今生有幸遇恩师，感谢恩师！

在写作的过程中，王确先生的关心与指点，高玉秋师姐的建议，老同学苏奎的匡正，老同学赵霞的启发，师弟宋学清的鼓励，同门兄弟姐妹们的友情；还有单位老领导付强先生、马志强院长、王占仁处长、庞立生处长给予我的支持与信任，他们都是我完成书稿的强大动力。更为幸运的是，年事已高的双亲、体贴勤劳的丈夫、可爱懂事的儿子给了我很多理解，有他们的全力支持为"后盾"，我才能全身心地完成研究和书稿。这些都是我今生莫大的收获与财富！在此，特别向他们，还有长期以来给我关心和帮助的各位老师和朋友致以由衷的谢意！

是为后记。

艾春明

2015 年 12 月

后 记

  这部书稿的大部分内容是在半年前完成的，按照原计划现在应该成书的。但平日的事务性工作占据了太多时间，幸好编辑时时催促，才得以尽早完成。

  毕飞宇是我最喜欢、最敬佩的当代作家之一。每读他的一部新作、一篇采访，都不由得思考"毕飞宇为什么受欢迎"这个问题。在我看来，"毕飞宇小说是什么"已有太多人研究，应该突破主题学视角去研究毕飞宇小说。当此书初稿完成之时，我对这个初衷是否实现，着实没有把握。特别是随着对毕飞宇小说的理解不断深入，越发感觉其本身还有很多空间值得探究。所以，翻开手中的草稿，在欣喜与愉快的心情中，总有些遗憾与沉重。再加上本人才学疏浅，能力水平有限，不免有许多短缺和不足，只待日后继续研究和丰富了。

  这本书稿撰写历时两年，其间一边忙于繁重的行政管理，一边是忙于文学研究，在工作、专业学习之间的不断转换中，我吃尽苦头，也曾追悔、也曾放弃，但是读书和思考带来的精神上的愉悦，使我倍感充实、幸福，还有对文学那份不舍的情怀，更坚定了自己的决定。苦尽甘来，用这个词形容此时此景再合适不过了。

  如今，那段读书、研究、思考、写作的过程已成为生命旅程中最刻骨铭心、永难磨灭的记忆。在这个"艰苦"的历程中，除了个人坚持不懈的学习和努力之外，唯有导师不厌其烦地鼓励和教导不绝于耳、相伴左右。我的导师刘雨先生文采卓越、学识广博、温文而雅，给予我充分的理解和支持，帮助我反复论证研究的可行性、提纲结构的合理性。还经常买新书和新资料赠